SV

Jorge Semprun
Schreiben oder Leben

Aus dem Französischen
von Eva Moldenhauer

Suhrkamp Verlag

Titel der Originalausgabe:
L'écriture ou la vie

Zweite Auflage 1995
© der deutschsprachigen Ausgabe Suhrkamp Verlag
Frankfurt am Main 1995
Alle Rechte vorbehalten
© Éditions Gallimard, Paris 1994
Satz: MZ-Verlagsdruckerei GmbH, Memmingen
Druck: Ebner, Ulm
Printed in Germany

Für Cécilia
wegen des Wunders
ihres verwunderten Blicks

»Wer sich erinnern will, muß sich dem Vergessen anvertrauen, diesem Risiko des absoluten Vergessens und diesem schönen Glücksfall, zu dem das Erinnern dann wird.«

Maurice Blanchot

»... ich suche die entscheidende Region der Seele, wo das absolute Böse sich der Brüderlichkeit entgegenstellt.«

André Malraux

Erster Teil

1

Der Blick

Sie stehen vor mir, mit aufgerissenen Augen, und ich sehe mich plötzlich in diesem schreckensstarren Blick: ihrem Entsetzen.

Seit zwei Jahren lebte ich ohne Gesicht. Kein Spiegel in Buchenwald. Ich sah meinen Körper, seine zunehmende Magerkeit, einmal in der Woche, beim Duschen. Kein Gesicht auf diesem lachhaften Körper. Manchmal strich ich mit der Hand über eine Augenbraue, über hervortretende Backenknochen, eine hohle Wange. Ich hätte mir einen Spiegel besorgen können, sicher. Man fand alles mögliche auf dem schwarzen Markt des Lagers, im Tausch gegen Brot, Tabak, Margarine. Bei Gelegenheit sogar Zärtlichkeit.

Aber ich interessierte mich nicht für diese Details.

Ich sah meinen Körper, immer verschwommener, unter der wöchentlichen Dusche. Abgemagert, aber lebendig: das Blut kreiste noch, es war nichts zu befürchten. Das würde genügen, dieser geschrumpfte, aber verfügbare Körper, tauglich für ein erträumtes, wenn auch wenig wahrscheinliches Überleben.

Der Beweis dafür: ich bin da.

Sie sehen mich an, mit verstörten Augen voller Grauen.

An meinem geschorenen Haar kann es nicht liegen. Junge Rekruten, Kleinbauern und noch andere Leute tragen in aller Unschuld geschorenes Haar. So was ist banal. Ein Glatzenschnitt verwirrt keinen. So was ist nicht furchterregend. Dann vielleicht mein Aufzug? Gewiß, er ist sonderbar: nicht zusammenpassende Klamotten. Aber ich trage russische Stiefel aus weichem Leder. Ich habe eine deutsche Maschinenpistole quer über der

Brust hängen, sichtbares Zeichen von Autorität in diesen Zeiten. Aber Autorität erschreckt nicht, sie beruhigt eher. Meine Magerkeit? Bestimmt haben sie schon Schlimmeres gesehen. Wenn sie den alliierten Armeen folgen, die in diesem Frühjahr in Deutschland vordringen, haben sie schon Schlimmeres gesehen. Andere Lager, lebende Leichname.

Diese Details mögen zwar überraschen, beunruhigen: mein geschorenes Haar, meine nicht zusammenpassenden Klamotten. Aber sie sind nicht überrascht, nicht beunruhigt. In ihren Augen lese ich blankes Entsetzen.

Es bleibt also nur mein Blick, schließe ich daraus, der sie derart beunruhigen kann. Es ist das Grauen meines Blicks, das der ihre offenbart, von Grauen erfüllt. Wenn ihre Blicke ein Spiegel sind, dann muß ich einen irren, verwüsteten Blick haben.

Sie sind soeben, vor einem Augenblick, aus dem Wagen gestiegen. Haben ein paar Schritte in der Sonne gemacht, sich die Beine vertreten. Haben mich dann bemerkt, sind auf mich zugegangen.

Drei Offiziere in britischer Uniform.

Ein vierter Soldat, der Chauffeur, ist bei dem Automobil stehengeblieben, einem dicken grauen Mercedes, der noch deutsche Nummernschilder trägt.

Sie sind auf mich zugegangen.

Zwei etwa Dreißigjährige, blond, eher rosig. Der dritte, jüngere, dunkelhaarig, trägt ein Abzeichen in Form eines Lothringer Kreuzes mit der Inschrift »France«.

Ich erinnere mich an die letzten französischen Soldaten, die ich gesehen habe, im Juni 1940. Soldaten der regulären Armee, versteht sich. Denn Irreguläre, Freischärler hatte ich seitdem schon viele gesehen. Nun ja, relativ viele, genügend, um mich an sie zu erinnern. Im »Tabou« zum Beispiel, im Maquis von Burgund, zwischen Laignes und Larrey.

Aber die letzten regulären Soldaten der französischen Armee habe ich im Juni 1940 gesehen, in den Straßen von Redon. Sie waren jämmerlich, zogen sich ungeordnet zurück, im Unglück, in der Schande, grau vor Staub und Niederlage, niedergeschlagen. Dieser hier, fünf Jahre danach, unter einer Aprilsonne, sieht nicht niedergeschlagen aus. Er trägt Frankreich auf seinem Herzen, auf der linken Tasche seiner Uniformjacke. Triumphierend, zumindest fröhlich.

Er muß in meinem Alter sein, ein paar Jahre älter. Ich könnte mich mit ihm anfreunden.

Er sieht mich an, verstört vor Entsetzen.

– Was ist? sage ich ärgerlich, zweifellos schroff. Setzt Sie das Schweigen des Waldes so in Erstaunen?

Er dreht den Kopf zu den Bäumen ringsum. Die anderen ebenso. Spitzen die Ohren. Nein, es ist nicht das Schweigen. Sie hatten nichts bemerkt, das Schweigen nicht gehört. Offensichtlich bin ich es, der sie entsetzt, nichts anderes.

– Keine Vögel mehr, sage ich, meinen Gedankengang fortsetzend. Der Rauch des Krematoriums hat sie vertrieben, sagt man. Niemals Vögel in diesem Wald ...

Sie hören zu, beflissen, versuchen zu verstehen.

– Der Geruch von verbranntem Fleisch, das ist es!

Sie zucken zusammen, sehen einander an. Mit nahezu greifbarem Unbehagen. Einer Art Schluckauf, Brechreiz.

»Ein sonderbarer Geruch«, schrieb Léon Blum.

Im April 1943 zusammen mit Georges Mandel deportiert, hat Blum zwei Jahre in Buchenwald verbracht.

Aber er war außerhalb des eigentlichen Lagerbereichs eingesperrt: jenseits der Barriere des elektrisch geladenen Stacheldrahts, in einer Villa der SS-Siedlung. Er kam niemals heraus, und keiner betrat sie außer den Wachsoldaten. Zwei- oder dreimal war er zum Zahnarzt gebracht worden. Jedoch im Auto und nachts, auf den menschenleeren Straßen des Buchenwalds. Die SS-Leute, so hat er in seinen Erinnerungen festgehalten, patrouillierten unablässig mit umgehängter Maschinenpistole und Hunden an der Leine auf dem schmalen Postenweg zwischen dem Stacheldrahtzaun und dem Haus. »Wie unbeirrbare stumme Schatten«, schrieb Léon Blum.

Diese strenge Abgeschiedenheit erklärt seine Unkenntnis. Léon Blum wußte nicht einmal, wo er sich befand, in welche Gegend Deutschlands er verschleppt worden war. Er hat zwei Jahre in einer Villa bei den SS-Kasernen von Buchenwald gelebt, ohne etwas von der Existenz des doch so nahe gelegenen Konzentrationslagers zu wissen.

»Der erste Hinweis darauf, den wir bemerkt haben«, schrieb er nach seiner Rückkehr, »war der sonderbare Geruch, der abends oft zu uns drang, durch die offenen Fenster, und der uns die ganze Nacht quälte, wenn der Wind aus dieser Richtung blies: es war der Geruch der Verbrennungsöfen.«

Man kann sich Léon Blum an jenen Abenden vorstellen. Im Frühling vermutlich, bei offenem Fenster: die laue Luft des wiedergekehrten Frühlings, die Düfte der Natur. Augenblicke der Wehmut, der Sehnsucht in der zerreißenden Ungewißheit des Lenzes. Und plötzlich, vom Wind herbeigetragen, der sonderbare Geruch. Süßlich, aufdringlich, in beißenden, wahrhaft ekelerregenden Schwaden. Der ungewöhnliche Geruch, der sich als der Geruch des Krematoriums herausstellte.

Ein sonderbarer Geruch, in der Tat, quälend.

Es würde genügen, die Augen zu schließen, noch heute. Es bedürfte keiner Anstrengung, ganz im Gegenteil, nur einer kleinen Ablenkung des Gedächtnisses, das bis zum Rand angefüllt ist mit Firlefanz, belanglosen Glücksmomenten, damit er wiederauftaucht. Es würde genügen, sich von der schimmernden Undurchdringlichkeit der Dinge des Lebens abzulenken. Ein kurzer Augenblick würde genügen, in jedem Augenblick. Sich von sich selbst abzulenken, von der Existenz, die in dir haust, dich hartnäckig, auch stumpfsinnig besetzt: dunkles Verlangen weiterzuleben, in dieser Sturheit zu verharren, gleich aus welchem Grund, welchem Aberwitz. Ein kleiner Augenblick wirklicher Ablenkung von sich selbst, von den anderen, von der Welt würde genügen: ein Augenblick des Nicht-Verlangens, der Ruhe diesseits des Lebens, in dem die Wahrheit dieses alten, ursprünglichen Ereignisses zutage treten könnte, in dem der sonderbare Geruch über dem Hügel des Ettersbergs schweben würde, dem sonderbaren Vaterland, in das ich immer wieder zurückkehre.

Es bedürfte nur eines Augenblicks, irgendeines, ganz zufällig, unversehens, überraschend, unvorbereitet. Oder, im Gegenteil, eines reiflich überlegten Entschlusses.

Und der sonderbare Geruch würde sofort auftauchen, in der Realität des Gedächtnisses. Ich würde in ihm wiedergeboren, ich würde sterben, wenn ich in ihm wieder auflebte. Ich würde mich, durchlässig, dem betäubenden Modergeruch dieser Todesmündung öffnen.

Dennoch hatte ich eher Lust zu lachen, bevor diese drei Offiziere erschienen. In der Sonne herumzutollen und tierische Schreie auszustoßen – Schleiereule? Wie sieht eine Schleiereule aus? –, im Buchenwald von einem Baum zum andern zu laufen.

Kurz, es tat mir eher gut, am Leben zu sein.

Am Vortag, gegen Mittag, war eine Sirene ertönt. *Feindalarm, Feindalarm!*[*] schrie eine rauhe Stimme voller Panik in der Lautsprecheranlage. Seit einigen Tagen warteten wir auf dieses Signal, seit das Lagerleben beim Nahen der gepanzerten Vorhut von General Patton zum Erliegen gekommen war.

Kein Ausrücken zu den Außenkommandos mehr im Morgengrauen. Letzter Appell der Deportierten am 3. April. Keine Arbeit mehr, außer in der inneren Lagerverwaltung. In Buchenwald herrschte dumpfe Erwartung. Die SS-Kommandantur hatte die Überwachung verstärkt, die Posten auf den Wachtürmen verdoppelt. Immer mehr Patrouillen befanden sich auf dem Postenweg jenseits des elektrisch geladenen Stacheldrahtzauns.

So verging eine Woche, mit Warten. Der Schlachtenlärm rückte näher.

In Berlin wurde beschlossen, das Lager zu evakuieren, aber der Befehl wurde nur zum Teil ausgeführt. Das illegale internationale Komitee organisierte sofort den passiven Widerstand. Die Deportierten erschienen nicht zu den Appellen zum Abtransport. Daher wurden SS-Einheiten tief ins Lager geschickt, bis an die Zähne bewaffnet, aber eingeschüchtert von der ungeheuren Ausdehnung Buchenwalds. Von der entschlossenen und ungreifbaren Masse Zehntausender noch kräftiger Männer. Manchmal schoß die SS blindlings um sich, um die Deportierten zu zwingen, sich auf dem Appellplatz zu versammeln.

Aber wie einer Menschenmenge Schrecken einjagen, die von der Verzweiflung getrieben wird und sich jenseits der Schwelle des Todes befindet?

Von den fünfzigtausend Häftlingen in Buchenwald gelang es der SS nur knapp die Hälfte zu evakuieren: die Schwächsten, die Ältesten, die am wenigsten Organisierten. Oder aber jene, die, wie die Polen, das gemeinsame Abenteuer der Evakuierung auf den Straßen dem Warten auf eine unentschiedene Schlacht vorgezogen hatten. Auf ein wahrscheinliches Massaker in letzter Minute. Man wußte, daß mit Flammenwerfern ausgerüstete SS-Mannschaften in Buchenwald eingetroffen waren.

Ich werde nicht unser Leben erzählen, dazu habe ich keine Zeit. Jedenfalls nicht die Zeit, in Einzelheiten zu gehen, die das Salz der Erzählung sind. Denn die drei Offiziere in britischer Uniform sind da, vor mir aufgepflanzt, die Augen weit aufgerissen.

Sie warten ich weiß nicht worauf, aber sie tun es entschlossen.

Am 11. April, also am Vortag, um mit wenigen Worten zum Ende zu kommen, war kurz vor Mittag die Alarmsirene ertönt, in kurzen, durchdringenden, wiederholten Stößen aufheulend.

Feindalarm, Feindalarm!

Der Feind stand vor den Toren: die Freiheit.

Dann hatten sich die Kampfgruppen an den vorher festgelegten Punkten versammelt. Um fünfzehn Uhr hat das illegale Militärkomitee den Befehl gegeben, zur Tat zu schreiten. Plötzlich sind Kumpel aufgetaucht, die Arme mit Waffen beladen. Mit automatischen Gewehren, Maschinenpistolen, ein paar Stielhandgranaten, Parabellums, *Panzerfäusten**. Waffen, die aus den SS-Kasernen gestohlen worden waren, besonders während des Durcheinanders, das der Luftangriff im August 1944 verursacht hatte. Oder Waffen, die Wachposten in den Zügen zurückgelassen hatten, die mitten im Winter die jüdischen Überlebenden von Auschwitz hierher brachten. Oder in Einzelteilen aus den Gustloff-Werken geschmuggelte Waffen, die in den illegalen Werkstätten des Lagers wieder zusammengesetzt worden waren.

Waffen, die im Laufe langer Jahre geduldig für diesen

unwahrscheinlichen Tag gesammelt worden waren: für heute.

Der Stoßtrupp der Spanier befand sich in einem Flügel des Erdgeschosses von Block 40, dem meinen. Auf der Straße zwischen diesem Block und dem Block 34 der Franzosen ist Palazón aufgetaucht, hinter ihm jene, die die Waffen trugen, im Laufschritt.

– *Grupos, a formar!* brüllte Palazón, der militärische Verantwortliche der Spanier.

Wir waren aus den offenen Fenstern gesprungen, ebenfalls brüllend.

Jeder wußte, welche Waffe für ihn bestimmt war, welchen Weg er zu nehmen, welches Ziel er zu treffen hatte. Ohne Waffen hatten wir an Sonntagnachmittagen inmitten der verstörten, hungrigen, desorientierten Menge diese Handgriffe bereits geübt, diesen Weg zurückgelegt: der Sprung war zu einem Reflex geworden.

Um fünfzehn Uhr dreißig waren der Kontrollturm sowie die Wachtürme besetzt worden. Der deutsche Kommunist Hans Eiden, einer der Lagerältesten, konnte sich über die Lautsprecher des Lagers an die Häftlinge wenden.

Später marschierten wir, bewaffnet, nach Weimar. Nach Einbruch der Dunkelheit holten uns Pattons Panzer auf der Straße ein. Ihre Besatzungen entdeckten, zuerst verblüfft, dann, nach unseren Erklärungen, jubelnd diese bewaffneten Banden, diese sonderbaren Soldaten in Lumpen. In allen Sprachen des alten Europas wurden auf dem Ettersberg Worte des Dankes ausgetauscht.

Keiner von uns hätte diesen Traum je zu träumen gewagt. Keiner, der noch lebendig genug zum Träumen war, hätte gewagt, sich eine Zukunft auszumalen. Im Schnee der Appelle, zu Tausenden schnurgerade aufgereiht, um der Erhängung eines Kameraden beizuwohnen, hätte niemand von uns gewagt, diesen Traum bis zu

Ende zu träumen: eines Nachts bewaffnet nach Weimar zu marschieren.

Einfach zu überleben, wenn auch entblößt, geschwächt, ausgezehrt, wäre schon ein ziemlich verrückter Traum gewesen.

Keiner hätte gewagt, diesen Traum zu träumen, das ist wahr. Dennoch war es plötzlich wie ein Traum: es war wahr.

Ich lachte, es brachte mich zum Lachen, daß ich am Leben war.

Der Frühling, die Sonne, die Kumpel, das Päckchen Camel, das mir in jener Nacht ein junger amerikanischer Soldat aus New Mexico, der ein singendes Kastilisch sprach, geschenkt hatte, das brachte mich eher zum Lachen.

Vielleicht hätte ich es nicht tun sollen. Vielleicht ist es anstößig zu lachen, wenn man so aussieht, wie ich offenbar aussah. Dem Blick der Offiziere in britischer Uniform nach zu urteilen, sah ich wohl nicht nach Lachen aus.

Anscheinend auch nicht zum Lachen.

Sie stehen einige Schritte von mir entfernt, schweigend. Sie vermeiden es, mich anzusehen. Einer von ihnen hat einen trockenen Mund, das sieht man. Der zweite hat ein nervöses Zucken im Augenlid. Und der Franzose sucht etwas in einer Tasche seiner Uniformjacke, das erlaubt es ihm, den Kopf abzuwenden.

Wieder lache ich, auch wenn es unangebracht ist.

– Das Krematorium arbeitet seit gestern nicht mehr, sage ich zu ihnen. Nie mehr Rauch über dem Land. Die Vögel werden vielleicht zurückkommen.

Sie verziehen das Gesicht, vage angewidert.

Aber sie können nicht wirklich begreifen. Wahrscheinlich haben sie die Bedeutung der Wörter verstanden. Rauch: man weiß, was das ist, glaubt es zu wissen. In jedem menschlichen Gedächtnis gibt es Schornsteine, die rauchen. Gelegentlich bäuerliche, häusliche: Rauch aus dem Herd.

Doch von diesem Rauch hier wissen sie nichts. Und sie werden es nie wirklich wissen. Weder diese hier, an jenem Tag. Noch all die anderen seither. Sie werden es nie wissen, sie können es sich nicht vorstellen, sosehr sie sich auch bemühen.

Ein stets gegenwärtiger Rauch, in Fahnen oder Spiralen, über dem gedrungenen Schornstein des Krematoriums von Buchenwald, in der Nähe der Verwaltungsbaracke der *Arbeitsstatistik*[*], wo ich in diesem letzten Jahr gearbeitet hatte.

Ich brauchte nur ein wenig den Kopf zu neigen, ohne meinen Arbeitsplatz zu verlassen, und aus einem der Fenster zu sehen, die auf den Wald gingen. Das Krematorium stand da, massiv, von einem hohen Bretterzaun umgeben, mit einer Krone aus Rauch.

Oder aus Flammen, nachts.

Als die alliierten Luftgeschwader für nächtliche Bombenangriffe ins Herz Deutschlands vordrangen, befahl die SS-Kommandantur, den Verbrennungsofen auszumachen. Denn die Flammen, die aus dem Schornstein schlugen, waren ein idealer Anhaltspunkt für die anglo-amerikanischen Piloten.

Krematorium ausmachen! [*]schrie dann eine bellende, ungeduldige Stimme in der Lautsprecheranlage.

Wir schliefen, die dumpfe Stimme des am Kontrollturm wachhabenden SS-Offiziers weckte uns. Oder vielmehr: zuerst war sie ein Teil unseres Schlafs, sie hallte in unseren Träumen, bevor sie uns aufweckte. In Buchenwald, während der kurzen Nächte, in denen sich unsere Körper und Seelen verbissen abmühten, wieder zu Kräften zu kommen – dunkel, mit eigensinniger und fleischlicher Hoffnung, die von der Vernunft Lügen gestraft wurde, sobald es wieder Tag war –, brachten uns diese beiden Wörter: *Krematorium ausmachen!*, die lange durch unsere Träume hallten, sofort in die Wirklichkeit des Todes zurück. Rissen uns aus dem Traum des Lebens.

Später, als wir aus dieser Abwesenheit zurückgekehrt waren, sollten uns diese Wörter, wenn sie sich vernehmen ließen – nicht unbedingt in einem nächtlichen Traum: ein Träumen am hellen Tag, ein Augenblick der Verwirrung, sogar mitten in einem freundlichen Gespräch, würde sich genausogut eignen –, später sollten uns diese beiden deutschen Wörter – immer sind es diese beiden Wörter, sie allein, *Krematorium ausmachen!*, die sich vernehmen lassen –, auch später sollten sie uns in die Wirklichkeit zurückholen.

So konnte es geschehen, wenn wir jäh aus dem Schlaf erwachten oder wieder zu uns kamen, daß wir argwöhnten, das Leben sei nur ein, zuweilen kurzweiliger, Traum gewesen, seit unserer Rückkehr aus Buchenwald. Ein Traum, aus dem uns diese beiden Wörter plötzlich weckten, uns in Angst versetzend, eine wegen ihrer Heiterkeit sonderbare Angst. Denn nicht die jäh wieder in Erinnerung gerufene Wirklichkeit des Todes war beängstigend. Sondern der Traum des Lebens, sogar der friedliche, von kleinen Glücksmomenten erfüllte Traum. Gerade die Tatsache, am Leben zu sein, und sei es im Traum, war beängstigend.

»Durch den Kamin kommen, in Rauch aufgehen« waren übliche Redensarten im Kauderwelsch von Buchenwald. Im Kauderwelsch aller Lager, es fehlt nicht an Zeugnissen. Man verwendete sie in allen Formen, allen Tonarten, einschließlich der des Sarkasmus. Sogar unter uns. Die SS-Leute und die zivilen Vorarbeiter, die *Mei-*

ster[*], verwendeten sie immer im Ton der Drohung oder der finsteren Prophezeiung.

Sie können es nicht verstehen, nicht wirklich, jene drei Offiziere.

Man müßte ihnen den Rauch beschreiben: manchmal dicht, rußschwarz am veränderlichen Himmel. Oder leicht und grau, fast duftig, nach den Launen des Windes über den versammelten Lebenden schwebend, wie ein Vorzeichen, ein Abschied.

Rauch für ein Leichentuch so groß wie der Himmel, letzte Spur des Verschwindens der Kumpel, mit Leib und Seele.

Es bedürfte vieler Stunden, ganzer Jahreszeiten, der Ewigkeit des Berichts, um es in etwa wiederzugeben.

Gewiß, es sollte Überlebende geben. Mich zum Beispiel. Und so bin ich der Überlebende vom Dienst, füglich vor diesen drei Offizieren einer alliierten Mission aufgetaucht, um ihnen vom Rauch des Krematoriums zu erzählen, vom Geruch verbrannten Fleischs über dem Ettersberg, von den Appellen im Schnee, den mörderischen Zwangsarbeiten, der Erschöpfung des Lebens, der unerschöpflichen Hoffnung, der Bestialität des menschlichen Tiers, der Größe des Menschen, der brüderlichen und verwüsteten Nacktheit des Blicks der Kumpel.

Doch kann man es erzählen? Wird man es können?

Der Zweifel überkommt mich schon in diesem ersten Augenblick.

Es ist der 12. April 1945, der Tag nach der Befreiung von Buchenwald. Die Geschichte ist also frisch. Es bedarf keiner besonderen Gedächtnisanstrengung. Auch keiner glaubwürdigen, überprüften Dokumente. Der Tod steht noch im Präsens. Alles spielt sich vor unseren Augen ab, man braucht nur hinzuschauen. Sie sterben weiterhin zu Hunderten, die Ausgehungerten des Kleinen Lagers, die überlebenden Juden von Auschwitz.

Man braucht sich nur gehenzulassen. Die Wirklichkeit ist da, verfügbar. Auch das Wort.

Dennoch überkommt mich ein Zweifel an der Möglichkeit des Erzählens. Nicht, daß das Erlebte unsagbar wäre. Es ist unerträglich gewesen, was etwas ganz anderes ist, wie man leicht verstehen wird. Etwas anderes, was nicht die Form eines möglichen Berichts betrifft, sondern seine Substanz. Nicht seine Gliederung, sondern seine Dichte. Zu dieser Substanz, dieser transparenten Dichte werden nur diejenigen vordringen, die es verstehen, ihr Zeugnis in ein Kunstwerk, einen Raum der Schöpfung zu verwandeln. Oder der Neuschöpfung. Nur die Kunstfertigkeit eines gebändigten Berichts vermag die Wahrheit des Zeugnisses teilweise zu übermitteln. Aber das ist nichts Außergewöhnliches: so geht es mit allen großen historischen Erfahrungen.

Man kann also immer alles sagen. Das Unsagbare, mit dem man uns ständig in den Ohren liegen wird, ist nur ein Alibi. Oder ein Zeichen von Faulheit. Man kann immer alles sagen, die Sprache enthält alles. Man kann die irrsinnigste Liebe sagen, die schrecklichste Grausamkeit. Man kann das Böse benennen, seinen Mohngeschmack, sein verderbliches Glück. Man kann Gott sagen, und das heißt schon was. Man kann die Rose sagen und den Tau, den Raum eines Morgens. Man kann die Zärtlichkeit sagen, den beschirmenden Ozean der Güte. Man kann die Zukunft sagen, die Dichter wagen sich mit geschlossenen Augen dorthin, mit fruchtbarem Mund.

Man kann alles über diese Erfahrung sagen. Es genügt, an sie zu denken. Und sich an die Arbeit zu machen. Zeit zu haben, zweifellos, und Mut für einen unbegrenzten, wahrscheinlich unendlichen Bericht, der beleuchtet – selbstverständlich auch eingemauert – ist von der Möglichkeit, sich endlos fortzusetzen. Auf die Gefahr hin, in der Wiederholung, im Wiederkäuen zu versacken. Auf die Gefahr hin, nicht mehr herauszufinden, möglicherweise den Tod zu verlängern, ihn in den verborgenen Winkeln des Berichts unaufhörlich wieder aufleben zu lassen, nur noch die Sprache dieses Todes zu sein, auf seine Kosten zu leben, tödlich.

Aber kann man auch alles hören, sich alles vorstellen? Wird man es können? Werden sie die Geduld, die Leidenschaft, das Mitgefühl und die Strenge aufbringen, die dazu nötig sind? Der Zweifel überkommt mich schon in diesem ersten Augenblick, bei dieser ersten Begegnung mit Menschen von vorher, von draußen – aus dem Leben gekommen –, als ich den entsetzten, fast feindseligen, zumindest mißtrauischen Blick der drei Offiziere sehe.

Sie schweigen, sie vermeiden es, mich anzusehen.

Ich habe mich in ihrem schreckensstarren Blick gesehen, zum erstenmal seit zwei Jahren. Diese drei Typen haben mir diesen ersten Vormittag verdorben. Ich glaubte, mit dem Leben davongekommen zu sein. Zumindest ins Leben zurückgekehrt zu sein. Aber es sieht nicht danach aus. Wenn ich meinen Blick im Spiegel des ihren errate, hat es nicht den Anschein, als befände ich mich jenseits all dieses Todes.

Plötzlich ist mir eine Idee gekommen – sofern man jene belebende Hitzewallung, jenen Blutandrang, jenen Stolz auf ein Wissen des Körpers eine Idee nennen kann –, jedenfalls das plötzlich sehr starke Gefühl, dem Tod nicht entronnen zu sein, sondern ihn durchquert zu haben. Vielmehr von ihm durchquert worden zu sein. Ihn gewissermaßen durchlebt zu haben. Zurückgekehrt zu sein, wie man von einer Reise zurückkehrt, die dich verändert, vielleicht verklärt hat.

Ich habe plötzlich begriffen, daß diese Soldaten recht hatten zu erschrecken, meinem Blick auszuweichen.

Denn ich hatte den Tod nicht wirklich überlebt, ich war ihm nicht ausgewichen. Ich war ihm nicht entgangen. Vielmehr hatte ich ihn durchlaufen, von einem Ende zum andern. Ich hatte seine Wege durchlaufen, hatte mich darin verloren und wiedergefunden, ungeheurer Landstrich, durch den die Abwesenheit rinnt. Kurz, ich war ein Wiedergänger.

Und Wiedergänger jagen immer Angst ein.

Plötzlich hatte es mich bestürzt, sogar erregt, daß der Tod nicht mehr am Horizont war, wie der unvorhersehbare Prellstein des Schicksals vor mir stand und mich zu seiner unbeschreiblichen Gewißheit zog. Daß er sich bereits in meiner Vergangenheit befand, verschlissen, bis zur Neige geleert, sein Atem auf meinem Nacken immer schwächer wurde, sich jeden Tag weiter von mir entfernte.

Es war erregend, mir vorzustellen, daß von nun an, von diesem märchenhaften Apriltag an, das Altern mich nicht dem Tode näherbringen, sondern im Gegenteil von ihm entfernen würde.

Vielleicht hatte ich den Tod nicht einfach überlebt, sondern war von ihm auferstanden: vielleicht war ich fortan unsterblich, zumindest für unbegrenzte Zeit zurückgestellt, so als hätte ich den Fluß Styx bis zum anderen Ufer durchschwommen.

Dieses Gefühl hat sich auch bei den Riten und Routinen der Rückkehr zum Leben nicht verflüchtigt, während des Sommers dieser Rückkehr. Ich wußte nicht nur, daß ich am Leben war, ich war auch davon überzeugt, unsterblich zu sein. Jedenfalls außer Gefahr. Alles war mir widerfahren, nichts konnte mir mehr zustoßen. Nichts anderes als das Leben, um es in vollen Zügen zu genießen. Mit dieser Zuversicht habe ich, später, zehn Jahre Illegalität in Spanien überstanden.

Damals machte ich mich jeden Morgen – bevor ich mich in das tägliche Abenteuer der Sitzungen, der mitunter Wochen im voraus vereinbarten Treffen stürzte, von denen die franquistische Polizei durch Unvorsichtigkeit oder Denunziation hätte Kenntnis haben können – auf eine mögliche Verhaftung gefaßt. Auf die sichere Folter. Doch jeden Morgen zuckte ich nach dieser geistigen Übung die Achseln: mir konnte nichts zustoßen. Ich hatte den Preis schon bezahlt, den sterblichen Teil, den ich in mir trug, bereits verausgabt. Ich war unverwundbar, einstweilen unsterblich.

Zu gegebener Zeit, wenn die beabsichtigte Unordnung dieses Berichts es mir erlauben – vielmehr fordern – wird, werde ich sagen, wann, warum und wie der Tod aufhörte, in der Vergangenheit, in meiner immer ferneren Vergangenheit zu existieren. Wann, warum und bei welcher Gelegenheit er von neuem in meiner Zukunft aufgetaucht ist, unausweichlich und heimtückisch.

Aber die Gewißheit, den Tod durchquert zu haben, schwand zuweilen, zeigte ihre unheilvolle Kehrseite. Dann wurde diese Durchquerung zur einzig denkbaren Wirklichkeit, zur einzig wirklichen Erfahrung. Alles übrige seitdem war nur ein Traum gewesen. Bestenfalls eine flüchtige Begebenheit, auch dann, wenn sie angenehm war. Trotz den täglichen Verrichtungen, ihrer instrumentellen Wirksamkeit, trotz dem Zeugnis meiner Sinne, die es mir erlaubten, mich im Labyrinth der Perspektiven, in der Vielfalt der Gerätschaften und Bilder der anderen zurechtzufinden, hatte ich dann den bedrückenden und präzisen Eindruck, in einem Traum zu leben. Selbst ein Traum zu sein. Bevor ich in Buchenwald stürbe, auf dem Ettersberg in Rauch aufginge, würde ich diesen Traum eines künftigen Lebens geträumt haben, in dem ich trügerisch Gestalt annähme.

Aber soweit bin ich noch nicht.

Ich bin noch im Licht des auf mich gerichteten, entsetzten Blicks der drei Offiziere in britischer Uniform.

Seit bald zwei Jahren lebte ich umringt von brüderlichen Blicken. Sofern es Blicke gab: die meisten Deportierten hatten keinen Blick mehr. Er war erloschen, umnebelt, blind geworden vom grellen Licht des Todes. Die meisten von ihnen lebten nur noch dahin: mattes Licht eines toten Sterns, ihr Auge.

Sie gingen wie Automaten, verhalten, ihre Bewegungen abwägend, ihre Schritte bemessend, außer in den Augenblicken des Tages, wo der Schritt kräftig zu sein hatte, martialisch, während des Antretens vor den SS-Leuten morgens und abends auf dem Appellplatz, beim Ausrücken und Einrücken der Arbeitskommandos. Sie gingen mit halbgeschlossenen Augen, um sich vor den brutalen Blitzen der Welt zu schützen, die flackernde kleine Flamme ihrer Lebenskraft vor den eisigen Luftzügen zu behüten.

Aber der Blick, der überlebt haben würde, war brüderlich. Weil von soviel Tod genährt, wahrscheinlich. Von einem so reichen Erbteil genährt.

Sonntags ging ich in den Block 56 im Kleinen Lager. In diesem Teil des Lagers, der doppelt eingezäunt war, waren während ihrer Quarantänezeit die Neuankömmlinge untergebracht. Ebenso die Schwerkranken – insbesondere im Block 56 – sowie alle Deportierten, die noch nicht in das Produktionssystem von Buchenwald eingegliedert waren.

Ich ging am Sonntagnachmittag dorthin, an allen Sonntagnachmittagen jenes Frühlings im Jahr 1944, nach dem Mittagsappell, nach der sonntäglichen Nudelsuppe. Ich begrüßte Nikolai, meinen russischen Kumpel, den jungen Barbaren. Ich plauderte ein wenig mit ihm. Es war besser, sich gut mit ihm zu stehen. Vielmehr, daß er sich gut mit mir stand. Er war Chef des *Stubendiensts*[*] von Block 56. Er war auch einer der Anführer der wilden Banden russischer Jugendlicher, die

die Schiebereien und Machtverteilungen im Kleinen Lager kontrollierten.

Er stand sich gut mit mir, Nikolai. Er begleitete mich zu der Pritsche, auf der Halbwachs und Maspero lagen.

Von Woche zu Woche hatte ich in ihren Augen den schwarzen Morgen des Todes heraufziehen, sich entfalten sehen. Wir teilten diese Gewißheit wie ein Stück Brot. Wir teilten diesen voranschreitenden, ihre Augen verdunkelnden Tod wie ein Stück Brot: Zeichen der Brüderlichkeit. So wie man das Leben teilt, das einem noch bleibt. Der Tod – ein Stück Brot, eine Art Brüderlichkeit. Er betraf uns alle, war die Substanz unserer Beziehungen. Wir waren nichts anderes – nicht mehr und nicht weniger – als dieser voranschreitende Tod. Der einzige Unterschied zwischen uns: die Zeit, die uns von ihm trennte, die noch zurückzulegende Entfernung.

Ich legte eine Hand, von der ich mir wünschte, sie sei leicht, auf die spitze Schulter von Maurice Halbwachs. Ein fast morscher Knochen, nah am Zerbrechen. Ich sprach zu ihm über seine Vorlesungen an der Sorbonne, in früheren Zeiten. Anderswo, draußen, in einem anderen Leben: dem Leben. Ich sprach von seiner Vorlesung über den *potlatsch*. Er lächelte, sterbend, sein Blick ruhte auf mir, brüderlich. Ich sprach über seine Bücher, lange.

An den ersten Sonntagen konnte Maurice Halbwachs noch sprechen. Er erkundigte sich nach dem Gang der Ereignisse, den Nachrichten des Krieges. Er fragte mich – letzte pädagogische Sorge des Professors, dessen Student ich an der Sorbonne gewesen war –, ob ich schon einen Weg gewählt, meine Berufung gefunden hätte. Ich antwortete, daß Geschichte mich interessiere. Er nickte, warum nicht? Vielleicht hat Halbwachs mir deshalb von Marc Bloch erzählt, von ihrer Begegnung an der Universität von Straßburg nach dem Ersten Weltkrieg.

Aber bald hatte er nicht mehr die Kraft, auch nur das

leiseste Wort zu sagen. Er konnte mir nur noch zuhören, und auch das nur mit übermenschlicher Anstrengung. Was im übrigen dem Menschen eigentümlich ist.

Er hörte mir zu, wie ich ihm vom zu Ende gehenden Frühling erzählte, ihm gute Nachrichten über die militärischen Operationen gab, ihm einige Seiten seiner Bücher, Lektionen seines Unterrichts in Erinnerung rief.

Er lächelte, sterbend, sein Blick ruhte auf mir, brüderlich.

Am letzten Sonntag hatte Maurice Halbwachs nicht einmal mehr die Kraft, mir zuzuhören. Kaum noch, die Augen zu öffnen.

Nikolai hatte mich zu der Pritsche begleitet, auf der Halbwachs dahinsiechte, neben Henri Maspero.

– Dein Herr Professor kommt heute noch durch'n Kamin, hatte er geflüstert.

An jenem Tag war Nikolai besonders jovial. Lachend hatte er mich sofort abgefangen, als ich den Block 56 betrat, um in den unerträglichen Gestank der Baracke einzutauchen.

Ich hatte begriffen, daß es gut für ihn lief. Bestimmt hatte er einen großen Coup gelandet.

– Hast du meine Mütze gesehen? hatte Nikolai gesagt.

Er nahm seine Mütze ab und zeigte sie mir. Es war gar nicht möglich, sie nicht zu sehen. Eine Offiziersmütze der sowjetischen Armee, genau das war es.

Zärtlich fuhr Nikolai mit dem Finger über die blaue Litze seiner schönen Offiziersmütze.

– Hast du gesehen? beharrte er.

Ich hatte gesehen, na und?

– Eine Mütze des NKWD! rief er triumphierend aus. Eine echte! Ich habe sie heute organisiert!

Ich hatte genickt, ich begriff nicht ganz.

Ich wußte, was »organisieren« im Kauderwelsch der

Lager hieß. Es war gleichbedeutend mit stehlen oder durch irgendeinen Trick, durch Tausch oder Nötigung, auf dem Parallelmarkt etwas ergattern. Natürlich wußte ich auch, was der NKWD war. Zuerst hatte er Tscheka geheißen, dann GPU, jetzt NKWD, Volkskommissariat des Innern. Übrigens waren zu jener Zeit die Volkskommissariate verschwunden, sie waren schlicht Ministerien geworden.

Ich wußte, daß der NKWD die Polizei war, alles in allem, aber ich begriff die Bedeutung nicht, die Nikolai dem Tragen einer Polizeimütze offensichtlich beimaß.

Aber er gab mir unverzüglich eine Erklärung.

– Damit, rief er aus, sieht man sofort, daß ich ein Meister bin!

Ich hatte ihn angesehen, er hatte seine Mütze wieder aufgesetzt. Er sah stolz aus, martialisch, ohne Zweifel. Man sah, daß er ein Meister war.

Nikolai hatte *Meister* gesagt. Der junge Russe sprach geläufig, sogar fließend ein zwar recht primitives, jedoch ausdrucksstarkes Deutsch. Wenn ihm ein Wort fehlte, improvisierte er, fabrizierte es mit Hilfe der germanischen Vorsilben und Verbformen, die er kannte. Seit ich ihn anläßlich meiner sonntäglichen Besuche bei Maurice Halbwachs regelmäßig traf, hatten wir uns auf deutsch verständigt.

Aber bei dem Wort *Meister* lief es mir kalt über den Rücken. So nannte man die kleinen Chefs, zivile deutsche Vorarbeiter, die manchmal brutaler waren als die SS selbst, brutaler jedenfalls als die Typen der Wehrmacht, und mit Gebrüll und Prügeln die aufreibende Arbeit der Deportierten in den Fabriken von Buchenwald beaufsichtigten. *Meister*: Vorarbeiter, Sklavenaufseher.

Ich hatte Nikolai gesagt, daß mich das Wort *Meister* nicht begeisterte.

Er hatte ein wildes Lachen gelacht, einen russischen

Fluch ausstoßend, in dem davon die Rede war, daß ich meine Mutter ficken sollte. Ein Vorschlag, der in den russischen Flüchen zugegebenermaßen sehr häufig vorkam.

Dann hatte er mir herablassend auf die Schulter geklopft.

– Ist es dir etwa lieber, wenn ich *Führer*[*] statt *Meister* sage, zum Beispiel? Alle deutschen Wörter für *Kapo*[*] sind finster.

Wieder lachte er.

– Und auf russisch? Glaubst du, die russischen Wörter für *Kapo* sind komisch?

Ich schüttelte den Kopf, ich konnte kein Russisch.

Aber plötzlich hörte er auf zu lachen. Ein Schleier sonderbarer Unruhe verdunkelte seine Augen, verschwand sofort wieder.

Von neuem legte er mir eine Hand auf die Schulter.

Als ich Nikolai zum erstenmal gesehen hatte, war er weniger vertraulich gewesen. Er trug noch nicht die Mütze mit der blauen Litze des NKWD, aber er sah bereits wie ein kleiner Chef aus.

Er war auf mich zugestürzt.

– Was suchst du hier?

Breitbeinig stand er mitten im Gang von Block 56, zwischen den hohen Reihen der dreimal übereinandergestaffelten Bettgestelle, das Betreten seines Territoriums verbietend. Im Halbdunkel sah ich das gut gewichste Leder seiner Reitstiefel glänzen. Denn er trug zwar noch nicht die Mütze der Sondereinheiten des Volkskommissariats für Inneres, aber bereits Stiefel und eine Reithose sowie einen gut geschnittenen Militärrock.

Kurzum, der vollkommene kleine Chef.

Ich mußte ihn sofort abkanzeln, sonst würde ich nicht davonkommen. Das hatte ich in zwei Monaten Lager gelernt.

– Und du? habe ich zu ihm gesagt. Suchst du Streit? Weißt du überhaupt, woher ich komme?

Er hatte kurz gezögert. Hatte aufmerksam meinen Aufzug gemustert. Ich trug einen fast neuen blauen Mantel. Eine graue Wollhose und Lederstiefel in ausgezeichnetem Zustand. Grund genug, daß er zögerte, natürlich. Zumindest nachdachte.

Aber sein Blick fiel immer wieder auf die auf meine Brust genähte Häftlingsnummer und den Buchstaben »S« in einem roten Stoffdreieck.

Dieser Hinweis auf meine Nationalität – »S« für *Spanier* – schien ihn nicht zu beeindrucken, ganz im Gegenteil. Hatte man je erlebt, daß ein Spanier zu den Privilegierten von Buchenwald gehört? Den Kreisen der Macht im Lager? Nein, dieses »S« auf meiner Brust entlockte ihm eher ein Lächeln.

– Streit? Mit dir? hat er überheblich gesagt.

Daraufhin habe ich ihn, die Worte bellend, *Arschloch*[*] genannt und ihm befohlen, seinen Blockführer zu holen. Ich habe ihm gesagt, daß ich in der *Arbeitsstatistik* arbeite. Ob er sich auf einer Transportliste wiederfinden wolle?

Ich sah mich so zu ihm reden, ich hörte mich das alles schreien und fand mich ziemlich lächerlich. Sogar ziemlich ekelhaft, ihm mit einem Abtransport zu drohen. Aber das war die Spielregel, und nicht ich hatte diese Regel in Buchenwald aufgestellt.

Jedenfalls hat die Anspielung auf die *Arbeitsstatistik* Wunder gewirkt. Es war das Büro des Lagers, wo die Arbeitskräfte auf die verschiedenen Arbeitskommandos verteilt wurden. Wo auch die Transporte für die Außenlager zusammengestellt wurden, die im allgemeinen härter waren als Buchenwald selbst. Nikolai hat erkannt, daß ich nicht bluffte, daß ich wirklich dort arbeitete. Sofort hat er sich besänftigt.

Seit jenem ersten Tag stand er sich gut mit mir.
Er hat mir also eine Hand auf die Schulter gelegt.
– Glaub mir, sagte er knapp und brutal. Es ist besser,
man trägt die Mütze des NKWD, wenn man wie ein russischer *Kapo* aussehen will.

Ich begriff nicht ganz, was er damit sagen wollte. Was ich begriff, war eher verwirrend. Aber ich habe ihm keine Fragen gestellt. Im übrigen würde er nichts mehr dazu sagen, das war klar. Er hatte sich auf dem Absatz umgedreht und begleitete mich zur Pritsche von Maurice Halbwachs.

– *Dein Herr Professor*, hatte er geflüstert, *kommt heute noch durch'n Kamin.**

Ich hatte die Hand von Halbwachs genommen, der nicht die Kraft gehabt hatte, die Augen zu öffnen. Ich hatte lediglich eine Antwort in seinen Fingern gespürt, einen leichten Druck: eine kaum wahrnehmbare Botschaft.

Professor Maurice Halbwachs war an der Grenze der menschlichen Widerstandskraft angelangt. Er entleerte sich langsam seiner Substanz, im letzten Stadium der Ruhr, die ihn im Gestank dahinraffte.

Etwas später, als ich ihm irgend etwas erzählte, nur damit er den Klang einer freundschaftlichen Stimme höre, hat er plötzlich die Augen geöffnet. Eine Verzweiflung voller Ekel, die Scham über seinen verfallenden Körper standen darin zu lesen. Aber auch eine Flamme der Würde, besiegter, doch unversehrter Menschlichkeit. Das unsterbliche Leuchten eines Blicks, der das Nahen des Todes feststellt, der weiß, woran er ist, der ihn genau kennt, Auge in Auge alle Risiken und Einsätze abwägt, frei und souverän.

Und in jäher Panik, da ich nicht weiß, welchen Gott ich anrufen könnte, damit er Maurice Halbwachs begleite, doch im Bewußtsein, daß ein Gebet notwendig ist, spreche ich mit zugeschnürter Kehle und lauter Stimme, wobei ich versuche, sie zu beherrschen, ihr die nötige Klangfarbe zu geben, einige Verse von Baudelaire. Das ist das einzige, was mir einfällt.

O Tod, alter Kapitän, es ist Zeit! laß uns die Anker lichten ...

Der Blick von Halbwachs wird weniger verschwommen, scheint sich zu wundern. Ich deklamiere weiter. Und bei den Worten

... unsere Herzen, die du kennst, sind voller Strahlen,

huscht ein leichtes Beben über die Lippen von Maurice Halbwachs.

Er lächelt, sterbend, sein Blick ruht auf mir, brüderlich.

Es gab auch die SS-Leute, zweifellos.

Aber man konnte ihren Blick nicht so leicht abfangen. Sie waren weit weg: massiv, über allem, jenseits. Unsere Blicke konnten sich nicht begegnen. Sie gingen vorbei, geschäftig, arrogant, sich gegen den fahlen Himmel von Buchenwald abzeichnend, an dem der Rauch des Krematoriums schwebte.

Manchmal indes war es mir gelungen, *Obersturmführer*[*] Schwartz in die Augen zu blicken.

Man mußte strammstehen, die Kopfbedeckung abnehmen, gewissenhaft die Hacken zusammenschlagen, klar und deutlich mit lauter Stimme seine Häftlingsnummer rufen, vielmehr brüllen. Das Auge starr in die Ferne gerichtet, das war besser. Das Auge zum Himmel gerichtet, an dem der Rauch des Krematoriums schweben würde, das war besser. Sodann, mit etwas Wagemut und List, konnte man versuchen, ihm ins Gesicht zu sehen. Das Auge von Schwartz, so kurz der Augenblick auch war, in dem es mir gelang, seinen Blick abzufangen, drückte nichts anderes aus als Haß.

Freilich stumpfsinnigen Haß, von sichtlicher Verwirrung geplagt. Wie das von Nikolai bei anderen Gelegenheiten, aber aus ähnlichen Gründen, starrte das Auge von Schwartz auf das »S« meiner nationalen Kennzeichnung. Auch er fragte sich wohl, wie ein Rotspanier an die Spitze der Hierarchie der inneren Verwaltung von Buchenwald hatte gelangen können.

Aber der Haß des *Obersturmführers* Schwartz war beruhigend, er wärmte einem das Herz, wie desorientiert der Blick auch sein mochte, in dem er sich zeigte. Das war sogar ein Grund zu leben, zu versuchen zu überleben.

Und so kam es, paradoxerweise, zumindest auf den ersten kurzen Blick, daß mich der Blick meiner Leidensgefährten, wenn sie noch einen hatten, so brüderlich er sein mochte – vielmehr gerade deswegen –, auf den Tod verwies. Dieser war die Substanz unserer Brüderlichkeit, der Schlüssel unseres Schicksals, das Zeichen der Zugehörigkeit zur Gemeinschaft der Lebenden. Wir erlebten gemeinsam diese Erfahrung des Todes, dieses Mitleiden. Unser Sein war dadurch bestimmt: mit dem anderen im Tod zu sein, der voranschritt. Vielmehr in uns reifte, uns ergriff wie ein leuchtendes Unheil, wie ein grelles Licht, das uns verzehren würde. Wir alle, die wir bald sterben würden, hatten aus Liebe zur Freiheit die Brüderlichkeit dieses Todes gewählt.

Genau dies lehrte mich der Blick von Maurice Halbwachs, als er im Sterben lag.

Der Blick des SS-Mannes dagegen, voll von beunruhigtem, tödlichem Haß, verwies mich auf das Leben.

Auf den irrsinnigen Wunsch zu dauern, zu überleben: ihn zu überleben. Auf den unbändigen Willen, es zu schaffen.

Aber heute, an diesem Apriltag, nach dem Winter über Europa, nach dem Regen aus Eisen und Feuer, worauf verweist er mich heute, der entsetzte, irre Blick der drei Offiziere in britischer Uniform?

Auf welches Entsetzen, welchen Irrsinn?

2

Das Kaddisch

Eine Stimme, plötzlich, hinter uns.

Eine Stimme? Eher eine unmenschliche Wehklage. Das unartikulierte Stöhnen eines verwundeten Tiers. Ein schauriger Singsang, der das Blut gefrieren läßt.

Wir waren auf der Schwelle der Baracke erstarrt, als wir uns anschickten, wieder ins Freie zu treten. Regungslos, Albert und ich, versteinert an der Grenze zwischen dem stinkenden Halbdunkel im Innern und der Aprilsonne draußen. Vor uns ein blauer Himmel, kaum bewölkt. Ringsum die vorwiegend grüne Masse des Waldes, hinter den Baracken und Zelten des Kleinen Lagers. In der Ferne die Berge Thüringens. Kurz, die ewige Landschaft, die Goethe und Eckermann bei ihren Spaziergängen wohl betrachtet hatten.

Dennoch war es eine menschliche Stimme. Ein gutturales, unwirkliches Singen.

Wir blieben stehen, Albert und ich, bestürzt.

Albert war ein ungarischer Jude, unverwüstlich und stämmig, immer gut gelaunt. An jenem Tag begleitete ich ihn auf einem letzten Inspektionsgang. Seit zwei Tagen verlegten wir die jüdischen Überlebenden, die Auschwitz und den polnischen Lagern entkommen waren. Kinder und Jugendliche, insbesondere, wurden in einem Gebäude der SS-Siedlung untergebracht.

Albert war der Verantwortliche dieser Rettungsaktion.

Wir hatten uns zu dem schauerlichen Halbdunkel umgewandt, mit gefrorenem Blut. Woher kam diese unmenschliche Stimme? Denn es gab keine Überlebenden mehr, das hatten wir gerade festgestellt. Wir waren durch den langen Mittelgang der Baracke gegangen. Die

Gesichter waren uns zugewandt. Die ausgemergelten, mit Lumpen bedeckten Körper lagen auf den Pritschen der dreifach gestaffelten Schlafgestelle. Sie waren ineinander verkrallt, manchmal in erschreckender Reglosigkeit erstarrt. Die Blicke waren uns, dem Mittelgang zugewandt, oft in einer gewaltsamen Drehung des Halses. Dutzende von geweiteten Augen hatten uns vorbeigehen sehen.

Ohne uns zu sehen.

Es gab keine Überlebenden mehr in dieser Baracke des Kleinen Lagers. Die weit geöffneten, über dem Grauen der Welt aufgerissenen Augen mit ihren undurchdringlichen, anklagenden Blicken waren erloschene Augen, tote Blicke.

Wir waren vorbeigegangen, Albert und ich, die Kehle zugeschnürt, so leise wie möglich in der klebrigen Stille. Der Tod plusterte sich auf, zeigte das eisige Feuerwerk all dieser auf die Kehrseite der Welt, die Höllenlandschaft gerichteten Augen.

Manchmal hatte sich Albert – ich selbst hatte dazu nicht den Mut aufgebracht – über diese auf den Brettern der Pritschen ineinander verschlungenen Körper gebeugt. Die Körper waren steif, wie Baumstämme. Albert schob dieses tote Holz mit fester Hand zur Seite. Er untersuchte die Zwischenräume, die Hohlräume zwischen den Leichen, in der Hoffnung, noch einen Lebenden zu finden.

Aber es schien keinen Überlebenden zu geben an jenem Tag, von dem die Rede ist, dem 14. April 1945. Alle noch gesunden Deportierten hatten bei der Nachricht von der Befreiung des Lagers wohl die Flucht ergriffen.

Bei diesem Datum des 14. April kann ich mir sicher sein, es mit Bestimmtheit nennen. Obwohl die Zeit meines Lebens, die zwischen der Befreiung von Buchenwald und meiner Rückkehr nach Paris liegt, verschwommen ist, getrübt von den Nebeln des Vergessens. Der Unklarheit jedenfalls.

Ich habe die Tage, die Nächte oft nachgerechnet. Immer komme ich zu einem verwirrenden Ergebnis. Zwischen der Befreiung von Buchenwald und meiner Rückkehr nach Paris sind achtzehn Tage vergangen, nachweislich. Doch in der Erinnerung bleiben mir sehr wenige Bilder. Glanzvolle, zweifellos, von grellem Licht angestrahlt, aber es umgibt sie ein dichter Ring nebligen Schattens. Gerade so viele Bilder, um ein paar kurze Stunden eines Lebens auszufüllen, mehr nicht.

Das Anfangsdatum dieses Zeitraums läßt sich leicht ermitteln. Es steht in den Geschichtsbüchern: 11. April 1945, Tag der Befreiung von Buchenwald. Das Datum meiner Ankunft in Paris kann ich errechnen, aber ich werde Ihnen die dabei verwendeten Anhaltspunkte ersparen. Es war zwei Tage vor dem 1. Mai: der 29. April also. Am Nachmittag, um ganz genau zu sein. Ich bin am Nachmittag des 29. April in Paris angekommen, Rue de Vaugirard, mit einem Konvoi der Repatriierungsmission des Abbé Rodhain.

Ich erwähne all diese wahrscheinlich überflüssigen, ja albernen Einzelheiten, um zu beweisen, daß mein Gedächtnis gut ist, daß ich sie nicht aus Gedächtnisschwäche vergessen habe, die beiden langen Wochen vor meiner Rückkehr zum Leben, zu dem, was man Leben nennt.

Trotzdem verhält es sich so: von diesem Zeitraum bleiben mir nur verstreute, zusammenhanglose Erinnerungen, kaum so viele, um ein paar Stunden dieser zwei langen Wochen zu füllen. Erinnerungen, die in grellem Licht glänzen, gewiß, jedoch umhüllt vom Grau in Grau des Nichtseins. Des kaum Erkennbaren zumindest.

Wir schreiben den 14. April 1945.

Am Morgen hatte ich gedacht, daß es ein herausragendes Datum meiner Kindheit war: an diesem Tag ist in

Spanien die Republik ausgerufen worden, im Jahre 1931. Die Menge strömte aus den Vorstädten ins Zentrum von Madrid, überragt von einem wogenden Fahnenwald. »Wir haben das Regime gestürzt, ohne eine einzige Scheibe einzuschlagen!« riefen freudestrahlend und auch etwas überrascht die Führer der republikanischen Parteien. Die Geschichte hat sich, fünf Jahre später, mit einem langen blutigen Bürgerkrieg entschädigt.

Aber es gab keine Überlebenden, am 14. April 1945, in jener Baracke des Kleinen Lagers von Buchenwald.

Es gab nur tote Blicke, weit geöffnete, auf das Grauen der Welt starrende Augen. Die Leichen, verkrümmt wie die Gestalten El Grecos, schienen ihre letzten Kräfte zusammengenommen zu haben, um auf den Brettern der Pritschen so nahe wie möglich an den Mittelgang heranzurutschen, auf dem eine letzte Rettung hätte auftauchen können. Die toten Blicke, in der Angst des Wartens erstarrt, hatten sicherlich bis zum Schluß nach irgendeiner jähen rettenden Erscheinung gespäht. Die Verzweiflung, die in ihnen zu lesen war, entsprach dieser Erwartung, diesem letzten Aufbäumen der Hoffnung.

Plötzlich begriff ich die mißtrauische, entsetzte Verwunderung der drei alliierten Offiziere vor zwei Tagen. Wenn mein Blick tatsächlich nur den hundertsten Teil des Entsetzens widerspiegelte, der sich in den toten Augen zeigte, die uns, Albert und mich, angesehen hatten, dann war es verständlich, daß den drei Offizieren in britischer Uniform davor gegraut hat.

– Hörst du? hat Albert geflüstert.

Offen gesagt war es keine Frage. Ich konnte gar nicht umhin zu hören. Ich hörte diese unmenschliche Stimme, dieses singende Schluchzen, dieses sonderbar rhythmische Röcheln, diese Rhapsodie aus dem Jenseits.

Ich habe mich umgedreht: draußen war die Aprilluft, der blaue Himmel. Ich habe einen Schluck Frühling eingesogen.

– Was ist das? hat Albert gefragt, und seine Stimme war tonlos und leise.

– Der Tod, habe ich gesagt. Wer sonst?

Albert hat eine gereizte Handbewegung gemacht.

Es war der Tod, der sang, zweifellos, irgendwo inmitten des Leichenbergs. Das Leben des Todes also, das sich vernehmen ließ. Die Agonie des Todes, seine gleißende und schauerlich redselige Gegenwart. Doch wozu auf dieser Offensichtlichkeit beharren? Dies schien Alberts Geste zu besagen. In der Tat, wozu?

Ich schwieg.

Der Verbrennungsofen arbeitete seit drei Tagen nicht mehr. Als das internationale Lagerkomitee und die amerikanische Militärverwaltung die wichtigsten Dienststellen wieder in Gang gebracht hatten, um die Zehntausende von Überlebenden zu ernähren, zu pflegen, einzukleiden und umzugruppieren, war es niemandem in den Sinn gekommen, das Krematorium von neuem arbeiten zu lassen. Das war in der Tat undenkbar. Der Rauch des Krematoriums mußte für immer verschwinden: es kam nicht in Frage, daß man ihn erneut über der Landschaft schweben sah. Aber auch wenn man nicht mehr in Rauch aufging, so hatte der Tod dennoch nicht aufgehört, sein Werk zu tun. Das Ende des Krematoriums war nicht das Ende des Todes. Der hatte lediglich aufgehört, über uns zu schweben, dicht oder leicht, je nachdem. Er war kein Rauch mehr, manchmal fast immateriell, ungreifbare graue Asche über der Landschaft. Der Tod wurde wieder fleischlich, er verkörperte sich erneut in den Dutzenden ausgezehrter, gemarterter Leiber, die noch immer seine tägliche Ernte bildeten.

Um die Seuchengefahr zu bannen, hatten die amerikanischen Militärbehörden beschlossen, die Leichen zu sammeln, zu identifizieren und in Massengräbern zu beerdigen. Und im Hinblick auf eben diese Operation machten Albert und ich an jenem Tag einen letzten Inspektionsgang durch das Kleine Lager, in der Hoffnung, noch einen Überlebenden zu finden, der zu schwach gewesen wäre, sich aus eigener Kraft dem Gemeinschaftsleben anzuschließen, das seit der Befreiung von Buchenwald wieder aufgenommen worden war.

Albert ist bleich geworden. Er hat gelauscht, hat mich am Arm gepackt, daß es wehtat, plötzlich ganz aufgeregt.

– Jiddisch! hat er gerufen. Er spricht jiddisch!

Der Tod sprach also jiddisch.

Albert war eher in der Lage als ich, es zu hören, vielmehr es aus den gutturalen, für mich sinnlosen Lauten dieses Geistergesangs zu erschließen.

Im Grunde war es nicht überraschend, daß der Tod jiddisch sprach. Eine Sprache, die er in den letzten Jahren wohl oder übel hatte lernen müssen. Falls er sie nicht schon immer gekonnt hatte.

Aber Albert hat mich am Arm gepackt und drückt ihn sehr fest. Er zerrt mich wieder in die Baracke.

Wir machen ein paar Schritte im Mittelgang, wir bleiben stehen. Wir lauschen, versuchen festzustellen, woher die Stimme kommt.

Alberts Atem fliegt.

– Es ist das Gebet für die Toten, flüstert er.

Ich zucke die Achseln. Natürlich ist es ein Trauergesang. Niemand erwartet, daß der Tod uns lustige Lieder pfeift. Oder Liebeslieder.

Wir lassen uns von diesem Gebet für die Toten leiten. Manchmal müssen wir warten, reglos, den Atem anhaltend. Der Tod ist verstummt, unmöglich, die Quelle dieses Singsangs zu ermitteln. Aber er setzt immer wieder ein: unverwüstlich, die Stimme des Todes, unsterblich.

Plötzlich, als wir uns tastend in einen kurzen Seitengang begeben, scheint mir, daß wir das Ziel erreichen. Die Stimme, zerrissen, heiser, gemurmelt, ist jetzt ganz nah.

Albert stürzt zu der Pritsche, aus der das singende Röcheln kommt.

Zwei Minuten später haben wir aus einem Leichenberg den Sterbenden gezogen, aus dessen Mund der Tod uns sein Lied singt. Vielmehr sein Gebet. Wir tragen ihn zur Tür der Baracke, in die Aprilsonne. Wir legen ihn auf einen Haufen Lumpen, die Albert zusammengetragen hat. Der Mann hält die Augen geschlossen, aber er hat nicht aufgehört zu singen, mit heiserer, kaum hörbarer Stimme.

Niemals habe ich ein menschliches Gesicht gesehen, das dem des Gekreuzigten so ähnlich war. Nicht dem strengen, aber heiteren Gesicht eines römischen Christus, sondern dem gemarterten Gesicht der spanischen gotischen Christusfiguren. Gewiß, der gekreuzigte Christus singt gewöhnlich nicht das jüdische Totengebet. Aber das ist nebensächlich: aus theologischer Sicht spricht nichts dagegen, vermute ich, daß Christus das Kaddisch singt.

– Warte hier auf mich, sagt Albert kategorisch. Ich renne ins *Revier** und hole eine Bahre.

Er macht ein paar Schritte, kommt zurück.

– Du paßt auf ihn auf, ja?

Ich finde das so idiotisch, sogar so unangebracht, daß ich heftig reagiere.

– Was mache ich wohl mit ihm, deiner Meinung nach? Plaudern? Ihm ein Lied singen? *La Paloma* vielleicht?

Aber Albert läßt sich nicht beirren.

– Du bleibst bei ihm, das ist alles.

Und er rennt zum Krankenbau des Lagers.

Ich wende mich dem Liegenden zu. Mit geschlossenen Augen fährt er fort zu singen. Aber seine Stimme wird schwächer, wie mir scheint.

La Paloma – diese Geschichte ist mir einfach so eingefallen, unvermittelt. Aber sie erinnert mich an etwas, woran ich mich nicht erinnere. Erinnert mich zumindest daran, daß ich mich an etwas erinnern müßte. Daß ich mich daran erinnern könnte, wenn ich mir etwas Mühe gäbe. *La Paloma*? Der Anfang eines Lieds fällt mir ein. So merkwürdig es klingen mag, dieser Anfang fällt mir auf deutsch ein.

Kommt eine weiße Taube zu dir geflogen …

Zwischen den Zähnen murmele ich den Anfang von *La Paloma* auf deutsch. Jetzt weiß ich, an welche Geschichte ich mich erinnern könnte.

Und ich erinnere mich tatsächlich.

Der Deutsche war jung, er war groß, er war blond. Er entsprach voll und ganz der Idee des Deutschen: ein idealer Deutscher also. Es war vor anderthalb Jahren, 1943. Im Herbst, in der Gegend von Semur-en-Auxois. An einer Biegung des Flusses gab es eine Art Wehr, das das Wasser staute. An dieser Stelle war die Wasseroberfläche nahezu regungslos: ein flüssiger Spiegel unter der Herbstsonne. Der Schatten der Bäume bebte über diesem durchscheinenden Zinnspiegel.

Der Deutsche war auf der Uferböschung aufgetaucht, auf einem Motorrad. Der Motor seiner Maschine schnurrte leise. Er hatte den Pfad eingeschlagen, der zum Wasser hinunterführte.

Wir warteten auf ihn, Julien und ich.

Das heißt, wir warteten nicht unbedingt auf diesen Deutschen. Auf diesen blonden, blauäugigen Knaben. (Achtung: ich phantasiere. Ich habe in diesem Augenblick die Farbe seiner Augen nicht sehen können. Erst später, als er tot war. Aber er sah mir ganz danach aus, als ob er blaue Augen hätte.) Wir warteten auf einen Deutschen, auf Deutsche. Irgendwelche. Wir wußten, daß die Soldaten der Wehrmacht es sich zur Gewohnheit gemacht hatten, gruppenweise an diesen Ort zu kommen, spätnachmittags, um sich zu erfrischen. Wir, Julien und ich, waren gekommen, um das Gelände zu erkunden, herauszufinden, ob es möglich wäre, mit Hilfe des Maquis einen Hinterhalt zu legen.

Aber dieser Deutsche schien allein zu sein. Kein weiteres Motorrad, kein weiteres Fahrzeug war nach ihm auf dem Pfad aufgetaucht. Allerdings war es auch nicht die gewohnte Uhrzeit. Es war gegen Mitte des Vormittags.

Er ist bis zum Ufer gefahren, ist von seiner Maschine gestiegen, hat sie aufgebockt. Stehend, die Süße Frankreichs einatmend, hat er den Kragen seiner Jacke geöffnet. Er war sichtlich entspannt. Aber er war auf der Hut: seine Maschinenpistole hing ihm quer über der Brust, an dem Riemen, den er um seinen Hals gelegt hatte.

Julien und ich haben uns angesehen. Wir waren auf denselben Gedanken gekommen.

Der Deutsche war allein, wir hatten unsere beiden Smith-and-Wesson. Die Entfernung zwischen uns und dem Deutschen war gut, er befand sich in Reichweite unserer Waffen. Ein Motorrad ließ sich erbeuten, eine Maschinenpistole.

Wir waren gedeckt, auf der Lauer: er war eine perfekte Zielscheibe. Wir waren also auf denselben Gedanken gekommen, Julien und ich.

Aber plötzlich hat der junge deutsche Soldat die Augen zum Himmel gehoben und hat zu singen angefangen.

Da bin ich zusammengezuckt, fast hätte ich ein Geräusch gemacht, wäre mit dem Lauf der Smith-and-Wesson an den Felsen gestoßen, der uns Deckung gab. Julien hat mir einen vernichtenden Blick zugeworfen.

Vielleicht erinnerte ihn dieses Lied an nichts. Vielleicht wußte er nicht einmal, daß es *La Paloma* war. Und selbst wenn er es wußte, erinnerte ihn *La Paloma* vielleicht an nichts. Die Kindheit, die Dienstmädchen, die bei der Arbeit singen, die Melodien der Konzertpavillons in den schattigen Anlagen der Sommerfrischen, *La Paloma*! Wie hätte ich nicht zusammenzucken sollen, als ich dieses Lied hörte?

Der Deutsche sang weiter, mit einer schönen blonden Stimme.

Meine Hand hatte zu zittern begonnen. Es war mir unmöglich geworden, auf diesen jungen Soldaten zu schießen, der *La Paloma* sang. Als ob die Tatsache, daß er diese Melodie aus meiner Kindheit, diesen nostalgischen Schlager sang, ihn mit einem Mal unschuldig machte. Nicht persönlich unschuldig, vielleicht war er es ohnehin, auch wenn er nie *La Paloma* gesungen hätte. Vielleicht hatte er sich nichts vorzuwerfen, dieser junge Soldat, nichts anderes, als daß er zur Zeit Adolf Hitlers als Deutscher geboren worden war. Als wäre er plötzlich in ganz anderer Weise unschuldig geworden. Unschuldig nicht nur, als Deutscher geboren zu sein, unter Hitler, zu einer Besatzungsarmee zu gehören, unfreiwillig die brutale Stärke des Faschismus zu verkörpern. Dem Wesen nach unschuldig geworden also, in der Fülle seines Daseins, weil er *La Paloma* sang. Es war absurd, ich wußte es genau. Aber ich war außerstande, auf diesen jungen Deutschen zu schießen, der mit unverhülltem Gesicht *La Paloma* sang, in der Reinheit eines Herbstmorgens, im Herzen der tiefen Sanftmut einer Landschaft Frankreichs.

Ich habe den langen, mennigrot angestrichenen Lauf der Smith-and-Wesson gesenkt.

Julien hat es gesehen, auch er hat den Arm wieder gebeugt.

Er beobachtet mich mit besorgter Miene, wahrscheinlich fragt er sich, was in mich gefahren ist.

In mich gefahren ist *La Paloma*, die spanische Kindheit, mitten ins Gesicht.

Aber der junge Soldat hat sich umgedreht, er geht mit kleinen Schritten zu seinem Motorrad zurück, das auf seinem Ständer steht.

Da packe ich meine Waffe mit beiden Händen. Ich ziele auf den Rücken des Deutschen, ich drücke auf den Abzug der Smith-and-Wesson. Ich höre neben mir die Schüsse aus dem Revolver von Julien, der ebenfalls mehrmals abgedrückt hat.

Der deutsche Soldat macht einen Satz nach vorn, als wäre er heftig in den Rücken gestoßen worden. Weil er tatsächlich in den Rücken gestoßen worden ist, von dem brutalen Aufprall der Geschosse.

Er fällt der Länge nach hin.

Ich sinke zu Boden, das Gesicht im frischen Gras, wütend hämmere ich mit der Faust auf den flachen Felsen, der uns schützte.

– Scheiße, Scheiße, Scheiße!

Ich schreie immer lauter, Julien bekommt es mit der Angst.

Er schüttelt mich, brüllt, daß jetzt nicht der Moment sei, einen Nervenanfall zu kriegen: wir müssen verduften. Das Motorrad, das Maschinengewehr des Deutschen an uns nehmen und verduften.

Er hat recht, es gibt nichts anderes zu tun.

Wir stehen auf, überqueren rennend den Fluß, über

Felsen, die eine Art natürlichen Staudamm bilden. Julien nimmt die Maschinenpistole des Toten, nachdem er ihn umgedreht hat. Und es stimmt, er hat blaue Augen, weit aufgerissen vor Verwunderung.

Wir verduften auf dem Motorrad, das in einer Vierteldrehung anfährt.

Doch dies ist eine Geschichte, die ich bereits erzählt habe.

Nicht die des jüdischen Überlebenden, den Albert und ich gefunden haben, weil er auf jiddisch das Totengebet sang. Diese Geschichte erzähle ich zum erstenmal. Sie gehört zu den Geschichten, die ich noch nicht erzählt habe. Ich müßte mehrere Leben haben, um all diesen Tod zu erzählen. Diesen Tod bis zum Ende zu erzählen, eine unendliche Aufgabe.

Die Geschichte mit dem Deutschen habe ich schon einmal erzählt. Mit dem jungen deutschen Soldaten, schön und blond, den wir, Julien und ich, in der Gegend von Semur-en-Auxois abgeknallt haben. Ich erinnere mich nicht an den Namen des Flusses, vielleicht habe ich ihn nie gewußt. Ich erinnere mich, daß es im September war, daß von einem Ende der Landschaft bis zum andern September war. Ich erinnere mich an die Milde des Septembers, an die Milde einer Landschaft, die so gut mit dem friedlichen Glück, mit dem Horizont der menschlichen Arbeit übereinstimmte. Ich erinnere mich, daß mich die Landschaft an Jean Giraudoux hatte denken lassen, an seine Ergriffenheit angesichts der Schönheiten Frankreichs.

Ich habe diese Geschichte von dem deutschen Soldaten in einem kurzen Roman erzählt, der *L'évanouissement* heißt. Ein Buch, das fast keine Leser gefunden hat. Wahrscheinlich habe ich mir aus diesem Grunde erlaubt, die Geschichte von dem jungen Deutschen, der *La Paloma* sang, noch einmal zu erzählen. Aber nicht nur deswegen. Auch um die erste Fassung dieser Geschichte zu berichtigen, die nicht ganz wahrheitsgemäß war. Das heißt, alles ist wahr an dieser Geschichte, auch in der ersten Fassung, der von *L'évanouissement*. Der Fluß ist wahr, Semur-en-Auxois ist keine Stadt, die ich erfunden habe, der Deutsche hat tatsächlich *La Paloma* gesungen, wir haben ihn tatsächlich erschossen.

Aber bei dieser Episode des deutschen Soldaten war ich mit Julien zusammen, nicht mit Hans. In *L'évanouissement* habe ich von Hans gesprochen, ich habe diese fiktive Person an die Stelle einer realen Person gesetzt. Julien war eine reale Person: ein junger Mann aus Burgund, der immer »die Patrioten« sagte, wenn er von den Widerstandskämpfern sprach. Dieses Überbleibsel der jakobinischen Sprache entzückte mich. Julien war mein Kumpel bei den Streifzügen durch die verschiedenen Maquis der Gegend, wo wir die Waffen verteilten, die mit Fallschirmen für »Jean-Marie Action« abgeworfen wurden, das Netz von Henri Frager, für das ich arbeitete. Julien fuhr halsbrecherisch die Wagen mit Frontantrieb und die Motorräder auf den Straßen der Yonne und der Côte-d'Or, und es war eine Freude, die Aufregung der nächtlichen Rennfahrten mit ihm zu teilen. Wir hielten die Patrouillen der *Feld*[*] zum Narren. Aber Julien ist in einen Hinterhalt geraten, er hat sich wie der Teufel verteidigt. Die letzte Kugel seiner Smith-and-Wesson galt ihm selbst: er hat sich seine letzte Kugel durch den Kopf geschossen.

Hans Freiberg dagegen ist eine fiktive Person. Ich hatte Hans Freiberg – den wir, Michel und ich, in *Die große Reise* Hans von Freiberg zu Freiberg nannten, zur Erinnerung an *Undine* – erfunden, damit ich einen jüdischen Kumpel hätte. Ich hatte in meinem Leben der damaligen Zeit welche gehabt. Ich wollte auch in diesem Roman einen haben. Im übrigen sind die Gründe für die Erfindung von Hans, meinem fiktiven jüdischen Kumpel, der meine realen jüdischen Kumpel verkörperte, in *L'évanouissement* angedeutet.

»Wir hätten Hans erfunden«, heißt es dort, »als ein Bild von uns selbst, das reinste, das unseren Träumen am nächsten käme. Er wäre Deutscher gewesen, weil wir internationalistisch waren: bei jedem in einem Hinterhalt erschossenen deutschen Soldaten zielten wir nicht auf den Fremden, sondern auf das mörderischste und hervorstechendste Wesen unserer eigenen Bourgeoisien, das heißt der gesellschaftlichen Verhältnisse, die wir bei uns selbst verändern wollten. Er wäre Jude gewesen, weil wir jegliche Unterdrückung beseitigen wollten und weil der Jude, sogar der passive, sogar der resignierte, die unerträgliche Gestalt des Unterdrückten war...«

Genau deshalb habe ich Hans erfunden, deshalb habe ich ihn neben mich gestellt am Tag jenes deutschen Soldaten, der *La Paloma* sang. Aber in Wirklichkeit war Julien dabeigewesen. Julien war Burgunder, und er sagte »die Patrioten«, wenn er von den Widerstandskämpfern sprach. Er hat sich eine Kugel durch den Kopf geschossen, um nicht der *Feldgendarmerie*[*] in die Hände zu fallen.

Dies ist die wiederhergestellte Wahrheit: die volle Wahrheit jenes Berichts, der bereits wahrheitsgemäß gewesen war.

Der jüdische Überlebende aber, der leise das Totengebet sang, ist sehr real. So real, daß er im Sterben liegt, hier, vor meinen Augen.

Ich höre das Kaddisch nicht mehr. Ich höre den Tod nicht mehr jiddisch singen. Ich hatte mich in meinen

Erinnerungen verloren, ich hatte nicht aufgepaßt. Seit wie langer Zeit sang er das Totengebet nicht mehr? War er wirklich selber gestorben, gerade eben, eine Minute der Unaufmerksamkeit meinerseits ausnutzend?

Ich beuge mich über ihn, horche ihn ab. Mir scheint, daß noch irgend etwas in seiner Brust schlägt. Etwas sehr Dumpfes und sehr Fernes: ein Rumoren, das außer Atem gerät und erlischt, ein Herz, das stehenbleibt, wie mir scheint.

Es ist ziemlich ergreifend.

Ich schaue mich um, auf der Suche nach Hilfe. Vergebens. Es ist niemand da. Das Kleine Lager ist am Tag nach der Befreiung von Buchenwald geräumt worden. Man hat die Überlebenden in den bequemeren Gebäuden des Hauptlagers untergebracht oder in den ehemaligen Kasernen der SS-Totenkopfdivision.

Ich schaue mich um, es ist niemand da. Nur das Rauschen des Windes, der wie immer über diesem Hang des Ettersbergs weht. Im Frühling, im Winter, lau oder eisig, immer der Wind über dem Ettersberg. Wind der vier Jahreszeiten über Goethes Hügel, über den Rauchschwaden des Krematoriums.

Wir befinden uns hinter der Baracke der Gemeinschaftslatrinen des Kleinen Lagers. Letzteres liegt am Fuße des Ettersbergs, am Rande der grünen fruchtbaren Thüringer Ebene. Und es erstreckt sich um dieses Gebäude der Gemeinschaftslatrinen. Denn die Baracken des Kleinen Lagers verfügten weder über Latrinen noch über Waschräume. Tagsüber waren die Baracken gewöhnlich leer, da alle Deportierten, die sich in Quarantäne befanden, so lange, bis man sie abtransportierte oder ihnen im Produktionssystem von Buchenwald ein fester Arbeitsplatz zugewiesen wurde, zu verschiedenen Zwangsarbeiten abgestellt waren, die im allgemeinen sehr hart waren, denn sie hatten einen pädagogischen, das heißt Strafcharakter: »Ihr werdet schon sehen, was ihr erleben werdet!«

Die Arbeit im *Steinbruch** zum Beispiel. Und die in der *Gärtnerei**, ein Euphemismus, denn die war wohl die schlimmste von allen. Sie bestand darin, paarweise (und die Zusammenstellung der Träger wurde, wenn man nicht schnell und pfiffig war, von den *Kapos* vorgenommen, im allgemeinen alten, verbitterten, also sadistischen Häftlingen, die dafür sorgten, daß die am wenigsten zusammenpassenden Leute zusammenarbeiten mußten: ein kleiner Dicker mit einem langen Dünnen zum Beispiel, ein Kraftprotz mit einem Schwächling, so daß neben der objektiven Schwierigkeit des Tragens unter solchen Bedingungen eine fast unvermeidbare Feindseligkeit zwischen Menschen mit ganz unterschiedlichen körperlichen Widerstandskräften entstand), paarweise also, im Laufschritt und unter Knüppelschlägen, schwere Holzkübel zu tragen, die an so etwas wie Stangen hingen, bis zum Rand mit natürlichem Dünger angefüllt – daher die übliche Bezeichnung »Scheißarbeit« –, der für den Gemüseanbau der SS bestimmt war.

Man mußte also, vor der Sperrstunde oder im Morgengrauen, bei jedem Wetter die Baracken des Quarantänelagers, oder Kleinen Lagers, verlassen, um zum Gebäude der Gemeinschaftslatrinen zu gelangen, einer Art kahlen Halle mit einem ab den ersten Herbstregen schlammbedeckten Boden aus grobem Zement, an deren Längswänden sich Zinkbecken und Kaltwasserhähne reihten, für die obligatorische Morgenwäsche – die SS-Kommandantur war von der Seuchengefahr besessen: ein großes, abstoßend realistisches Plakat, auf dem, unmäßig vergrößert, eine bedrohliche Laus abgebildet war, gab in den Baracken den Hygiene-Slogan der SS bekannt: *Eine Laus, dein Tod!**, ein Slogan, der in mehrere Sprachen übersetzt war, im Französischen jedoch mit einem orthographischen Fehler: *Un poux, ta mort!* –, während durch das Mittelschiff, von einem Ende zum andern, die gemeinschaftliche Senkgrube verlief, darüber, der ganzen Länge nach, ein doppelter, grob abgehobelter Balken, der als Sitzfläche für die massenhaften Entleerungen diente, die somit Rücken an Rücken erfolgten, in endlosen Reihen.

Dennoch, trotz dem Pestgestank und den giftigen Dünsten, die das Gebäude ständig einnebelten, waren die Latrinen des Kleinen Lagers ein gastlicher Ort, eine Art Refugium, wo man Landsleute, Kameraden aus dem Stadtviertel oder dem Maquis wiedersehen konnte: ein Ort, wo man Nachrichten, ein paar Krümel Tabak, Erinnerungen, Lachen, ein wenig Hoffnung austauschen konnte: kurzum, Leben. Die ekelhaften Latrinen des Kleinen Lagers waren ein Raum der Freiheit: gerade wegen ihrer Natur, wegen der Übelkeit erregenden Gerüche, die sie verströmten, widerstrebte es den SS-Leuten und den *Kapos*, das Gebäude zu betreten, so daß es zu dem Ort in Buchenwald wurde, wo der mit dem Funktionieren des Konzentrationslagersystems untrennbar verbundene Despotismus am wenigsten zu spüren war.

Tagsüber, während der Arbeitsstunden, wurden die Latrinen nur von den Invaliden oder den von der Zwangsarbeit freigestellten Kranken des Quarantäneblocks aufgesucht. Doch am Abend, nach dem Appell und bis zur Sperrstunde, verwandelten sich die Latrinen in einen Marktplatz der Illusionen und Hoffnungen, in einen Suk, wo man die verschiedensten Dinge gegen eine Scheibe Schwarzbrot, ein paar *machorka*-Kippen tauschen konnte, schließlich eine Agora, wo man Worte, Fetzen eines Gesprächs der Brüderlichkeit, des Widerstands austauschen konnte.

Im Latrinengebäude hatte ich auf diese Weise einige meiner besten Quarantänekumpel kennengelernt: zum

Beispiel Serge Miller, Yves Darriet, Claude Francis-Bœuf. Wir waren alle im selben Block 62 mit den Massentransporten vom Januar 1944 eingetroffen, die die französischen Gefängnisse sowie das Lager von Compiègne geleert hatten, nach zwei aufeinanderfolgenden Deportationsoperationen mit poetischen Decknamen, einer verräterischen Militärtradition entsprechend: *Meerschaum* und *Frühlingswind*[*].

In der verstörten Menge von Block 62, gnadenlos zur Arbeit getrieben, desorientiert durch den Zusammenprall mit der seltsamen Wirklichkeit des Lebens in Buchenwald und ihren unerklärlichen, aber absolut zwingenden Kodes, hatten wir uns nicht wiedererkennen, die gemeinsamen Punkte nicht entdecken können, die uns mit demselben kulturellen und sittlichen Universum verbanden. Erst in den Gemeinschaftslatrinen, in der giftigen Luft, wo sich der Gestank von Urin, Exkrementen und ungesundem Schweiß mit dem herben Geruch des *machorka*-Tabaks vermischte, haben wir uns wiedergefunden, dank einer geteilten Kippe, ein und desselben Eindrucks von Lachhaftigkeit, derselben kämpferischen und brüderlichen Neugier auf die Zukunft eines unwahrscheinlichen Überlebens.

Vielmehr eines zu teilenden Todes.

Hier haben wir, an einem denkwürdigen Abend, Darriet und ich, als wir abwechselnd köstliche Züge aus derselben Kippe nahmen, unsere gemeinsame Liebe zum Jazz und zur Poesie entdeckt. Kurz darauf, als man in der Ferne die ersten Pfiffe zu hören begann, die die Sperrstunde ankündigten, hat sich Miller zu uns gesellt. Wir tauschten gerade Gedichte aus: Darriet hatte Baudelaire rezitiert, ich sagte *La fileuse* von Paul Valéry auf. Miller hat uns lachend Chauvinisten genannt. Und er hat angefangen, Verse von Heine aufzusagen, auf deutsch. Dann haben wir, Serge Miller und ich, zur großen

Freude von Darriet, der wie ein Dirigent mit seinen Händen den Takt dazu schlug, gemeinsam das Lied von der Lorelei deklamiert.

Ich weiß nicht, was soll es bedeuten,
Daß ich so traurig bin ...

Das Ende des Gedichts haben wir gebrüllt, im ohrenbetäubenden Lärm Dutzender von Holzpantinen, die sich im Laufschritt entfernten, um in letzter Minute, kurz vor der Sperrstunde, die Baracken zu erreichen.

Und das hat mit ihrem Singen
Die Loreley getan ...

Dann waren auch wir losgerannt, um den Block 62 zu erreichen, in einer Art Erregung, unsagbarem Jubel.

Ich habe mich neben den jüdischen Überlebenden gekniet. Ich weiß nicht, was tun, um ihn am Leben zu halten, meinen Christus des Kaddisch. Ich spreche leise zu ihm. Schließlich nehme ich ihn in die Arme, so vorsichtig wie möglich, aus Angst, daß er in meinen Händen zerbricht. Ich flehe ihn an, mir das nicht anzutun, Albert würde es mir nie verzeihen.

Auch Maurice Halbwachs hatte ich in meine Arme genommen, am letzten Sonntag. Er lag auf der mittleren Pritsche des dreistöckigen Bettgestells, genau in Höhe meiner Brust. Ich habe meine Arme unter seine Schultern geschoben, ich habe mich über sein Gesicht gebeugt, um so nahe wie möglich, so leise wie möglich zu ihm zu sprechen. Ich hatte ihm das Gedicht von Baudelaire aufgesagt, so wie man das Gebet für die Sterbenden aufsagt. Halbwachs hatte nicht mehr die Kraft zu sprechen. Er war weiter in den Tod eingedrungen als dieser unbekannte Jude, über den ich mich jetzt beugte. Dieser hatte noch die, im übrigen unvorstellbare, Kraft, sich selbst das Gebet für die Sterbenden aufzusagen, seinen eigenen Tod mit Wörtern zu begleiten, den Tod zu feiern. Ihn zumindest unsterblich zu machen. Halbwachs hatte dazu nicht mehr die Kraft. Oder die Schwäche, wer weiß? Jedenfalls hatte er nicht mehr die Möglichkeit dazu. Oder den Wunsch. Zweifellos ist der Tod das Versiegen jeglichen Wunsches, einschließlich des Wunsches zu sterben. Nur vor dem Hintergrund des Lebens, des Wissens um das Leben kann man den Wunsch haben zu sterben. Auch der Todeswunsch ist ein Reflex des Lebens.

Aber Maurice Halbwachs hatte sichtlich keinen Wunsch mehr, nicht einmal den Wunsch zu sterben. Er war darüber hinaus, zweifellos, in der verpesteten Ewigkeit seines zerfallenden Körpers.

Ich habe ihn in meine Arme genommen, ich habe mein Gesicht dem seinen genähert, ich bin überschwemmt worden von dem üblen, fäkalen Geruch des Todes, der in ihm wuchs wie eine fleischfressende Pflanze, als giftige Blume, blendende Fäulnis. Ich habe mir gesagt, in einem Augenblick vorsätzlichen Spotts, um mir zu helfen, diesen unerträglichen Augenblick durchzustehen, ihn wenigstens schonungslos zu durchleben, in der Strenge eines unpathetischen Mitleidens habe ich mir also gesagt, daß ich in Buchenwald zumindest dies gelernt hätte, nämlich die mannigfachen Gerüche des Todes zu identifizieren. Den Geruch des Rauchs des Krematoriums, die Gerüche des Blocks der Invaliden und der Baracken des *Reviers*. Den Geruch von Leder und Eau de Cologne der SS-*Sturmführer*. Ich habe mir gesagt, daß dies ein fundiertes Wissen ist, aber war es ein praktisches Wissen? Wie das Gegenteil behaupten?

Maurice Halbwachs war nicht in meinen Armen gestorben. An jenem Sonntag, dem letzten Sonntag, mußte ich ihn verlassen, ihn der Einsamkeit seines Todes überlassen, denn das Pfeifsignal der Sperrstunde hatte mich gezwungen, zu meinem Block im Großen Lager zurückzukehren. Erst am übernächsten Tag habe ich seinen Namen gesehen, in dem Bericht, der die Bewegungen der Deportierten verzeichnete: Zugänge, Abtransporte, Todesfälle. Sein Name stand auf der Liste der täglichen Todesfälle. Er hatte noch zwei Tage durchgehalten, achtundvierzig Stunden Ewigkeit länger.

Zwei Tage zuvor, als die Sperrstunde mich gezwungen hatte, Halbwachs zu verlassen, hatte ich mich gründlich gewaschen, mit viel eiskaltem Wasser, den Oberkörper entblößt, im Waschraum neben dem Schlafsaal des Flügels C in Block 40, dem meinen. Aber ich mochte mich noch so sehr abreiben, der Gestank des Todes schien meine Lungen durchtränkt zu haben, ich atmete ihn immer noch. Ich habe aufgehört, meine Arme und Schultern, meine Brust mit viel Wasser abzureiben. Ich bin schlafen gegangen in der keuchenden Promiskuität des Schlafsaals, mit dem Todesgeruch, der meine doch der Hoffnung hingegebene Seele durchtränkte.

Am übernächsten Tag also habe ich den Namen von Halbwachs auf der Liste der täglichen Todesfälle gesehen. Ich habe den seiner Häftlingsnummer entsprechenden Kasten aus der Zentralkartei der *Arbeitsstatistik* geholt. Ich habe die Karteikarte von Maurice Halbwachs herausgezogen, ich habe seinen Namen gelöscht: ein Lebender würde nun den Platz dieses Toten einnehmen können. Ein Lebender, will sagen: ein künftiger Leichnam. Ich habe alle nötigen Handgriffe gemacht, ich habe sorgfältig seinen Namen ausradiert, Halbwachs, seinen Vornamen, Maurice: alle seine Identitätszeichen. Ich hielt die rechteckige Karte in der hohlen Hand, sie war wieder weiß und unbeschrieben: ein anderes Leben könnte darauf eingetragen werden, ein neuer Tod. Ich habe die unbeschriebene weiße Karte betrachtet, lange, wahrscheinlich ohne sie zu sehen. Wahrscheinlich sah ich in diesem Augenblick nur das abwesende Gesicht von Halbwachs, meine letzte Wahrnehmung dieses Gesichts: die wächserne Maske, die geschlossenen Augen, das jenseitige Lächeln.

Eine Art körperliche Traurigkeit überfiel mich. Ich dämmerte in dieser Traurigkeit meines Körpers. In dieser fleischlichen Bestürzung, die mich mir selbst unbewohnbar machte. Die Zeit verging, Halbwachs war tot. Ich hatte den Tod von Halbwachs durchlebt.

Aber ich wollte den Tod dieses ungarischen Juden nicht durchleben, den ich in Armen hielt, wenige Monate später, an einem Tag im April 1945. Wenigstens vermutete ich, daß er Ungar war. Seine Nummer jedenfalls, kaum leserlich auf der zerlumpten gestreiften Jacke, ließ vermuten, daß er zu den Judentransporten aus Ungarn gehörte. Meine Arbeit in der *Arbeitsstatistik* erlaubte es mir, ungefähr zu wissen, worauf sich die Zahlenreihen der Zugangstransporte bezogen; auf welche Herkunft, welchen Zeitabschnitt von Buchenwald.

Auch wenn er kein Ungar gewesen wäre, hätte ich den Tod dieses Juden nicht durchleben wollen. Auch wenn er kein Jude gewesen wäre. Aber die Tatsache, daß er überdies Jude war, dieser anonyme Überlebende, den wir, Albert und ich, in einem Berg wirklicher Leichen entdeckt hatten, verschärfte seinen Fall nur noch mehr. Will sagen: verschärfte meinen Wunsch, ihn zu retten. Machte diesen Wunsch noch heftiger, angstvoller. Es wäre wirklich absurd – vielmehr unerträglich –, wenn er all diesen Tod überlebt hätte, wenn er ihn bis zum Ende, bis zu einem solchen Horizont der Einsamkeit durchlebt hätte, mit soviel hartnäckiger innerer Kraft, nur um ihm jetzt zu erliegen.

Ich konnte mir mühelos seinen Weg, seine letzten Jahre vorstellen. Seine Deportation, seine Ankunft in Auschwitz, den Zufall der Selektion, die ihn auf die Seite der Davongekommenen gestoßen hatte, sein ebenso zufälliges Überleben, die Evakuierung des Lagers vor dem Ansturm der Roten Armee, die endlose Reise durch das winterliche Deutschland, die glühenden Frostbeulen, den beißenden Hunger. Er war im dramatischsten Augenblick der langen Geschichte des Lagers in Buchenwald eingetroffen: durch die Überfüllung drängten sich die Häftlinge in den Blocks und Baracken. Die täglichen Rationen waren abermals verringert worden. Und im Kleinen Lager, in das man die überlebenden Juden von Auschwitz pferchte, war es am schlimmsten. Im Kleinen Lager von Buchenwald zu leben, im letzten Kriegswinter, war ein Alptraum. Hier zu überleben kam einem Wunder gleich.

Ich stellte mir mühelos die lange Agonie des ungarischen Juden vor, den ich in meinen Armen hielt, nun, da der Frühling zurückgekehrt, die Freiheit wiedergefunden war, während ich versuchte, ihn am Leben zu halten. Die Kräfte, die einen verlassen, die immer beschwerlichere Fortbewegung, da jeder Schritt Schmerzen, übermenschliche Anstrengung bedeutet. Ich hatte sie gesehen, ihn, seine Leidensgenossen, seine Brüder, in den Baracken des Kleinen Lagers, in den Zelten und Schuppen, die man in jenem Winter aufgestellt hatte, um schlecht und recht dem Platzmangel abzuhelfen. Ich hatte sie im Latrinengebäude gesehen, in den Räumen des Krankenbaus, verstört, sich unendlich langsam fortbewegend, lebende Leichname, halb nackt, mit endlosen, skelettartigen Beinen, sich an die Pfosten der Bettgestelle klammernd, um Schritt für Schritt voranzukommen, in einer unmerklichen, schlafwandlerischen Bewegung.

Niemals würde ich, später, ein ganzes Leben später, nicht einmal unter der Sonne von Saint-Paul-de-Vence, in einer freundlichen und zivilisierten Landschaft, die den belebenden Stempel der menschlichen Arbeit trägt, niemals würde ich, auf der Terrasse der Fondation Maeght, in dem Ausschnitt aus Himmel und Zypressen, zwischen den rosa Backsteinmauern von Sert, niemals würde ich die Figuren von Giacometti betrachten können, ohne mich an die sonderbaren Gehenden von Buchenwald zu erinnern: wandelnde Leichname im bläulichen Halbdunkel der Seuchenbaracke; endlose Scharen rings um das Latrinengebäude des Kleinen Lagers, auf dem steinigen Boden stolpernd, der vom ersten Regen mit Schlamm bedeckt und bei der Schneeschmelze überschwemmt war, sich gemessenen Schritts – o wie banal ist der Ausdruck, wie nichtssagend, der sich unerwartet in den Text einschleicht, hier einen Sinn erhält, sich mit Besorgnis aufladend: die Schritte messen, in der Tat, sie einen nach dem anderen zählen, um die Kräfte zu schonen, um keinen Schritt zuviel zu machen, der teuer bezahlt werden müßte, einen Schritt vor den andern setzen, indem man die Holzschuhe dem Schlamm, der Schwerkraft der Welt entreißt, die dich an den Beinen zieht, dich ins Nichts zerrt! –, sich gemessenen Schritts zum Latrinengebäude des Kleinen Lagers begebend, einem Ort möglicher Begegnungen, ausgetauschter Worte, einem seltsam gastlichen Ort, trotz dem widerwärtigen Dunst des Urins und der Scheiße, dem letzten Hafen des Menschlichen.

Niemals würde ich, später, ein ganzes Leben später, die Erregung unterdrücken können – ich spreche nicht von der Erregung, die die Schönheit dieser Figuren auslöst, diese bedarf keiner Erklärung: sie ist augenfällig –, eine retrospektive, moralische, nicht nur ästhetische Erregung, die an allen Orten durch die Betrachtung von Giacomettis Gehenden ausgelöst würde, knotig, das gleichgültige Auge zu unbestimmten, unendlichen Himmeln gerichtet, mit ihrem unermüdlichen Schritt, schwindelerregend regungslos, auf eine ungewisse Zukunft zugehend, einzig mit der Perspektive oder Tiefe, die ihr eigenes blindes, aber hartnäckiges Gehen erzeugen würde. Sie würden hinterrücks, unter welchen Umständen auch immer, auch den fröhlichsten, die Erinnerung an die Gestalten von einst in mir wachrufen, in Buchenwald.

Aber ich will den Tod dieses anonymen, vielleicht ungarischen Juden nicht durchleben. Ich halte ihn in meinen Armen, ich spreche leise in sein Ohr. Ich erzähle ihm die Geschichte von dem jungen deutschen Soldaten, der *La Paloma* sang und den wir, Julien und ich, abgeknallt haben. Aber ich erzähle ihm nicht von Julien, ich erzähle ihm von Hans. Ich beginne in eben diesem Augenblick Hans Freiberg zu erfinden, meinen imaginären jüdischen Kumpel, meinen kämpferischen Juden, damit er diesem Sterbenden Gesellschaft leiste, diesem anonymen Juden, den ich seinen Tod überleben sehen möchte. Kurz, ich erzähle ihm die Geschichte von Hans, den ich soeben erfunden habe, um ihm zu helfen, am Leben zu bleiben.

Und da kommt Albert. Im Laufschritt, mit zwei Krankenträgern des *Reviers*.

Eine Stunde später sitzen wir in der Sonne, in dem Wäldchen hinter dem *Revier*. Wir betrachten die Thüringer Ebene in der Aprilsonne. Mit Hilfe der Häftlingsnummer hat Albert den Kaddischsänger identifiziert, den wir einem französischen Arzt anvertraut haben, im Krankenbau. Er ist ein Jude aus Budapest, und es ist nicht ausgeschlossen, daß er davonkommt, hat der französische Arzt gesagt.

Albert ist sehr froh, vielleicht einen Landsmann gerettet zu haben.

– Weißt du, wer André Malraux ist, Albert? frage ich ihn. Ein Schriftsteller...

Er dreht sich zu mir um, mit wildem Blick, einer entrüsteten Handbewegung. Wütend unterbricht er mich.

– Nimmst du mich auf den Arm? schreit er. Vergißt du, daß ich in Spanien gewesen bin, in den Brigaden?

Ich vergesse es nicht, ich hatte es nicht gewußt. Ich sage zu ihm:

– Das ist mir neu.

– Klar doch, ruft er aus. Ich habe im Generalstab von Kléber gearbeitet.

»Kléber« war natürlich ein Pseudonym.

– Deswegen hat mich Kaminski zu seiner Versammlung eingeladen, im letzten Winter...

– Genau, sage ich aufgeregt, gerade wegen dieser Versammlung habe ich an Malraux gedacht.

Albert sieht mich an, er wartet auf das Weitere.

Einige Monate zuvor, mitten im Winter, hatte mich Kaminski an meinem Arbeitsplatz im Büro der *Arbeitsstatistik* aufgesucht. Es war vor dem Abendappell. Kaminski war ein ehemaliger Frontkämpfer der internationalen Brigaden in Spanien. Er sprach recht gut kastilisch. Er hatte mir für den übernächsten Tag einen Treffpunkt genannt. Eine wichtige Versammlung, hatte er gesagt, geheimnisvoll.

Der übernächste Tag war ein Sonntag.

Wir konnten uns nur sonntagnachmittags nach dem Appell treffen, die wenigen sonntäglichen Freistunden nutzend. Ich bin im Schnee durch das Lager gegangen. Ich habe den eingezäunten Bereich des *Reviers*, des

Krankenbaus, betreten. In einer abseits gelegenen Baracke gab es im Souterrain eine Seuchenstation: ein Lazarett im Lazarett. Die SS-Leute, Ärzte oder Aufseher, mieden diesen Seuchensaal buchstäblich wie die Pest. Sie waren besessen von der Hygiene, der Sauberkeit, den tadellosen und kräftigen Körpern der überlegenen Rasse. Die Furcht vor der Ansteckung machte diese Baracke des *Reviers* zu einem höchst geschützten, praktisch unverwundbaren Ort.

Ludwig G. war verantwortlich für die Seuchenstation. Auf seiner Jacke trug er das grüne Dreieck der Kriminellen, aber er war ein deutscher Kommunist. Irgendeine dunkle Geschichte der Vergangenheit, eine in den dreißiger Jahren für die gute Sache vollbrachte Übeltat oder Heldentat, war von einem ordentlichen Gericht abgeurteilt worden. Krimineller also, grünes Dreieck. Unmöglich herauszufinden, welchen Beruf er ausgeübt hatte, vorher, draußen. Er sprach nie über seine Vergangenheit. Wahrscheinlich einen freien Beruf, dem Umfang seines Wissens nach zu schließen. Körperlich war er von schmächtiger Gestalt, dem Anschein nach zerbrechlich, mit lebhaften Gesten, einem erstaunlich heiteren und nachdenklichen Blick. Auch traurig, wie alles, was heiter und nachdenklich ist. Er hatte ein Adlerprofil. Später, in der Banalität des Lebens danach, habe ich Roger Vailland nie treffen können, ohne mich an Ludwig G. zu erinnern.

Ich bin an jenem Sonntag im Schnee durch das Lager gegangen. Ich habe den eingezäunten Bereich des *Reviers* betreten. An der Tür der Seuchenbaracke habe ich die Sohlen meiner Stiefel an dem für diesen Zweck vorgesehenen Eisenträger abgeklopft, auf der rechten Seite der Vortreppe. Der SS-Befehl verlangte, daß man sich innerhalb der Baracken mit sauberen Schuhen zu bewegen habe. An Tagen des Regens oder Schlamms war das nicht einfach zu bewerkstelligen. Bei tiefem Schnee genügte es, die Sohlen der Stiefel oder Holzschuhe an diesem Metallträger abzuklopfen, um die daran haftenden Flocken zu beseitigen.

Kaminski hatte an jenem Tag eine Handvoll Aktiver verschiedener Nationalitäten einberufen. Wir kannten uns alle: wir alle gehörten zum illegalen kommunistischen Apparat von Buchenwald.

Jürgen Kaminski hatte uns einberufen, um einen Überlebenden von Auschwitz zu hören: einen polnischen Juden, der Auschwitz überlebt hatte und in jenem Winter mit einem Evakuierungstransport eingetroffen war. Wir haben uns in dem Verschlag niedergelassen, der Ludwig G.s persönlicher Bereich war, am äußersten Ende des den Ansteckenden vorbehaltenen Souterrains. Kaminski hat uns erklärt, wer dieser Mann war, woher er kam. In Auschwitz, hat uns Kaminski gesagt, hatte dieser Mann im *Sonderkommando** gearbeitet. Wir wußten nicht, was das *Sonderkommando* von Auschwitz war. Ich zumindest wußte es nicht. In Buchenwald gab es keine *Sonderkommandos*, nur einen Sonderbau. Und das war in der Tat ein besonderes, vielleicht sogar sonderbares Gebäude: das Bordell. Aber was das *Sonderkommando* von Auschwitz war, wußten wir nicht. Dennoch habe ich keine Fragen gestellt. Ich habe angenommen, daß das Folgende es mir ermöglichen würde zu verstehen, worum es sich handelte. Zu Recht, übrigens. In der Folge habe ich ganz genau verstanden, worum es sich handelte. Es handelte sich um die Gaskammern von Auschwitz, um das *Sonderkommando*, das damit beschäftigt war, die Opfer der Gaskammern wegzuräumen und zu den Öfen zu transportieren, wo sie verbrannt wurden.

Bevor ich verstanden hatte, worum es sich handelte, hatte uns Kaminski erklärt, daß die SS-Leute periodisch, systematisch, die Mitglieder der aufeinanderfolgenden Trupps des *Sonderkommandos* erschossen hatten. Dieser Mann hier gehörte zu einer kleinen Gruppe Davongekommener, die ihr Leben dem Durcheinander der letzten Lagerwochen beim Nahen der sowjetischen Truppen verdankten.

Dann hat er den Überlebenden des *Sonderkommandos* von Auschwitz gebeten, zu uns zu sprechen.

Ich erinnere mich nicht an den Namen dieses polnischen Juden. Ich erinnere mich nicht einmal, ob er einen Namen hatte. Will sagen: ich erinnere mich nicht mehr, ob Jürgen Kaminski seinen Namen erwähnt hatte. Jedenfalls erinnere ich mich an seinen Blick. Seine Augen waren eisblau, wie die scharfe Kante einer zerbrochenen Scheibe. Jedenfalls erinnere ich mich an seine Körperhaltung. Er saß auf einem Stuhl, sehr gerade, sehr steif, die Hände auf den Knien, regungslos. Während des ganzen Berichts über seine Erfahrung im *Sonderkommando* hat er die Hände nicht bewegt. Jedenfalls erinnere ich mich an seine Stimme. Er sprach deutsch, fließend, mit rauher, akribischer, eindringlicher Stimme. Manchmal verhärtete sich seine Stimme ohne erkennbaren Grund, wurde heiser, als durchzögen sie plötzlich unkontrollierbare Erregungen.

Doch selbst in diesen Augenblicken sichtbarer Erregtheit hat er seine auf den Knien liegenden Hände nicht bewegt. Er hat die Haltung seines Körpers auf dem harten geraden Stuhl nicht verändert. Nur in seiner Stimme verrieten sich die zu starken Erregungen, wie Flutwellen, die die Fläche eines scheinbar ruhigen Wassers aufwühlen. Zweifellos die Furcht, daß ihm nicht geglaubt wird. Sogar daß er nicht gehört wird. Aber er war vollkommen glaubwürdig. Wir hörten ihn sehr gut, diesen Überlebenden des *Sonderkommandos* von Auschwitz.

Doch ich verstand seine Angst.

Ich betrachtete ihn, in dem Saal der Ansteckenden im Souterrain, und ich verstand seine Angst. Zumindest dünkte mich, daß ich sie verstand.

Weil es nämlich bei allen Massakern der Geschichte Überlebende gegeben hat. Wenn die Armeen die eroberten Städte in Schutt und Asche legten, hat es Überlebende gegeben. Juden überlebten die Pogrome, selbst die barbarischsten, die mörderischsten. Kurden und Armenier haben die aufeinanderfolgenden Massaker überlebt. Es hat Überlebende in Oradour-sur-Glane gegeben. Überall im Laufe der Jahrhunderte haben Frauen mit vom Anblick des Grauens für immer besudelten und getrübten Augen das Massaker überlebt. Sie würden berichten. Vom Tod, als wäre man dabei: sie waren dabei gewesen.

Aber in den Gaskammern der Nazis gab es, wird es nie Überlebende geben. Keiner wird je sagen können: ich war dabei. Man stand drumherum, davor oder daneben wie die Männer des *Sonderkommandos*.

Daher die Angst, nicht glaubwürdig zu sein, weil man nicht draufgegangen ist, weil man überlebt hat. Daher ein Gefühl der Schuld bei manchen. Zumindest des Unbehagens. Bangen Fragens. Warum lebe ich, statt eines Bruders, einer Schwester, einer ganzen Familie vielleicht?

Ich lauschte dem Überlebenden des *Sonderkommandos*, und mir schien, daß ich die Angst verstehen konnte, die seine Stimme zuweilen trübte. Er hat lange gesprochen, wir haben ihm schweigend zugehört, erstarrt im bleichen Entsetzen seines Berichts. Plötzlich, als Ludwig G. eine Lampe angemacht hat, sind wir uns der Dunkelheit bewußt geworden, die uns schon seit geraumer Zeit umhüllte, nach Einbruch der Winternacht. Mit Körper und Seele waren wir in die Nacht dieses Berichts gefallen, erstickt, und hatten jedes Zeitgefühl verloren.

– Das war's, hat Kaminski gesagt.

Wir haben verstanden, daß der Bericht zu Ende war, daß das wiedergekehrte Licht das Ende dieser Zeugenaussage bedeutete. Ein vorläufiges Ende wahrscheinlich, sogar ein zufälliges, so sehr lag es auf der Hand, daß der Bericht endlos hätte weitergehen können, bis zur Erschöpfung unserer Aufnahmefähigkeit.

– Vergeßt niemals, hat Kaminski mit dunkler und ernster Stimme hinzugefügt. Deutschland! Es ist mein Land, das schuldig ist, vergessen wir es niemals!

Es herrschte Stille.

Der Überlebende des *Sonderkommandos* von Auschwitz, dieser polnische Jude, der keinen Namen hatte, weil er im Grunde ein beliebiger polnischer Jude hätte sein können, sogar ein beliebiger Jude von irgendwoher, der Überlebende von Auschwitz ist regungslos sitzengeblieben, die Hände flach auf den Knien: Säule aus Salz und Hoffnungslosigkeit des Gedächtnisses.

Auch wir blieben regungslos.

Schon seit langen Minuten dachte ich an den letzten Roman von André Malraux. Ich lauschte dem Bericht über die Gaskammern, und ich erinnerte mich an den letzten Roman von Malraux, *Der Kampf mit dem Engel*. 1943, wenige Wochen vor meiner Verhaftung, waren Exemplare der Schweizer Ausgabe nach Paris gelangt. Michel H. war es gelungen, sich eines zu beschaffen, und ich hatte es lesen können. Wir hatten leidenschaftlich darüber diskutiert.

Das Werk Malraux' ist im wesentlichen ein Nachdenken über den Tod, folglich eine Reihe von Reflexionen und Dialogen über den Sinn des Lebens. In *Der Kampf mit dem Engel* – einem unvollendeten Roman, von dem nur der erste Teil, *Die Nußbäume der Altenburg*, erschienen ist – erreicht diese Reflexion einen ihrer Höhepunkte mit der Beschreibung des Giftgasangriffs, der 1916 an der russischen Weichselfront von den Deutschen ausgelöst wurde.

Am Ende seines Lebens hat Malraux in *Le miroir des limbes* einige Teile jenes unvollendeten Romans wieder aufgegriffen und in seine autobiographischen Schriften aufgenommen. Ich hatte immer gedacht, daß es ein faszinierendes und prächtiges Unternehmen war, die Art, wie Malraux das Material seines Werks und seines Lebens immer neu bearbeitet, indem er die Realität durch die Fiktion und diese durch die schicksalhafte Dichte von jener erhellt, um ihre Konstanten und Widersprüche zu unterstreichen, ihren grundlegenden, oft verborgenen, rätselhaften oder flüchtigen Sinn.

Damit dies gelingt, bedarf es zweifellos eines Werks und einer Biographie. Die Berufsschreiber, deren Leben sich im Schreiben erschöpft, die keine andere Biographie haben als die ihrer Texte, wären dazu außerstande. Das Unternehmen selbst muß ihnen ungehörig vorkommen. Vielleicht anstößig. Aber ich gebe hier kein Werturteil ab. Ich maße mir nicht an zu wissen, was besser oder weniger gut ist. Ich beschränke mich auf die Feststellung des Offensichtlichen.

In *Le miroir des limbes* hat Malraux erklärt, warum es ihm, während eines Aufenthalts im Krankenhaus, wo er den Tod gestreift hat, notwendig erschienen war, dieses Fragment eines alten Romans wieder aufzugreifen.

»Da ich vielleicht an meinem letzten Werk arbeite«, sagte er, »habe ich aus den vor dreißig Jahren geschriebenen *Nußbäumen der Altenburg* eines der unvorhersehbaren und aufwühlenden Ereignisse aufgegriffen, die wie Irrsinnsanfälle der Geschichte wirken: den ersten deutschen Giftgasangriff in Bolgako an der Weichsel im Jahre 1916. Ich weiß nicht, warum der Angriff an der Weichsel zum *Miroir des limbes* gehört, ich weiß nur, daß er darin vorkommen wird. Nur wenige ›Sujets‹ halten der Todesdrohung stand. In diesem zeigt sich die Konfrontation der Brüderlichkeit, des Todes – und des Teils des Menschen, der heute seinen Namen sucht, und der ist gewiß nicht das Individuum. Die Opferung führt mit dem Bösen den tiefsten und ältesten christlichen Dialog: auf jenen Angriff an der russischen Front folgten Verdun, das Senfgas von Flandern, Hitler, die Vernichtungslager…«

Und Malraux schließt: »Wenn ich dies wiederfinde, so deshalb, weil ich die entscheidende Region der Seele suche, wo das absolute Böse sich der Brüderlichkeit entgegenstellt.«

Aber an jenem Winternachmittag 1945, in der Seuchenbaracke des Krankenbaus von Buchenwald, kenne ich natürlich diese Reflexion von André Malraux über den tiefen Sinn seines Buchs noch nicht. Ich habe nur *Der Kampf mit dem Engel* gelesen, wenige Wochen bevor ich von der Gestapo in Epizy, Faubourg de Joigny, verhaftet wurde. Ich habe mit Michel H. lange darüber diskutiert. Und es war mir so vorgekommen, als ob der Roman, der in Form und Inhalt einen Bruch mit dem gesamten vorherigen Werk darstellte, dennoch im wesentlichen die Betrachtung fortsetzte, die den Kern der existentiellen Fragestellung Malraux', insbesondere in einigen großen Dialogen von *Die Hoffnung* bildet. Zum Beispiel in dem Dialog zwischen Scali und dem alten Alvear im Augenblick der Schlacht um Madrid.

Ich habe mich also an Michel H. erinnert.

Ludwig hatte soeben eine Lampe angezündet, in seinem Glasverschlag im Saal der Ansteckenden. Im bläulichen Halbdunkel sah ich die Reihen der Pritschen, auf denen die Kranken lagen, halbnackt. Ich sah, wie sie sich zuweilen regten, mit unendlich langsamen Bewegungen, den Eindruck vermittelnd, als wären sie ständig am Zusammenbrechen.

Ich habe mich an Michel H. erinnert, an *Der Kampf mit dem Engel*, an den Herbst 1943 im Wald von Othe, an das »Tabou«, ein Maquis im Norden von Semur-en-Auxois.

Einen Monat nach meiner Festnahme, als die Gestapo, kampfesmüde, die Verhöre abgebrochen hatte, wurde ich von der *Feldgendarmerie* von Joigny vorgeladen. Ich befand mich von neuem in dem Salon des Hauses in der Altstadt, wo ich am ersten Tag verhört worden war. Noch immer stand die vergessene Harfe in einer Ecke. Ich habe diesen Ort, wie mir scheint, schon einmal beschrieben, diese erste Erfahrung der Folter. Die Bäume in dem Garten mit dem sanft abfallenden Garten waren noch belaubt, gelb und rotgold.

Man hat mich zu einem Tisch geführt, auf dem verschiedene Gegenstände lagen. Mein Herz blieb stehen. Oder mir wich das Blut aus den Adern. Oder ich war wie vom Schlag gerührt. Oder mir stockte der Atem: irgendeine dieser abgedroschenen Redensarten täte es auch.

Denn ich habe auf dem Tisch die alte Lederbrieftasche von Michel H. gesehen, die ich gut kannte. Einen Schlüsselbund, den ich ebenfalls wiedererkannte. Außerdem einen Stapel Bücher. Ich habe die Augen geschlossen, ich habe mir die Titel dieser Bücher in Erinnerung gerufen, die Michel und ich in letzter Zeit in unseren Rucksäcken mit uns herumschleppten. Wir schleppten darin auch den Plastiksprengstoff herum, dessen zäher, betäubender Geruch schließlich die Seiten unserer Schmöker durchtränkt hatte.

Ich habe die Augen wieder geöffnet, als der Unteroffizier der *Feld* mich fragte, ob ich Michel kenne. Er nannte mir seinen Vornamen, Michel, und dann seinen richtigen Nachnamen. Er hat die Brieftasche geöffnet und Michels

Papiere auf den Tisch gelegt. Ich strecke die Hand aus, ich nehme Michels Kennkarte, ich betrachte sein Foto. Der *Feldgendarm* wirkt überrascht, reagiert jedoch nicht. Ich betrachte Michels Foto.

– Nein, sage ich. Ich kenne ihn nicht.

Ich denke, daß Michel tot ist. Wäre er am Leben, dann hätte man mich mit ihm selbst konfrontiert, nicht nur mit seinen Papieren und seinen persönlichen Sachen. Michel ist in irgendeinem Hinterhalt umgekommen, und die Typen der *Feld* versuchen, Auskünfte über diesen Toten zu bekommen.

– Nein, das sagt mir nichts.

Ich lasse die Papiere auf den Tisch fallen, achselzukkend.

Aber der Unteroffizier fährt fort, Fragen zu stellen, die nicht zu der Hypothese von Michels Tod passen. Absurde Fragen, wenn Michel getötet worden wäre und sein Körper sich in ihrem Besitz befände, worauf die Tatsache hindeuten würde, daß sie seine Papiere haben.

Irgend etwas in all diesen Fragen paßt nicht zu der Vorstellung des Todes. Vielleicht haben sie Michel verhaftet, und es ist ihm gelungen zu entkommen?

Ich schöpfe wieder Hoffnung.

In Buchenwald, anderthalb Jahre später, habe ich mich in der Seuchenbaracke an jenen Herbsttag erinnert. Unter dem Bücherstapel auf dem Tisch der *Feldgendarmerie* in Joigny befand sich bestimmt *Der Kampf mit dem Engel*. Vielleicht auch *Die Hoffnung*. Und die ganz neue französische Übersetzung einer Schrift von Kant, *Die Religion innerhalb der Grenzen der bloßen Vernunft*. Ich habe nicht die Möglichkeit gehabt, es nachzuprüfen, aber es waren die Bücher, die Michel und ich in letzter Zeit mit uns herumschleppten, in unseren mit dem betäubenden Geruch des Plastiksprengstoffs durchtränkten Rucksäcken.

71

Und jetzt, in dem Schweigen, das nach dem Bericht des Überlebenden von Auschwitz eingetreten war, dessen klebriges Grauen uns noch immer daran hinderte, frei zu atmen, kam es mir so vor, als lenkte eine sonderbare Kontinuität, eine geheimnisvolle, aber leuchtende Kohärenz den Lauf der Dinge. Von unseren Diskussionen über die Romane von Malraux und die Schrift von Kant, in der die Theorie des *radikalen Bösen*[*] entwickelt wird, bis hin zu dem Bericht des polnischen Juden des *Sonderkommandos* von Auschwitz – über die sonntäglichen Gespräche im Block 56 des Kleinen Lagers, im Kreis um meinen Lehrer Maurice Halbwachs –: in alledem kam ein und dieselbe Betrachtung zum Ausdruck. Eine Betrachtung – um es mit den Worten zu sagen, die André Malraux erst dreißig Jahre später schreiben sollte – über die »entscheidende Region der Seele, wo das absolute Böse sich der Brüderlichkeit entgegenstellt«.

Wir sitzen in der Sonne, Albert und ich, in dem Wäldchen, das die Baracken des *Reviers* umgibt, nachdem wir den Juden aus Budapest dort in Sicherheit gebracht haben. Er sang das Kaddisch mit dunkler, heiserer Stimme, wie von jenseits des Grabes: er ist wiederauferstanden.

Wir betrachten die Thüringer Ebene unter der Aprilsonne.

Es herrscht Schweigen zwischen uns, im Augenblick. Wir kauen Grashalme. Ich habe mit Albert nicht über diesen Satz von Malraux sprechen können, natürlich nicht: er hat ihn noch nicht geschrieben. Ich habe ihm die Episode des deutschen Giftgasangriffs 1916 an der Weichselfront erzählt, die das düstere Herzstück des Romans bildet. Albert war beeindruckt von der überraschenden, aber sinnträchtigen Koinzidenz, von der seltsamen Vorahnung, die Malraux veranlaßte, die Apokalypse der Kampfgase genau zu dem Zeitpunkt in einem Roman zu beschreiben, wo die Vernichtung des jüdischen Volks in den Gaskammern Polens begann.

– Weißt du, was aus Malraux geworden ist? fragt mich Albert nach diesem langen Schweigen.

Es gibt ein Dorf, einige hundert Meter entfernt in der Thüringer Ebene. Bestimmt haben sie eine unverbaubare Aussicht auf das Lager, die Einwohner dieses Dorfs in Thüringen. Zumindest auf die Gebäude auf der Höhe des Ettersbergs: das Krematorium, den Kontrollturm, die Kantine.

Ja, ich weiß, was aus Malraux geworden ist.

Ich weiß jedenfalls das, was Henri Frager mir von ihm erzählt hat, der Chef von »Jean-Marie Action«, meinem Netz. Frager hat mir bei einer unserer ersten sonntäglichen Gespräche, nach seiner Ankunft in Buchenwald im Sommer 1944, gesagt, daß Malraux soeben die Führung einer Maquis-Region im Zentrum Frankreichs übernommen habe. »Er arbeitet unter dem Namen Oberst Berger«, hat Frager gesagt.

Ich bin in Lachen ausgebrochen, er hat mich nach dem Grund gefragt. »Berger« hieß der Held seines letzten Romans, erklärte ich ihm. Aber Frager kannte *Den Kampf mit dem Engel* nicht. Man konnte es ihm kaum verübeln. Er hatte eine der aktivsten Buckmaster-Gruppen in Frankreich auf die Beine gestellt und leitete sie auch, seine literarischen Lücken konnten ihm verziehen werden.

Im übrigen hatte Frager gerade aufgrund seiner engen Verbindungen zu den britischen Buckmaster-Gruppen Nachrichten über Malraux. Dessen zwei Brüder, Kinder aus zweiter Ehe – ich gebe hier Fragers Ausdruck wieder –, Claude und Roland Malraux, aus zweiter Ehe des Vaters, Fernand Malraux, hatten mit der Organisation Buckmaster in der Résistance gearbeitet. Beide waren vor ein paar Monaten verhaftet worden, im Frühjahr 1944.

Ich spreche von einem Gespräch mit Henri Frager, das Ende jenes Sommers stattgefunden hat, nach der Befreiung von Paris. Frager zufolge hatte die Verhaftung seines Halbbruders, Roland, Malraux zu dem Entschluß gebracht, aktiv in der Résistance mitzuwirken.

Aber ich erzähle Albert nicht alle diese Einzelheiten, es wäre zu lang. Auch zu verworren für ihn. Ich sage ihm nur, daß Malraux Oberst Berger geworden ist. Das erstaunt ihn nicht sonderlich: schon in Spanien war er Oberst gewesen.

Dann wahren wir Schweigen.

Wir wahren es sogar wie etwas Kostbares. Nach dem Lärm und Wüten der letzten Wochen in Buchenwald, nach dem heiseren Gesang des Kaddisch, vorhin, wahren wir unter uns, in der Aprilsonne zwischen den Bäumen, die in dem Wäldchen hinter dem Krankenbau zu grünen beginnen, das kostbare Gut dieses brüderlichen Schweigens. Wir betrachten die Thüringer Ebene, die friedlichen Dörfer der Thüringer Ebene. Geruhsamer Rauch steigt aus ihnen auf, häuslicher.

Es ist nicht der Rauch des Krematoriums.

3

Der weiße Streifen

Ich bin stehengeblieben, ich habe die großen Bäume betrachtet, jenseits des Stacheldrahts. Sonne über dem Wald, Wind in den Bäumen. Plötzlich erklang Musik auf der anderen Seite des Appellplatzes. Eine Akkordeonmelodie, irgendwo da drüben. Es war kein Schlager, kein Musettewalzer. Es war etwas ganz anderes, eine sicherlich von einem Russen gespielte Akkordeonmelodie. Nur ein Russe konnte diesem Instrument eine solche Musik entlocken, zart und gewaltsam, jene Art stürmischen Walzer: Rauschen der Birken im Wind, der Gräser in der endlosen Steppe.

Ich habe noch ein paar Schritte gemacht. Der Appellplatz war leer, unermeßlich unter der Sonne. Ich habe Stalin betrachtet, der dort auf mich zu warten schien.

Zumindest sein Bild.

Gleich am Tag nach der Befreiung, am 12. April, bei unserer Rückkehr ins Lager nach der im benachbarten Wald verbrachten Nacht, hatten wir Stalin vorgefunden. Sein Bild war in der Nacht erblüht, naturgetreu und gigantisch. Es prangte an der Stirnseite einer der Baracken mit sowjetischen Gefangenen, an einer Ecke des Appellplatzes, in der Nähe der Kantine.

Stalin hatte unserer Rückkehr zugesehen, gleichmütig. Kein Härchen fehlte an seinem Schnurrbart. Kein Knopf an seiner Generalissimusjacke. In der Nacht, der ersten Nacht noch ungewisser Freiheit, hatten anonyme und begeisterte Künstler dieses überlebensgroße Bild gemalt: mindestens drei auf fünf Meter. Von schreiender, beunruhigender Ähnlichkeit.

Junge Russen – im übrigen waren in Buchenwald alle Russen jung – hatten also das dringende Bedürfnis verspürt, ihre ersten Stunden in Freiheit damit zu verbringen, Stalins Bild zu malen, riesig und realistisch: vor lauter Realismus sogar surrealistisch. So wie man am Anfang eines Eingeborenendorfs ein Totem errichtet, so hatten die Russen an einer ihrer Baracken das beschirmende Bild des Generalissimus angebracht.

An jenem Morgen – nicht dem des 12. April, verstehen wir uns recht, dem Tag, an dem ich Stalin begegnet bin: an irgendeinem anderen Morgen zwischen dem 14. und dem 19. April, Tage, für die ich genaue Anhaltspunkte habe –, an jenem Morgen also, von dem hier die Rede ist, war ich durch das eindringliche Rufen meines Namens aus dem Schlaf gerissen worden.

Eine Stimme im Lautsprecher, spröde, gebieterisch, so war es mir vorgekommen, schrie meinen Namen. Aus dem Schlaf aufschreckend, war ich einige Sekunden in geistiger Verwirrung gewesen. Ich hatte geglaubt, wir stünden noch unter dem Befehl der SS. Ich hatte gedacht, in einem Bewußtseinsblitz, trotz den Nebeln des jähen Erwachens, daß die SS-Leute mich zum Lagertor riefen. Es war gewöhnlich kein gutes Zeichen, wenn man aufgefordert wurde, sich am Tor von Buchenwald einzufinden. Henri Frager hatte man vor einigen Wochen auf diese Weise gerufen, er war nie zurückgekehrt.

Aber diesmal folgte der Aufrufung meines Namens nicht die übliche Weisung: *Sofort zum Tor!*[*] Man rief mich nicht zum Eingangstor des Lagers unter dem Kontrollturm, man rief mich in die Bibliothek. Und außerdem sagte die Stimme nicht meine Häftlingsnummer, sie sagte meinen richtigen Namen. Sie rief nicht *Häftling vierundvierzigtausendneunhundertvier*[*], sie rief nach dem Genossen Semprun. Für die Lautsprecherstimme war ich kein *Häftling* mehr, sondern ein *Genosse*[*].

Da bin ich richtig aufgewacht.

Mein Körper hat sich entspannt. Ich habe mich daran erinnert, daß wir frei waren. Eine Art heftiges Glück hat mich durchflutet, ein Schauer der ganzen Seele. Ich habe mich erinnert, daß ich für diesen beginnenden Tag Pläne hatte. Nicht nur den pauschalen, ein wenig absurden, zumindest übertriebenen Plan, noch diesen Tag zu überleben. Nein, präzise Pläne, zwar begrenztere, aber sinnvolle, während der andere unsinnig war.

Ich hatte den Plan, aus dem Lager zu gehen, ins nächste deutsche Dorf, das ein paar hundert Meter entfernt lag, in der fruchtbaren und grünen Thüringer Ebene. Ich hatte am Abend zuvor mit einigen Kumpeln darüber gesprochen. Wir meinten, daß es dort einen Brunnen geben müsse, in diesem deutschen Dorf. Es gelüstete uns, frisches und klares Wasser zu trinken, das Wasser im Lager war schauderhaft.

Ich hatte noch weitere Pläne für diesen beginnenden Tag, dessen Geräuschen ich träge lauschte, auf meinem Strohsack im Schlafsaal von Block 40.

Jiří Zak hatte mir angekündigt, sie würden Jazz spielen, einfach so zum Spaß, ohne Grund, unter sich, die Jazzmusiker, die Zak in den beiden letzten Jahren zusammengebracht hatte. Er selbst saß am Schlagzeug. Das Saxophon spielte Markowitsch, ein wirklich begabter Serbe. Der Trompeter war ein geradezu genialer Norweger. Wenn er *Stardust* spielte, lief es uns kalt über den Rücken. Die SS-Leute wußten natürlich nichts von dieser Jazzband, deren Instrumente illegal aus der *Effektenkammer* entwendet worden waren. Allerdings mochten auch die alten deutschen Kommunisten diese barbarische Musik nicht. Aber man hatte sie nicht um Erlaubnis gefragt, diese Jazz-Gruppe zu gründen. Sie fügten sich, mürrisch.

Ich habe dem Ruf gelauscht, der über die Lautsprecheranlage an mich erging. Mit verärgerter Stimme bat mich der Verantwortliche der Lagerbibliothek, die drei Bücher zurückzugeben, die noch in meinem Besitz waren. Er erwarte mich noch an diesem Morgen, unbedingt. Die Bücher müßten noch heute wieder in der Bibliothek sein, sagte er.

Offen gestanden hatte ich die Absicht gehabt, diese Bücher zu behalten. Zwar machte ich mir nicht viel aus Souvenirs, aber es waren Bücher, die man brauchen konnte. Die ich noch zu benutzen gedachte. In Wahrheit hatte ich nicht vorgehabt, sie zurückzugeben. Zum einen, weil sie mir noch nützlich sein konnten. Und zum anderen, weil mich die Zukunft der Lagerbibliothek absolut nicht interessierte. Warum hätten diese Bücher in eine Bibliothek zurückkehren sollen, die bestimmt war zu verschwinden?

Es scheint, als täuschte ich mich gewaltig. Es scheint, als lebte ich in den Wolken. Ein wenig gereizt erklärte mir Anton – so lautet der Vorname, den ich dem Bibliothekar zu geben beschlossen habe –, daß ich wohl nicht ganz bei Trost sei. Warum sollte die Bibliothek von Buchenwald verschwinden?

Weil das Lager verschwinden wird, ist doch klar!

Es war eine Antwort, die den Stempel des gesunden Menschenverstands trug. Dennoch schien sie Anton nicht zu überzeugen, denn er sah mich kopfschüttelnd an.

Wir befanden uns im Vorraum der Bibliothek. Einem winzigen, kahlen Raum. Eine Seitentür ging auf den Gang von Block 5. An den Enden dieses Gangs lagen die Büros des Sekretariats, die *Schreibstube* und die *Arbeitsstatistik*, in der ich gearbeitet hatte. Am hinteren Teil des Verschlags konnte der Bibliothekar durch eine Schaltertür mit den Deportierten kommunizieren, die kamen, um Bücher auszuleihen. Dort standen wir, Anton und ich, jeweils auf einer Seite des Schalters.

Ich hatte die drei Bücher der Bibliothek, um deren Rückgabe er mich dringend gebeten hatte, auf das Brett gelegt.

– Warum? fragt er mich.

Plötzlich finde ich, daß er einen tückischen Blick hat.

– Warum was?

– Warum sollte das Lager verschwinden? präzisiert er.

– In ein paar Tagen, schlimmstenfalls in ein paar Wochen wird Hitler besiegt sein, sage ich. Sobald der Nazismus verschwunden ist, werden auch die Lager verschwinden.

Eine Art stummes, irres Lachen schüttelt seinen Oberkörper, seine Schultern. Er lacht wie verrückt, aber ohne Freude.

Mit einem Schlag hält er inne, belehrt mich.

– Das Ende des Nazismus ist nicht das Ende des Klassenkampfs! ruft er, kategorisch und pädagogisch.

Ich danke ihm höflich.

– Danke, Anton, sage ich. Danke, daß du mich an grundsätzliche Wahrheiten erinnerst.

Er bläht sich auf, hat nicht begriffen, daß ich mich lustig mache.

– Müssen wir daraus schließen, daß es keine Klassengesellschaft ohne Konzentrationslager gibt? sage ich.

Er wirft mir einen wachsamen, sogar argwöhnischen Blick zu. Er denkt nach, sein Gesicht ist erstarrt. Offensichtlich fürchtet er eine dialektische Falle.

– Zumindest keine Klassengesellschaft ohne Unterdrückung, sagt er vorsichtig.

Ich schüttele den Kopf.

– Eher ohne Gewalt. Das ist ein genauerer und universalerer Begriff.

Wahrscheinlich fragt er sich, worauf ich hinauswill.

Aber ich will nirgendwo hinaus. Ich versuche ganz

einfach, die Vorstellung wegzuschieben, die seine Worte andeuten. Die Vorstellung, daß das Ende des Nazismus nicht das Ende der Welt der Konzentrationslager sein wird.

– Du magst das Wort Unterdrückung nicht, sagt Anton. Aber es ist das richtige Wort. Glaubst du nicht, daß man auf die eine oder andere Weise die ehemaligen Nazis wird unterdrücken müssen? Unterdrücken und umschulen...

Ich kann nicht umhin zu lachen.

Im SS-System war Buchenwald auch ein *Umschulungslager**.

– Für diese Aufgabe brauchen wir Lager wie dieses hier, sagt er nüchtern. (Er sieht mich an, ein wenig den Mund verziehend.) Diese Idee gefällt dir nicht, das sieht man! Was sollte man denn deiner Meinung nach aus Buchenwald machen? Einen Wallfahrtsort, eine Stätte der Andacht? Eine Ferienkolonie?

– Bloß nicht! Ich möchte, daß man das Lager der Erosion der Zeit, der Natur überläßt ... Daß der Wald es unter sich begräbt ...

Er sieht mich an, sprachlos.

– Scheiße, nein! Was für eine Verschwendung!

Ich nehme eines der Bücher in die Hand, die ich auf die Ablage gelegt hatte. Hegels *Logik*, in der kurzen Fassung der *Enzyklopädie der Wissenschaften*.

– Braucht man Bücher wie das hier zur Umschulung der alten Nazis?

Er schaut auf den Titel des Bandes, macht eine wegwerfende Handbewegung.

– Du liest komische Sachen, gib's zu. Schon gestern, als ich auf die Karteikarten der Bücher gestoßen bin, die du nicht zurückgegeben hast, ist es mir aufgefallen ... Hegel, Nietzsche, Schelling ... Lauter idealistische Philosophen.

Ich erinnere mich an die sonntäglichen Diskussionen an der Pritsche von Maurice Halbwachs.

– Die Lektüre Schellings hat mir viel beigebracht, sage ich.

Er wundert sich über meine tonlose Stimme, zuckt die Achseln, brummig.

– Trotzdem, eine komische Auswahl.

Er wirkt konsterniert: ich mache ihm wirklich Kummer.

– Ich werde diese Bücher nicht im Katalog lassen . . . *Der Wille zur Macht* scheint mir keine unerläßliche Lektüre zu sein, versichert er.

Mir schwant, daß er hierzubleiben gedenkt, in dieser Bibliothek, in diesem Lager.

– Was? sage ich. Du bleibst? Du gehst nicht nach Hause?

Er macht eine unbestimmte Handbewegung.

– Kein zu Hause mehr, keine Familie mehr . . . Alle für den Führer gestorben. Die einen freiwillig, die anderen gegen ihren Willen . . . Trotzdem tot . . . Hier werde ich einem neuen Deutschland nützlicher sein . . .

Ich bereue aufrichtig, daß ich die Bücher zurückgebracht habe. Ich hätte sie behalten sollen, der Ordnungs- und Kontinuitätsmanie dieses alten Kommunisten nicht nachgeben dürfen.

– Gut, sagt Anton.

Er packt die drei Bände, eine Sekunde bevor ich mich anschicke, sie wieder an mich zu nehmen.

– Bis dahin, fährt er fort, stelle ich sie an ihren Platz zurück.

Als ich ihn im hinteren Teil der Bibliothek verschwinden sehe, bald von den Regalen verdeckt, frage ich mich, ob Nietzsche und Hegel hier wirklich an ihrem Platz sind. Und Schelling? Der Einzelband seiner Werke, der sich in der Bibliothek von Buchenwald befand, enthielt seine Schrift über die Freiheit, in der Schelling nach der Grundlage des Menschen fragt. Eine dunkle, problematische Grundlage, aber, so schreibt er, »ohne dieses vorausgehende Dunkel gibt es keine Realität der Kreatur: Finsternis ist ihr notwendiges Erbteil«.

An manchen Sonntagen, wenn ich an der Pritsche stand, auf der Maurice Halbwachs im Sterben lag, war es mir tatsächlich so vorgekommen, als wäre die Finsternis unser notwendiges Erbteil. Die Finsternis des Mysteriums der Menschlichkeit des Menschen, zur Freiheit des Guten wie des Bösen bestimmt: von dieser Freiheit durchdrungen.

Ich sah, wie Anton sich entfernte, und ich fragte mich, ob diese Idee Schellings von Nutzen sein könnte, die ehemaligen Nazis im künftigen Lager Buchenwald umzuschulen.

Der Appellplatz ist leer, als ich nach meinem Gespräch mit Anton, dem Bibliothekar, dort ankomme. Mir ist von diesem Gespräch noch ziemlich übel. Aber die Sonne scheint über diesem weiten, herrlich leeren und stillen Platz, nach so vielen Monaten des Lärms, der Hast und unvorstellbarer Einsamkeit im wimmelnden Leben des Konzentrationslagers.

Da ist das Rauschen des Aprilwinds in den Bäumen, jenseits des Stacheldrahts. Und eine Akkordeonmelodie: eine russische Melodie, ohne jeden Zweifel.

Ich drehe mich um, ich betrachte die Reihen der Baracken. Von neuem stehe ich vor dem riesigen Bild Stalins.

Einige Jahre später, 1953, anläßlich seines Todes, habe ich mich an sein Bild in Buchenwald erinnert.

Pablo Picasso war gerade von den Führern der KP Frankreichs schroff zur Ordnung gerufen worden. Er hatte zu Ehren des Verblichenen einen jungen, georgischen Stalin gemalt, mit schlau blitzenden Augen, von vorteilhaftem und abenteuerlustigem Wesen. Ein Bild, das zwar nicht sehr ehrfurchtsvoll war, aber höchst lebendig, auch voll scharfsichtiger Ironie: Stalin sah eher aus wie ein Räuberhauptmann als wie ein Generalissimus, der mit eiserner Hand die zweitgrößte Weltmacht regiert.

Tatsächlich ähnelte Stalin, mit den Augen Picassos gesehen, mehr Nikolai, meinem jungen Barbaren aus Block 56, als sich, dem Generalissimus.

Am 12. April, dem ersten Tag der Freiheit, war ich, nachdem ich Stalins Ikone auf der Baracke der sowjetischen Kriegsgefangenen gesehen hatte, zum Kleinen Lager hinuntergegangen. Es gab keine SS mehr, aber das Leben dort ging weiter wie zuvor. Man starb dort weiter wie zuvor. Alle, denen es gelungen war, der Zwangsevakuierung des Lagers zu entgehen, starben weiter wie zuvor. Schweigende – Sprechen ermüdet – und stolpernde Prozessionen von Häftlingen schlurften um den Latrinenbau. Phantome in Lumpen, sich gegenseitig stützend, um nicht hinzufallen, fröstelnd in der Frühlingssonne, teilten sich mit minuziösen und brüderlichen Gesten eine *machorka*-Kippe. Nach wie vor hing der fäkale, üble Geruch des Todes über dem Kleinen Lager, an jenem Tag nach der Befreiung.

Ich habe Nikolai vor dem Block 56 getroffen. Seine Reitstiefel glänzten, seine Jacke sah frisch gebügelt aus.

– Hast du das Bild vom Chef gesehen? fragt er mich. Ich nicke.

– Wir haben es in der Nacht gemacht, fährt er fort. In zwei Teilen. Für jede Hälfte eine andere Gruppe. Frühmorgens haben wir die beiden Stücke zusammengeklebt ...

Er macht eine Bewegung mit der rechten Hand.

– *Prima!** ruft er aus.

Er sieht mich mit einem Raubtierlächeln an.

– Jetzt weißt du, wie ein russischer *Kapo* aussieht, sagt er.

– Aber warum, frage ich ihn, eine ganze Nacht arbeiten, statt die Freiheit zu feiern?

– Das Bild vom Großen Kapo, meinst du?

– Genau, sage ich. Warum?

Er mustert mich ein wenig mitleidig.

– Und warum holte meine Mutter im Dorf die Ikonen raus, um zu beten an bestimmten Abenden? Wenn es wirklich schlecht ging. Sie holte die versteckten Ikonen raus und zündete Kerzen an ...

Ich lache schallend.

– Ich dachte, der Kommunismus, das sei Sowjetmacht plus Elektrifizierung ... Nicht Ikonen plus Kerzen ...

– Wer redet von Kommunismus? fragt Nikolai, ehrlich erstaunt.

– Wenn du nicht von Kommunismus reden willst, warum dann das Bild von Stalin?

Er bricht in ein wüstes Lachen aus. Er sieht mich an und macht eine unfreundliche Geste, zeigt mit dem rechten Zeigefinger auf seine rechte Schläfe.

– *Durak!* ruft er. Du wirst nie was kapieren, Alter!

Das stimmt, es hat lange gedauert, bis ich kapierte. Trotzdem ist das kein Grund, mich beleidigen zu lassen. Vor allem, weil an jenem Apriltag 1945 nicht ich es war, der Stalins Bild gemalt und es triumphierend an die Stirnseite einer Baracke gehängt hatte. Und nicht ich hätte meine Nacht damit verbracht, dieses Bild anzufertigen, bestimmt nicht. Ich hatte nichts mit Stalin zu schaffen, im April 1945. Ich hatte noch keine Zeile von ihm gelesen, ich wußte kaum, wer er war. Meine Beziehungen zum Marxismus liefen damals in keiner Weise über Stalin. Niemals tauchte er in unseren Diskussionen auf.

Sonntags, an manchen Sonntagen, zum Beispiel im Block 56, als Maurice Halbwachs noch hellsichtig und fröhlich war, voll Geisteskraft, als er mit uns sein kritisches Verhältnis zum Marxismus auf den Punkt brachte, wäre es keinem von uns eingefallen, Stalin zu erwähnen. Er war außerhalb unserer Gedanken. Erst später ist Stalin in mein Leben getreten. Sie kommen erst noch, die Jahre der partiellen und parteilichen Vereisung meines Denkens.

Aber ich habe keine Zeit, Nikolai zu sagen, daß er übertreibt. Er hat plötzlich einen anderen Gesichtsausdruck und spricht mit fast leiser Stimme.

– Wieviel willst du für deine Waffe?

Er starrt mit begehrlichen Augen auf die deutsche Maschinenpistole, die mir quer über der Brust hängt. Denn wir haben unsere Waffen behalten. Die amerikanischen Offiziere haben uns ins Lager zurückgeschickt, nach unserer verrückten Nacht mitten in der Natur, nach dem Marsch auf Weimar. Aber sie haben uns unsere Waffen gelassen. Erst am nächsten Tag werden sie uns bitten, sie zurückzugeben.

– Gar nichts will ich, sage ich. Ich behalte sie!

Er versucht, mich zu überreden. Er bietet mir Dollars an, Kleidung, echten Schnaps, Mädchen. Mädchen? Ich wette, daß er keine hat. Er lacht, sagt, ich würde verlieren, wenn ich wette. Seine Leute haben mit ukrainischen Frauen Kontakt aufgenommen, die bei Weimar in der Fabrik arbeiteten. Er kann einen ganzen Waggon voll kommen lassen, unter der Hand, für ein flottes, zwangloses Liebesspiel an einem diskreten Ort des Lagers.

Ich glaube ihm aufs Wort, aber ich sage ihm, daß es mich nicht interessiert. Vielmehr, daß es mich zwar interessiert, aber nicht zu diesem Preis. Nicht zum Preis meiner funkelnagelneuen Maschinenpistole.

Er flucht zwischen den Zähnen, auf russisch. Ich kann

genügend russisch, um zu verstehen, worum es geht. Zumal die russischen Flüche, zumindest die von Nikolai und seinen Kumpeln in Buchenwald, ziemlich eintönig sind: immer geht es darum, eine Mutter zu ficken, die eigene oder die eines Kumpels. Aber immer sind es die Mütter, die es in den russischen Flüchen abkriegen. Zumindest in denen von Buchenwald.

Ich lasse ihn fluchen, lange genug, daß es ihn erleichtert.

– Was wolltest du denn mit meiner Maschinenpistole?

Er sieht mich unschlüssig an. Plötzlich entschließt er sich. Er spricht mit leiser Stimme.

– Die russischen *Kapos*, mein Alter, die kenne ich! Ich weiß, was mich bei denen erwartet ...

Er spricht noch leiser. Flüstert jetzt.

– Ich geh nicht nach Hause zurück. Ich bleibe hier. In zwei oder drei Tagen haue ich ab. Alles ist bereit. Wir sind eine kleine Gruppe von Kameraden. Frauen warten auf uns, die auch nicht wieder in den Knast wollen da drüben. Wir haben Zaster, ein paar Waffen. Wir könnten mehr gebrauchen ...

Mit verliebten Blicken schielt er auf meine Maschinenpistole.

Ich rücke von ihm ab.

– Versuch bloß nicht, sie mir mit Gewalt zu nehmen, Nikolai ... Wenn es sein muß, schieße ich auf dich.

Er nickt.

– Du bist bescheuert genug, es zu tun.

Er richtet sich auf, reicht mir die Hand.

– Also tschüß, wir bleiben Kumpel!

Aber ich nehme die Hand nicht, die er mir reicht. Ich bin sicher, daß er sie nicht loslassen wird, daß er versuchen wird, mich an sich zu ziehen, mich mit einem Griff aus dem Gleichgewicht zu bringen. Ich müßte meine Waffe benutzen. Es wenigstens versuchen.

Ich rücke von ihm ab, richte die Pistole auf ihn.
– Tschüß, Nikolai! Wir bleiben Kumpel, du hast recht.
Er lacht etwas irre, aber keineswegs ein irres Gelächter.
– Wie sagtest du vorhin? Sowjetmacht plus Elektrifizierung? Also, du hältst uns auf dem laufenden!
Er kehrt mir den Rücken und geht zum Block 56.

Ich stehe auf dem Appellplatz von Buchenwald, ich betrachte das riesige Stalinbild. Ich verstehe nicht, wie Nikolai es geschafft hat, das Bild des Großen Kapo aufzuhängen und gleichzeitig seine Flucht vor dessen beschirmender Gegenwart vorzubereiten.

Dazu muß man wissen, daß uns das Verhalten der Russen in Buchenwald überhaupt ein Rätsel war. Daß es zumindest ein Problem war. Wir konnten nicht verstehen, daß diese jungen Gauner, voll individualistischer, grausamer Vitalität – jedenfalls die meisten von ihnen – die wahren Vertreter einer neuen Gesellschaft sein sollten. Wir hatten ein verwickeltes Erklärungsgebäude errichten müssen, da es nicht in Frage kam, die Prämisse zu ändern; die sowjetische Gesellschaft mußte zwangsläufig eine neue Gesellschaft sein, das war der Ausgangspunkt: eine vorgegebene Rhetorikfigur.

Aber den neuen Menschen dieser neuen Gesellschaft, so sagten wir, verkörperten nicht diese jungen russischen Barbaren von Buchenwald. Sie waren lediglich die Schlacke dieser neuen Gesellschaft, der Ausschuß eines ländlichen Archaismus, den die Modernisierungsbewegung der Revolution noch nicht erfaßt und verändert hatte. Dennoch dachten wir bisweilen, daß die Revolution doch etwas viel Ausschuß erzeugte. Daß sie viel Schlacke produzierte.

Hätte ich die Haltung von Nikolai, dem *Stubendienst* von Block 56, dieses Geheimnis der russischen Seele sofort verstanden, dann hätte ich mir zweifellos einen langen, wenn auch mit Oasen von Mut und Brüderlichkeit durchsetzten Umweg durch die Wüsten des Kommunismus erspart. Aber vermutlich war dies, 1945, keine Frage des Verständnisses: eher eine Frage des Wunsches. Vermutlich hinderte mich die Illusion einer Zukunft daran, zu verstehen. Oder vielmehr verstehen zu wollen, selbst wenn ich die Möglichkeit dazu gehabt hätte. Vermutlich weckte sie in mir nicht den Wunsch zu verstehen, sondern nur den Wunsch zu wünschen. Und es gab nichts Wünschenswerteres als die Zukunft, nach soviel Agonie.

Aber ich kehre Stalin den Rücken, zumindest seinem Bild. Ich mache noch ein paar Schritte zur Mitte des Appellplatzes.

Auf der Plattform des Kontrollturms stützt sich ein amerikanischer Soldat mit den Ellbogen auf die Balustrade. Vielleicht lauscht er der russischen Akkordeonmusik, wie ich. Auf der Spitze des Turms weht eine schwarze Fahne auf Halbmast, seit dem Tag der Befreiung.

Seit dem Tod von Franklin D. Roosevelt.

Sie ist auf diesem weißen Streifen gekommen ...

Ich murmele den Anfang eines Gedichts, das *Die Freiheit* heißt.

Sie ist auf diesem weißen Streifen gekommen, der genausogut das Ende der Morgendämmerung bedeuten kann wie den Leuchter des Zwielichts am Abend ...

Ohne daß ich es beabsichtigt hatte, erhebt sich meine Stimme, verstärkt sich, schwillt an, während ich weiter deklamiere.

Sie schritt über die willenlosen Küsten; sie schritt über die ausgeweideten Gipfel.
Ein Ende nahm die Entsagung mit Feiglingsgesicht, die Heiligkeit der Lüge, der Alkohol des Henkers ...

Jetzt schreie ich aus voller Kehle, allein auf dem Appellplatz, das Ende des Gedichts von René Char.

Der amerikanische Soldat hat ein Fernglas genommen und beobachtet mich.

Am 12. April hatte ich das Gedicht *Die Freiheit* zum erstenmal gelesen. Das traf sich gut, es war am Tag nach der Befreiung von Buchenwald.

An jenem Tag hatte ich schließlich mit dem jungen Franzosen gesprochen, der die beiden Offiziere Ihrer Gnädigsten Majestät begleitete.

Wir waren allein zurückgeblieben, saßen in der Sonne auf den Stufen einer Freitreppe. Die beiden Briten befanden sich im großen Saal der SS-Archive, im ersten Stock des Gebäudes, das ich bewachte. Ich hatte ihnen gestattet, die Akten einzusehen. Denn sie waren beauftragt, nach der Spur der Agenten der alliierten Nachrichtendienste zu suchen, die von den Nazis deportiert worden waren.

Der Franzose dagegen hatte den Auftrag, nach der Spur von Henri Frager zu suchen, dem Führer des Netzes »Jean-Marie Action«. Und der Zufall wollte es, daß ich diesem Netz angehört hatte, daß Frager mein Vorgesetzter gewesen war. Er war wenige Monate nach mir verhaftet worden, verraten auch er. Ich hatte ihn in Buchenwald wiedergesehen. Ich konnte dem jungen französischen Offizier also unnötige Nachforschungen ersparen. Ich konnte ihm sagen, daß Frager tot war. Er war von den Deutschen erschossen worden. Eines Tages, beim allgemeinen Morgenappell, war er von der *Politischen Abteilung** des Lagers, der Gestapo, zum Tor gerufen worden. Am Abend war er als fehlend gemeldet worden. Am nächsten Tag schickte uns die *Politische Abteilung* eine offizielle Mitteilung. »*Entlassen*«*: die übliche Formulierung der Nazi-Verwaltung, wenn sie individuelle Hinrichtungen bekanntgab.

An jenem Tag war ich es, der den Namen von Henri Frager aus der Zentralkartei des Lagers gelöscht hatte. Das war meine Arbeit, die Namen zu löschen. Oder auch einzutragen. Jedenfalls alle Zugänge und Abgänge, die Toten und die Neuankömmlinge in der Zentralkartei des Lagers genauestens zu erfassen. Zumindest in den Zahlenkolonnen zwischen dreißig- und sechzigtausend. Und es bewegte sich viel in diesen Kolonnen, die sich vor allem auf die Deportierten aus Westeuropa bezogen, ab Ende des Jahres 1943.

Ich hatte an jenem Tag den Namen von Henri Frager gelöscht.

Seine Nummer stand wieder zur Verfügung.

Das alles habe ich dem jungen Franzosen erzählt, um ihm unnötige Nachforschungen in den Archiven zu ersparen. Dann habe ich ihm von meinen Gesprächen mit Henri Frager an einigen Sonntagen erzählt.

Ich habe ihm von den Sonntagen in Buchenwald erzählt.

Instinktiv, um den Göttern mit einer glaubwürdigen Erzählung zu schmeicheln, um die Schrillheiten eines wahrheitsgetreuen Berichts zu vermeiden, hatte ich versucht, den jungen Offizier auf einem sonntäglichen Weg in die Welt des Todes einzuführen: auf einem Geheimpfad gewissermaßen. Einem auf den ersten Blick geruhsameren Weg. Ich hatte ihn auf dem banalsten Weg in die

Hölle des *radikalen Bösen* geführt. Jedenfalls dem von der gewöhnlichen Erfahrung des Lebens entferntesten.

Ich hatte die blasse, giftige Schönheit von Pola Negri in *Mazurka* heraufbeschworen, um den jungen Offizier in die Geheimnisse der Sonntage in Buchenwald einzuweihen.

Mazurka? Der Film?

Er war zusammengezuckt, die Augen weit aufreißend. Ich habe gespürt, daß er schockiert war. Er stellte die Wahrheit meines Berichts zwar nicht in Frage, aber er war schockiert. Als hätte ich etwas Unschickliches gesagt. Als hätte ich diese Zeugenaussage am falschen Ende angefangen, verkehrt herum. Zweifellos erwartete er einen ganz anderen Bericht. Das Auftreten von Pola Negri in Buchenwald verwirrte ihn. Ich habe sofort verstanden, daß er auf Distanz ging. Zweifellos war ich kein guter Zeuge, kein Zeuge wie sich's gehört. Trotzdem war ich recht zufrieden mit meinem Einfall. Denn der Erstbeste hätte vom Krematorium erzählen können, von den vor Erschöpfung Gestorbenen, von den öffentlichen Erhängungen, von der Agonie der Juden im Kleinen Lager, von Ilse Kochs Vorliebe für die tätowierte Haut von Deportierten. Während ich davon überzeugt war, daß es niemandem eingefallen wäre, seinen Bericht mit Pola Negri in *Mazurka* zu beginnen.

Aber ja, sagte ich zu ihm, *Mazurka*, der österreichische Film.

Manchmal, so erklärte ich ihm, organisierte die SS-Kommandantur Filmvorführungen, sonntagnachmittags. Es wurden Musik- oder Liebeskomödien gezeigt. Oder beides zugleich: Musik und Liebe vermählen sich gern. Ich erinnerte mich zum Beispiel an einen Film mit Martha Eggerth und Jan Kiepura. Er spielte in einer Landschaft mit Bergseen, und sie sangen im Duett in Ruderbooten, mit Almen im Hintergrund. Ich erinnerte mich auch an *Mazurka* mit Pola Negri.

Es war kein besonderes Kunststück, mich an diese Filme zu erinnern. Zum einen wegen des außergewöhnlichen Charakters der Projektion im großen Saal des Kleinen Lagers, unweit der Umzäunung des Krankenbaus. Vor allem aber weil es Filme waren, die ich in meiner Kindheit schon einmal gesehen hatte.

In Madrid hatten wir, in den dreißiger Jahren, deutsche Hauslehrerinnen. Sie führten uns ins Kino, meine Brüder und mich, an den Tagen, wo wir ins Kino gehen durften, um Filme in ihrer Muttersprache zu sehen: deutsche oder österreichische. Der Film, in dem Jan Kiepura und Martha Eggerth sich singend in den Armen lagen, vor einem Hintergrund aus Almen und Bergseen, hieß auf spanisch *Vuelan mis canciones*. Sein ursprünglicher, deutscher Titel dagegen ist mir völlig entfallen. Mein Gedächtnis bevorzugt die Kindheitserinnerungen, zu Lasten derjenigen des Zwanzigjährigen in Buchenwald.

Auf den ersten Blick würde man meinen, daß die Erinnerung an Buchenwald, an die Projektion in der riesigen Holzbaracke, die als *Kino* diente – auch als Sammelplatz für die Abtransporte – prägender hätte sein müssen als die der Kindheit in einem Kino auf dem Opernplatz in Madrid. Aber nein, ganz und gar nicht: Geheimnisse des Gedächtnisses und des Lebens.

Jedenfalls stellte der Titel des Films mit Pola Negri für die Erinnerung sprachlich kein Problem: er heißt in allen Sprachen *Mazurka*.

Ich hatte dem jungen Offizier, der das Abzeichen mit dem Lothringer Kreuz auf seinem Herzen trug, also von den Sonntagen in Buchenwald erzählt. Ich hatte ihm auf meine Weise von den Sonntagen erzählt. Natürlich nicht nur von Pola Negri. Pola Negri war lediglich ein Einstieg. Ich hatte ihm von den Versammlungen am Sonntag erzählt. Von dem Bordell, das den Deutschen vorbehal-

ten war. Von dem heimlichen Training der Kampfgruppen. Dem Jazzorchester von Jiří Zak, dem Tschechen
der *Schreibstube*. Und so weiter.

Er hatte mir aufmerksam zugehört, jedoch mit immer
erkennbarerer Bestürzung. Vermutlich entsprach mein
Zeugnis nicht dem Stereotyp des Horrorberichts, den er
erwartete. Er hat mir keine einzige Frage gestellt, mich
um keine näheren Angaben gebeten. Am Ende hüllte er
sich in verlegenes, auch peinliches Schweigen. Mein er-
ster Bericht über die Sonntage in Buchenwald war ein
völliges Fiasko.

Um uns aus dieser unangenehmen Situation zu befreien, habe nun ich ihm Fragen gestellt. Eine Menge
Fragen. Freilich hatte ich fast ein Jahr nachzuholen, seit
der Befreiung von Paris. Zweifellos hatten bedeutende
Ereignisse stattgefunden, von denen ich überhaupt
nichts wußte. Bücher waren veröffentlicht, Stücke gespielt, Zeitungen gegründet worden.

Aber nach den Worten des jungen französischen Offiziers zu schließen – der sich wahrscheinlich revanchieren
wollte und fortan gesprächig und in seinen Antworten
präzise war –, sah es nicht danach aus, als hätte es in Paris
während meiner Abwesenheit umwälzende Neuigkeiten
gegeben.

Albert Camus war der Mann des Tages, aber das
konnte mich nicht überraschen. *Der Fremde* war einer
der Romane, die mich in jenen letzten Jahren am meisten
beschäftigt hatten. Und *Der Mythos von Sisyphos* hatte
im Kreis meiner Freunde leidenschaftliche Diskussionen
während der Besatzung ausgelöst. Camus also: normal.

André Malraux schrieb nicht mehr, wie es schien. Angeblich hat er sich der Politik zugewandt. Vor ein paar
Monaten soll seine Rede auf dem Kongreß des MLN die
Kommunisten daran gehindert haben, die Kontrolle
über die vereinigte Résistance zu übernehmen. Jedenfalls

war *Der Kampf mit dem Engel* nicht beendet worden. Es sah nicht danach aus, als sollte er es je werden.

Natürlich gab es Sartre. Aber Sartre hatte schon vorher das Feld behauptet. 1943 hatten wir *Das Sein und das Nichts* verschlungen, wir kannten ganze Seiten von *Der Ekel* auswendig. In Scharen hatten wir uns *Die Fliegen* im Sarah-Bernhardt-Theater angesehen. Wir hatten in der Vorbereitungsklasse zur Ecole Normale Supérieure über Sartres Verhältnis zu Husserl und Heidegger diskutiert. Vortrefflich, eine alte Bekanntschaft, dieser Jean-Paul Sartre!

Neben letzterem, so unterrichtete mich der junge Franzose pedantisch, gab es Maurice Merleau-Ponty. Gut, aber das verblüffte mich nicht: ich hatte bereits *Die Struktur des Verhaltens* gelesen.

Es gab Aragon, flankiert von seiner Elsa. Aber damals interessierte ich mich überhaupt nicht für Aragon. Seine staatstragenden und vaterländischen Gedichte der Okkupation hatten mich ziemlich gleichgültig gelassen. (Immerhin gab es *Brocéliande*.) In Buchenwald war dies der einzige Streitpunkt zwischen mir und meinem Kumpel Boris Taslitzky gewesen, einem blinden Verehrer von Aragon. Ich mußte erst auf ein Gedicht seines *Nouveau Crève-Cœur* warten, das *Chanson pour oublier Dachau*, bis mich Aragon als Dichter von neuem interessierte.

Zweifellos verärgert, daß keine der Nachrichten aus Paris, die er mir gab, eine wirkliche Neuigkeit war, hat mir der junge Franzose von Raymond Aron erzählt. Das ist doch bestimmt etwas Neues, schien er anzudeuten, ein origineller politischer Chronist mit Talent, von dem Sie nichts wissen können! Aber ich hatte ihn lachend unterbrochen. Raymond Aron? Und wie ich ihn kannte! Ich hatte ihn nicht nur gelesen, sondern kannte ihn auch persönlich. Im September 1939, am Tag der Invasion

Polens durch Hitlers Armeen, war ich ihm auf dem Boulevard Saint-Michel begegnet. Ich war fünfzehn Jahre alt, ich begleitete meinen Vater. Paul Ludwig Landsberg war dabei. An der Ecke des Boulevards und der Rue Soufflot, bei dem Zeitungskiosk, der damals vor »Chez Capoulade« stand, hatten wir Raymond Aron getroffen. Die drei Männer hatten über den beginnenden Krieg gesprochen, über die Überlebenschancen der Demokratie. Später hatte mir Claude-Edmonde Magny seine *Einführung in die Philosophie der Geschichte* zu lesen gegeben.

Es konnte mich also nicht verblüffen, daß Raymond Aron im intellektuellen Paris der Befreiung eine herausragende Rolle spielte.

Es gab auch die Abwesenden, die teuren Toten.

Jean Giraudoux war tot, das wußte ich nicht. Er war zwei Tage nach meiner Ankunft in Buchenwald gestorben. Ich erinnerte mich, daß ich in Epizy, vor den Toren von Joigny, als jener Schwachkopf der Gestapo mir mit einem Schlag des Laufs seiner automatischen Pistole den Schädel einschlug, daran gedacht hatte, daß ich an der ersten öffentlichen Aufführung von *Sodom und Gomorrha*, die einige Wochen später stattfinden sollte, nicht würde teilnehmen können.

Giraudoux war also tot.

Ich fragte mich, als ich dem jungen französischen Offizier zuhörte, warum kein Zeichen es mir in Buchenwald angezeigt hatte. Es war unwahrscheinlich, daß der Tod von Jean Giraudoux sich nicht durch irgendein Naturereignis angekündigt hatte. Bestimmt hatte es ein Vorzeichen gegeben, das ich nur nicht zu deuten vermocht hatte, das ist alles. Sicherlich war an einem Tag jenes Winters der Rauch des Krematoriums plötzlich etwas leichter, duftiger gewesen: hellgraue Flocken über dem Ettersberg, um mir Giraudoux' Tod anzuzeigen.

Ich hatte das Zeichen nicht zu entziffern vermocht, das ist alles.

Es gab noch andere Abwesende: Brasillach war erschossen worden, Drieu la Rochelle hatte Selbstmord begangen. Ich hatte Drieu schon immer Brasillach vorgezogen: ich habe seinen Selbstmord dem Tod des anderen vorgezogen.

Kurzum, abgesehen von einigen natürlichen und von den Ereignissen verursachten Todesfällen hatte es nicht den Anschein, als wäre der Garten der französischen Literatur verwüstet oder aufgewühlt worden. Keine Offenbarung, keine wirkliche Überraschung: nur die Routine eines vorhersehbaren, quasi organischen Wachstums. Auf den ersten Blick war das überraschend, nach einer derartigen historischen Katastrophe, aber so war es. Es bewies wieder einmal, daß der Rhythmus der Reifungsprozesse und Brüche in der politischen Geschichte nicht derselbe ist wie in der Geschichte der Künste und der Literatur.

Ganz zum Schluß jedoch, aus schierer Verzweiflung, hatte mir der junge französische Offizier vom letzten Gedichtband von René Char erzählt.

Er hatte aus seiner Ledertasche ein Exemplar von *Es bleiben aber* herausgeholt, das vor wenigen Wochen erschienen war. Er war begeistert davon, und noch mehr, als er feststellte, daß er mich endlich überraschte, daß ich nichts von René Char wußte.

Ich war gekränkt, aber ich mußte es wohl oder übel eingestehen.

Am Morgen des 12. April 1945 hatte ich noch nie etwas von ihm gehört. Ich glaubte alles oder fast alles auf dem Gebiet der Poesie in Frankreich zu kennen, aber ich kannte René Char nicht. Ich kannte Hunderte von Versen auswendig, von Villon bis Breton. Ich konnte sogar die Gedichte von Patrice de La Tour aufsagen, was wirklich ein starkes Stück ist! Aber ich wußte nichts von René Char.

Der junge Franzose, der Frankreich auf seinem Herzen trug – zumindest auf der linken Tasche seiner Uniformjacke –, weidete sich daran, mir die Schönheiten der Gedichte von Char zu preisen, mir einige vorzulesen. Am Ende hat er meinen inständigen Bitten gutmütig nachgegeben: er überließ mir das Exemplar von *Es bleiben aber*, das er während des ganzen Feldzugs durch Deutschland mit sich herumgeschleppt hatte. Freilich unter einer Bedingung. Daß ich es ihm zurückgäbe, sobald ich repatriiert sei.

Es lag ihm viel daran, eine junge Frau hatte ihm den Band geschenkt.

Ich habe es versprochen, habe mir seine Adresse aufgeschrieben. Ich habe nicht an dem Wort »repatriiert« herumgenörgelt. Was ich durchaus hätte tun können. Denn wie könnte man einen Staatenlosen repatriieren? Aber ich habe nichts gesagt, ich wollte ihn nicht ängstigen, ihn seinen Entschluß nicht bereuen lassen. Vielleicht hätte er einem Staatenlosen sein Buch nicht so bereitwillig geliehen.

Das ist der Grund, warum ich wenige Tage später auf dem verlassenen Appellplatz von Buchenwald aus voller Kehle das Ende des Gedichts von René Char schreien kann, *Die Freiheit*.

Mit einem Schritt, der nur in die Irre geht, wenn
er dem Nichtvorhandenen folgt, ist sie gekommen,
Schwan auf der Wunde, auf diesem weißen Streifen ...

Es ist zu Ende, ich winke dem amerikanischen Soldaten freundschaftlich zu, der oben auf der Plattform steht und sein Fernglas auf mich richtet.

4

Leutnant Rosenfeld

Leutnant Rosenfeld hat den Jeep am Ufer der Ilm angehalten, auf der anderen Seite der Holzbrücke, die über den Fluß führt. Am Ende der Allee, zwischen den Büschen, die zu grünen beginnen, steht Goethes kleines Haus.

– Das Gartenhaus, sagt er.

Leutnant Rosenfeld steigt aus dem Jeep und fordert mich auf, ihm zu folgen.

Wir gehen zu Goethes kleinem Landhaus im Ilmtal, vor den Toren von Weimar. Die Sonne scheint. Die Frische des Aprilmorgens ist belebend: sie bringt die lauen Bläschen des nahen Frühlings zum Platzen.

Plötzlich befällt mich ein Unwohlsein. Nicht Besorgnis, noch weniger Angst. Ganz im Gegenteil, es ist die Freude, die mich verwirrt: ein Übermaß an Freude.

Ich bleibe stehen, schnell atmend.

Der amerikanische Leutnant dreht sich um, beunruhigt, mich in diesem Zustand zu sehen.

– Die Vögel! sage ich zu ihm.

Wir sprechen deutsch, Rosenfeld ist ein Offizier der 3. Armee von Patton, aber wir sprechen deutsch. Seit dem Tag unserer Begegnung haben wir deutsch miteinander gesprochen.

– Die Vögel? wiederholt er fragend.

Einwohner von Weimar standen gedrängt im Hof des Krematoriums, vor ein paar Tagen: Frauen, Heranwachsende, Greise. Keine Männer im waffenfähigen Alter, natürlich nicht: diese trugen noch immer die Waffen, der Krieg ging weiter. Die Zivilisten aber waren mit Bussen in Buchenwald eingetroffen, von einem Kommando amerikanischer Schwarzer eskortiert. Es gab viele schwarze Soldaten in den Stroßtrupps der 3. Armee von Patton.

An jenem Tag standen einige von ihnen am Eingang zum Hof des Krematoriums, an dem hohen Bretterzaun, der gewöhnlich den Zugang zu ihm verwehrte. Ich sah ihre starren Gesichter, undurchdringliche Bronzemasken, ihren aufmerksamen und strengen Blick, der auf die kleine Menge der deutschen Zivilisten gerichtet war.

Ich habe mich gefragt, was sie von diesem Krieg halten mochten, diese in den Angriffseinheiten der 3. Armee so zahlreichen amerikanischen Schwarzen, was sie über diesen Krieg gegen den Faschismus zu sagen hätten. In gewisser Weise war es der Krieg, der sie zu vollwertigen Staatsbürgern machte. Zumindest *de jure*, wenn auch nicht immer in der täglichen Praxis ihres Militärlebens. Doch unabhängig von ihrer ursprünglichen sozialen Stellung, der Bescheidenheit ihrer Verhältnisse, der offenen oder versteckten Demütigung, der ihre Hautfarbe sie aussetzte, hatte die Wehrpflicht sie potentiell zu gleichberechtigten Staatsbürgern gemacht. Als gäbe das Recht zu töten ihnen auch das Recht, endlich frei zu sein.

Die einzige unterschiedliche Behandlung, die ihnen fortan widerfahren könnte, würde auch allen anderen Soldaten der amerikanischen Armee gelten, seien sie weiß, schwarz, gelb oder Mischlinge: die technische Diskriminierung entsprechend ihrer Geschicklichkeit im Kriegshandwerk. Oder die im übrigen unformulierbare, aber moralisch folgenschwere Diskriminierung entsprechend ihrer Feigheit oder ihrer Tapferkeit im Kampf.

Im Hof des Krematoriums jedenfalls sprach an jenem Tag ein amerikanischer Leutnant zu ein paar Dutzend deutschen Frauen, Heranwachsenden beiderlei Geschlechts und Greisen der Stadt Weimar. Die Frauen trugen Frühlingskleider in lebhaften Farben. Der Offizier sprach mit neutraler, unerbittlicher Stimme. Er erklärte, wie der Verbrennungsofen funktionierte, nannte die Sterbeziffern in Buchenwald. Er erinnerte die Zivilisten von Weimar daran, daß sie, teilnahmslos oder als Komplizen, mehr als sieben Jahre unter den Rauchschwaden des Krematoriums gelebt hatten.

– Ihre hübsche Stadt, sagte er, die so sauber, so schmuck ist, voll kultureller Erinnerungen, das Herz des klassischen und aufgeklärten Deutschlands, hat im Rauch des Nazi-Krematoriums gelebt, guten Gewissens!

Die Frauen – zumindest viele von ihnen – konnten ihre Tränen nicht zurückhalten, flehten mit theatralischen Gebärden um Vergebung. Manche trieben die Willfährigkeit so weit, beinahe in Ohnmacht zu fallen. Die Heranwachsenden verschanzten sich in verzweifeltem Schweigen. Die Greise sahen anderswohin, wollten sichtlich nichts hören.

Dort hatte ich diesen amerikanischen Leutnant zum erstenmal gesehen. Ich war ihm gefolgt und hatte ihn mehr als zwei Stunden lang beobachtet, während der Besichtigung von Buchenwald, zu der die amerikanische Armee die Einwohner von Weimar gezwungen hatte.

Wenig später – am übernächsten, vielleicht schon am nächsten Tag – saß ich ihm gegenüber, in einem ehemaligen Büro der SS-Lagerkommandantur, an der Straße der Adler, die vom Bahnhof zu dem monumentalen Haupteingang von Buchenwald führte.

Auf der Taschenklappe seines Khakihemds sah ich das Metallschildchen, auf dem sein Name und sein Dienstgrad standen: Lt. Rosenfeld.

Und er betrachtete die Häftlingsnummer, 44904, und das »S« in dem roten Stoffdreieck auf meiner Jacke aus grobem blauen Tuch.

– Spanier, hat er gesagt.

– Rotspanier, habe ich präzisiert.

Zweifellos überheblich. Jedenfalls mit einer gewissen Arroganz.

Leutnant Rosenfeld hatte die Achseln gezuckt. Diese Präzisierung hielt er offenbar für überflüssig.

– Ich habe wirklich nicht erwartet, Phalangisten hier zu treffen! rief er aus.

Ich habe nichts gesagt, es gab nichts zu sagen.

– 44904, fuhr er fort. Das entspricht doch den Massenzugängen vom Januar 44, nicht wahr?

Ich habe genickt: so war es, es gab noch immer nichts zu sagen.

– In der französischen Résistance verhaftet, das stimmt doch?

Es stimmte.

– In der Gruppe »Jean-Marie Action«, präzisierte ich immerhin, einer Buckmaster-Gruppe.

Seine Augen blitzten auf. »Buckmaster« sagte ihm anscheinend etwas.

Ich wußte, daß die amerikanische Militärverwaltung einen Gesamtbericht über das Leben und Sterben in Buchenwald vorbereitete. Zu diesem Zweck wurden die Häftlinge, die eine Funktion in der inneren Lagerverwaltung ausgeübt hatten, von den Offizieren der Nachrichtendienste vorgeladen. Leutnant Rosenfeld war einer von ihnen. Und ich war aufgefordert worden, mich an diesem Tag einzufinden, weil ich zur *Arbeitsstatistik* gehört hatte, wo die Verteilung der deportierten Arbeitskräfte verwaltet wurde.

– Sie sind Student, vermute ich. Aber in was? fragte Leutnant Rosenfeld.

Das hat mich an etwas erinnert, an eine ferne Episode.

– Philosophie, habe ich gesagt, während ich mich an jene ferne Episode erinnerte.

– Sie lächeln über die Philosophie? fragte Rosenfeld.

Ich hatte offenbar gelächelt.

Aber nicht über die Philosophie. Jedenfalls nicht über die meines Studiums an der Sorbonne. Die Vorlesungen von Le Senne konnten nicht das geringste Lächeln hervorrufen, nicht einmal rückblickend. Eher ein diskretes Gähnen. Zum Lächeln gebracht hatte mich die Erinnerung, die in dem Augenblick aufgetaucht war, als ich ihm antwortete.

Ich war durch das lange Souterrain gerannt. Mit bloßen Füßen, auf dem rauhen Zementboden. Überhaupt völlig nackt: nackt von Kopf bis Fuß. Nackt wie ein Wurm. Wie alle anderen Deportierten meines Transports, die mit mir rannten.

Vorher hatte es den Lärm gegeben, die Hunde, die Schläge mit dem Gewehrkolben, den Laufschritt durch den Schlamm, unter dem grellen Licht der Scheinwerfer, die ganze Adlerstraße entlang. Plötzlich waren wir langsam gegangen, in eisigem Schweigen. Es war dunkel, Schluß mit der großen wagnerianischen Beleuchtung. Wir konnten nicht genau sehen, wo wir uns befanden, als wir das monumentale Tor hinter uns gelassen hatten. Die SS-Leute und die Hunde waren auf der anderen Seite geblieben. Man hatte uns zu einem zweistöckigen Gebäude geführt. Dann wurden wir, im Erdgeschoß dieses Gebäudes, in einen riesigen Duschraum gepfercht, erschöpft von den Tagen und Nächten der Reise ins Unbekannte. Stunden sind vergangen. Das Wasser, das aus den Hähnen floß, war schauderhaft, lau und stinkend. Wir konnten unseren Durst nicht löschen. Einige sind in einen unruhigen Schlaf gefallen. Andere haben sofort versucht, sich umzugruppieren, um Kumpel zu finden, um Nahrungsreste, mehr oder weniger gemeinsame Erinnerungen, Wörter der Hoffnung auszutauschen. Später, sehr viel später, ist alles wieder in Bewegung geraten. Türen

wurden geöffnet, Befehle gebrüllt. In Schüben von fünfzehn bis zwanzig Mann sind wir in einen Warteraum gestoßen worden. Wir mußten uns ausziehen, alle unsere
Kleider, unsere persönlichen Sachen – jene, die die vielen
Durchsuchungen während der Reise überstanden hatten
– auf eine Art langen Tisch legen. Die Typen, die uns
diese Befehle gaben, in einem gutturalen und primitiven,
fast einsilbigen Deutsch, waren jung. Sie trugen Holzpantinen, eine Art Overall aus gräulichem, verwaschenem Tuch. Sie hatten einen kahlgeschorenen Kopf und
waren eher Hünen. Untereinander sprachen sie russisch.
Ich habe keine Schwierigkeiten gehabt, ihre Sprache zu
identifizieren. Zwei Jahre zuvor, als ich bei der französischen Basketballmeisterschaft mitspielte, hatte ich es mit
Burschen des BBCR zu tun gehabt. Ich erinnerte mich
sehr genau an die Brüder Fabrikant und ihre Mitspieler.
Im übrigen sehr gute Basketballspieler, diese Söhne
weißrussischer Emigranten. Ich hatte sie untereinander
sprechen hören, in der Garderobe oder auf dem Spielfeld, und es konnte keinen Zweifel geben: diese jungen
Burschen, die uns hier antrieben, damit wir uns beeilten
(das einzige Wort ihrer Sprache, das in die deutschen
Wörter *Los, Schnell, Scheiße* einfloß, war natürlich *Bistro*), sprachen untereinander russisch. Es hatte mich
einigermaßen überrascht, diese jungen und stämmigen,
offensichtlich wohlgenährten russischen Burschen bei
meiner Initiation ins Lagerleben anzutreffen. Freilich
gab es kaum Möglichkeiten zum Nachdenken. Alles ging
sehr schnell, unter dem Gebrüll und den Stößen der jungen Russen. Unmittelbar darauf befanden wir uns, nunmehr nackt, in einem anderen Raum der langen Reihe
derer, die im Erdgeschoß des Badehauses lagen. Dort rasierten uns Friseure mit elektrischen Haarschneidemaschinen, deren Schnüre von der Decke hingen, brutal
den Schädel und den ganzen Körper. Nackt wie die Wür

mer, in der Tat: die banale Redewendung traf jetzt wirklich zu. Aber immer noch ging alles sehr schnell. Wir hatten nicht einmal Zeit, vor Lachen oder Abscheu loszuprusten, den Anblick zu betrachten, den all diese wie Würmer nackten Körper boten. Oder vor Angst zu zittern, uns vorzustellen, was dieser Einstieg für die Zukunft ahnen ließ. Denn wir waren bereits in einen anderen Raum gestoßen worden (*Los, Schnell, Bistro!*), der fast zur Gänze von einer riesigen, mit einer grünlichen, angeblich desinfizierenden Flüssigkeit gefüllten Badewanne eingenommen wurde. Es war besser, aus freien Stücken kopfüber hineinzuspringen. Andernfalls machten sich die jungen Russen ein offenes, bösartiges Vergnügen daraus, uns unterzutauchen. Ich bin also sofort hineingesprungen, die Augen schließend: ich hatte die Badewannen, in denen einem die Männer der Gestapo den Kopf unter Wasser tauchten, in ziemlich schlechter Erinnerung.

Nach all diesen rituellen Reinigungszeremonien sind wir durch das Souterrain gerannt, das, wie ich später erfuhr, das Bade- und Desinfektionsgebäude mit der *Effektenkammer* verband.

Aber nicht diese Erinnerung hatte mich zum Lächeln gebracht, wie man leicht versteht. Es war das Wort »Philosophie«, die Vorstellung, daß ich ein Philosophiestudent war, wie ich es Leutnant Rosenfeld gerade erklärt hatte. Denn damals hatte man mir dieselbe Frage gestellt, auf die ich dieselbe Antwort gegeben hatte, am Ende jenes langen Laufs durch den unterirdischen Gang von Buchenwald, am Tag meiner Ankunft im Lager.

Man mußte Treppen steigen, und zum Schluß haben wir uns in einem gut erleuchteten Saal wiedergefunden. Rechter Hand, hinter einem Tisch, der die gesamte Länge des Raums einnahm, warfen uns Typen, die nicht mehr jung waren, die keinen kahlgeschorenen Schädel hatten und keine Russen waren, Kleidungsstücke zu. Unterhosen und kragenlose Hemden aus grobem Stoff, Hosen und Jacken. Auch eine Kopfbedeckung. Und zum Schluß ein Paar Holzpantinen.

Wir hatten diese Kleidungsstücke aufs Geratewohl angezogen, so wie sie uns zugeworfen wurden. Bestenfalls nach Augenmaß. Nach einem Blick auf unsere Statur oder unseren Leibesumfang warfen uns diese Typen Kleider zu, die sie aus verschiedenen, auf dem Tisch liegenden Haufen aussuchten. Aber nur selten paßten sie: sie waren entweder zu weit oder zu eng, zu lang oder zu kurz. Vor allem paßten sie nicht zusammen. So habe ich mich am anderen Ende des langen Tischs in einer schwarz-graugestreiften zu langen Hose und einer bräunlichen zu engen Sportjacke wiedergefunden. Außerdem hatte ich einen abgewetzten Hut geerbt. Nur die Pantinen waren neu, aber es waren äußerst rudimentäre Stücke: eine Holzsohle mit einem einfachen Stoffriemen. Mit solchem Schuhwerk durch den Schnee zu laufen war eine wahre Tortur, wie ich bald erfahren sollte.

Mit diesen nicht zusammenpassenden Klamotten ausstaffiert, verstört, erheitert, beschämt, den schauderhaften weichen Hut in meiner Hand knetend, habe ich mich dann vor einem Tisch wiedergefunden, an dem Häftlinge die Neuankömmlinge registrierten.

Zumindest habe ich vermutet, daß es Häftlinge waren. Jedenfalls waren es keine SS-Leute. Auch keine Soldaten der Wehrmacht. Es waren deutsche Zivilisten, aber sie trugen, auf ihre Jacke genäht, eine Nummer und ein rotes Dreieck. Wahrscheinlich also Häftlinge, aber was für welche?

Der Mann, vor den der Zufall mich gestellt hatte, war etwa vierzig Jahre alt. Er hatte graues Haar. Einen ungemein blauen, auch ungemein traurigen Blick. Oder fortan ohne jede Neugier. Zweifellos nach innen gekehrt, in absoluter Hoffnungslosigkeit, so schien mir. Wie dem auch sei, der Mann, vor den der Zufall mich gestellt hatte, fragte mich nach meinem Namen, meinem Vornamen, dem Ort und Tag meiner Geburt, meiner Nationalität. Schließlich nach meinen besonderen Merkmalen. Am Schluß hat er mich nach meinem Beruf gefragt.

– *Philosophiestudent**, habe ich geantwortet.

Eine Art Leuchten ist in seinem düsteren, ungemein blauen, ungemein resignierten Blick aufgeblitzt.

– Nein, hat er gesagt. *Das ist doch kein Beruf!**

Ich konnte nicht umhin, ihm ein Wortspiel unterzujubeln.

– *Kein Beruf, aber eine Berufung!**

Ich war sehr zufrieden mit meinem Wortspiel.

Ein kurzes Lächeln hat das strenge Gesicht des Mannes erhellt, der meine Karteikarte anlegte. Wahrscheinlich gefiel ihm mein Wortspiel. Das heißt meine Kenntnis der deutschen Sprache. Auf französisch wäre mein Ausdruck platt, einfach nur informativ gewesen. Auf deutsch war der phonetische und semantische Kontrapunkt zwischen *Beruf* und *Berufung* geistreich und bedeutsam. Ich war zufrieden mit meinem sprachlichen Einfall.

Der Häftling mit dem blauen Blick war wieder ernst geworden.

– Hier, hat er gesagt, ist das Philosophiestudium kein anständiger Beruf. Hier ist man besser Elektriker, Justierer, Maurer … Also Facharbeiter.

Dieses Wort wiederholte er mehrmals.

– Ja, *Facharbeiter**.

Er sah mir in die Augen.

– Hier, hat er hinzugefügt, seine Worte betonend, ist es zum Überleben besser, man hat einen solchen Beruf.

Ich war zwanzig Jahre alt, ein Student ohne Lebenserfahrung. Ich verstand die Botschaft nicht, die dieser Mann mir zu übermitteln versuchte.

– Ich bin Philosophiestudent, sonst nichts, beharrte ich.

Und der Mann mit dem blauen Blick machte eine Geste der Ohnmacht oder der Ungeduld. Er hat mich weggeschickt und den nächsten aus der Warteschlange gerufen, während er meine Karteikarte zu Ende ausfüllte.

– Deshalb habe ich gelächelt, sage ich zu Leutnant Rosenfeld. Wegen dieser Erinnerung.

Ich habe ihm gerade diese ferne Episode erzählt.

Er hat mir aufmerksam zugehört.

– Das ist ein guter Anfang, murmelt er dann.

– Anfang wovon? sage ich, überrascht von seiner tonlosen Stimme.

Er bietet mir eine Zigarette an. Sein Blick hat sich getrübt, seine Hand zittert ein wenig, wie mir scheint.

– Anfang der Erfahrung, sagt er. Und des Berichts, den Sie über diese Erfahrung schreiben könnten.

Bei dem Offizier mit dem Lothringer Kreuz hatte ich weniger Erfolg gehabt, einige Tage zuvor. Er hatte mir den Band von René Char gegeben (»geliehen«, müßte ich sagen: er hatte sehr darauf gedrängt, daß ich ihn ihm zurückgebe, sobald ich wieder in Paris sei), aber der Anfang meines Berichts hatte ihm nicht gefallen. Freilich hatte ich nicht mit diesem Anfang begonnen. Ich hatte den Sonntag gewählt, um meinen Bericht zu beginnen: die Tiefe der Sonntage in Buchenwald. Ich hatte beschlossen, ihn auf dem paradiesischen Weg in die Hölle der Sonntage einzuführen: mit den Bildern von *Mazurka*, einem Film mit Pola Negri. Aber der französische Offizier war über den Anfang meines Berichts empört gewesen. Verblüfft zumindest, und bestürzt. Pola

Negri? Darauf war er ganz und gar nicht gefaßt. Er hatte sich von diesem ersten schlechten Eindruck nicht erholen können. Und dann war es ihm nicht gelungen, sich von mir in die wimmelnde Tiefe der Sonntage ziehen zu lassen, wegen Pola Negri.

Was hätte Leutnant Rosenfeld von diesem anderen Anfang gehalten?

– Es gibt alle möglichen guten Anfänge, sage ich. Dieser ist anekdotisch. Man müßte mit dem Wesentlichen dieser Erfahrung beginnen ...

– Sie wissen schon, was das Wesentliche ist?

Ich nicke. Ich nehme einen langen Zug aus meiner Zigarette. Ich fülle meinen Mund, meine Kehle, meine Lungen mit diesem honigsüßen und strengen Rauch. Er ist unendlich viel besser als der bittere Geschmack der *machorka*, des russischen Krauts. Es ist nicht einmal vergleichbar. Aber schon weiß ich, daß ich mein Leben lang die mit den Kumpeln gerauchten *machorka*-Kippen in nostalgischer Erinnerung behalten werde.

Das Wesentliche? Ich glaube es zu wissen, ja. Ich glaube, daß ich anfange, es zu wissen. Das Wesentliche ist, daß es gelingt, die Augenfälligkeit des Grauens zu überwinden, um zu versuchen, *das radikal Böse* an der Wurzel zu packen.

Denn das Grauen war nicht das Böse, war zumindest nicht sein Wesen. Es war nur sein Gewand, sein Schmuck, sein Prunk. Kurz, seine Erscheinungsform. Man hätte Stunden damit zubringen können, über das tägliche Grauen Zeugnis abzulegen, ohne dem Wesentlichen der Lagererfahrung nahezukommen.

Selbst wenn man mit absoluter Genauigkeit, allgegenwärtiger Objektivität – die dem individuellen Zeugen der Definition nach versagt ist – Zeugnis abgelegt hätte, selbst in diesem Fall könnte man das Wesentliche verfehlen. Denn das Wesentliche war nicht die Anhäufung des

Grauens, dessen Einzelheiten man endlos aufzählen könnte. Man könnte von einem beliebigen Tag erzählen, angefangen mit dem Wecken morgens um halb fünf bis zur Sperrstunde: von der aufreibenden Arbeit, dem ständigen Hunger, dem ewigen Mangel an Schlaf, den Schikanen der *Kapos*, der Latrinenfron, den Schlägen der SS-Leute, der Fließbandarbeit in den Rüstungsfabriken, dem Rauch des Krematoriums, den öffentlichen Hinrichtungen, den endlosen Appellen im Winterschnee, der Erschöpfung, dem Tod der Kumpel, ohne deshalb dem Wesentlichen nahezukommen, ohne das eisige Geheimnis dieser Erfahrung zu entschleiern, ihre dunkle, gleißende Wahrheit: *die Finsternis, die unser Erbteil war.* Erbteil des Menschen, seit aller Ewigkeit. Oder vielmehr aller Geschichtlichkeit.

– Das Wesentliche, sage ich zu Leutnant Rosenfeld, ist die Erfahrung des Bösen. Gewiß kann man diese Erfahrung überall machen ... Es braucht keine Konzentrationslager, um das Böse kennenzulernen. Aber hier wird sie entscheidend gewesen sein, und massiv, sie wird alles überwuchert, alles verschlungen haben ... Es ist die Erfahrung des radikal Bösen ...

Er ist zusammengezuckt, sein Blick hat sich geschärft. *Das radikal Böse!* Offenbar hat er den Bezug auf Kant erfaßt. War Leutnant Rosenfeld etwa auch Philosophiestudent?

Im Gestank von Block 56, dem der Schwerkranken, hätte ich diesen Bericht beginnen müssen, sage ich dem amerikanischen Leutnant. Im erstickenden und brüderlichen Gestank der Sonntage um Halbwachs und Maspero.

– Das Böse ist nicht das Unmenschliche, natürlich nicht ... Oder es ist das Unmenschliche im Menschen ... Die Unmenschlichkeit des Menschen als Lebensmöglichkeit, als persönliches Projekt ... Als Freiheit ...

Es ist also lachhaft, sich dem Bösen entgegenzustellen, sich von ihm zu distanzieren, indem man sich einfach auf das Menschliche bezieht, auf die menschliche Gattung ... Das Böse ist einer der möglichen Entwürfe der grundlegenden Freiheit der Menschlichkeit des Menschen ... Der Freiheit, in der die Menschlichkeit und zugleich die Unmenschlichkeit des Menschen wurzeln ...

Ich habe für Leutnant Rosenfeld unsere sonntäglichen Gespräche heraufbeschworen, rings um die Pritschen, auf denen, bereits erschöpft, aber geistig noch wach, Halbwachs und Maspero lagen. Ich habe die Gestalten all derer von uns heraufbeschworen, die sich sonntags um Halbwachs und Maspero scharten.

– Und besteht das Wesentliche dieser Erfahrung des Bösen nicht außerdem darin, daß sie als Erfahrung des Todes erlebt worden sein wird ... Ich sage mit Absicht »Erfahrung« ... Denn der Tod ist nicht etwas, was wir nur gestreift hätten, das wir überlebt hätten wie einen Unfall, den man unversehrt überstanden hätte. Wir haben ihn erlebt ... wir sind keine Davongekommenen, sondern Wiedergänger ... Natürlich läßt sich das nur abstrakt sagen. Oder nur nebenbei, ohne daß es danach aussieht. Oder lachend, mit anderen Wiedergängern ... Denn es ist nicht glaubhaft, nicht teilbar, kaum zu begreifen, da der Tod für das rationale Denken das einzige Ereignis ist, dessen individuelle Erfahrung wir niemals machen können ... Das sich vielleicht nur in Form der Angst, der Vorahnung oder des Todeswunsches fassen läßt ... In Form der vollendeten Zukunft also. Und dennoch werden wir die Erfahrung des Todes als eine kollektive, überdies brüderliche Erfahrung gemacht haben, die unser Zusammen-Sein begründet ... Wie ein *Mit-Sein-zum-Tode** ...

Leutnant Rosenfeld unterbricht mich.

– Heidegger? sagt er. Sie haben Martin Heidegger gelesen!

Das Buch lag im Schaufenster einer deutschen Buchhandlung, auf dem Boulevard Saint-Michel.

Im Winter 40/41 – ich war in der Philosophieklasse –
hatten die Besatzungsbehörden an der Ecke des Boulevards und der Place de la Sorbonne eine Buchhandlung
aufgemacht. Vorher hatte es an dieser Stelle ein Café gegeben, das »D'Harcourt«. Jeden Tag trieb ich mich dort
herum, vor und nach dem Unterricht im Henri IV. Ich
ging an dieser deutschen Buchhandlung vorbei, sah
manchmal nach, welche Bücher es dort gab, aber niemals
kam es mir in den Sinn, sie zu betreten. Bis zu dem Tag,
als ich im Schaufenster ein Exemplar von *Sein und Zeit*
von Heidegger bemerkt habe. An jenem Tag bin ich,
nach langem Zögern, schließlich über die Schwelle getreten, um das Buch zu kaufen.

Es war wegen Emmanuel Levinas. Er war es, der mich
veranlaßte, in diese deutsche Buchhandlung zu gehen.
Zumindest die Lektüre seiner Essays. Während jenes
Philosophiejahrs hatte ich nämlich die Arbeiten entdeckt, die Levinas unlängst in verschiedenen Philo-
sophiezeitschriften veröffentlicht hatte, Arbeiten über
Husserl und Heidegger. Ich hatte sie gelesen, wiederge-
lesen, mit Anmerkungen versehen. Daher mein ganz
neues Interesse an der Phänomenologie und der Exi-
stenzphilosophie.

Im Lycée Henri IV gab es zwei Philosophieklassen.
Der Lehrer der einen war Maublanc; ein Marxist. Der
andere war Bertrand, ein kritischer Rationalist, dessen
Unterricht sich – zumindest in methodologischer Hin-
sicht – an Léon Brunschvicg orientierte. Ich war in der
Klasse von Bertrand. Meine Beziehungen zu ihm waren

zwiespältig: ich war sein bester Schüler, und er verwöhnte mich, interessierte sich für meine Lektüre und meine Beschäftigungen außerhalb des Unterrichts. Ich schätzte seine pädagogischen Fähigkeiten, die Leidenschaft, mit der er seinen Schülern das historische Universum der Philosophie nahezubringen versuchte. Was jedoch die Welt der Ideen betraf, so entfernte ich mich jeden Tag mehr von ihm und der zeitlosen, in rationalistischer Ehrfurcht erstarrten Trockenheit seiner Sicht der Welt. Einer idealen und stillstehenden Welt, die über dem blutigen Getümmel der Geschichte schwebt.

Bertrand bedauerte unsere intellektuelle Meinungsverschiedenheit. Er hätte mich gern in meinem Philosophiestudium glänzen sehen, jedoch in dem sanften und differenzierten Licht der vernünftigen und vernünftelnden Weisheit, die er lehrte. Und als ich am Ende des Schuljahrs bei der allgemeinen Prüfung den zweiten Preis in Philosophie erhielt, war Bertrand hin- und hergerissen zwischen der Freude, mich zum Schüler gehabt zu haben, mich auf dieses intellektuelle Turnier, diesen flüchtigen Sieg so gut vorbereitet zu haben, und dem Kummer darüber, daß ich das Thema – »Die Intuition nach Husserl« – objektiv behandelt hatte, ohne die eidetischen Anschauungen einer radikalen Kritik zu unterziehen. In Wahrheit, das sei nebenbei gesagt, verdankte ich diesen universitären Preis eher der Lektüre von Emmanuel Levinas als dem Unterricht von Bertrand.

Paradoxerweise – zumindest auf den ersten Blick, auch wenn mich mein Interesse an der realen Welt für die bei Levinas entdeckten Ideen von Husserl und Heidegger empfänglich machten – war diese erste Annäherung frei von jedem Gedanken an den historischen Kontext ihres Werks. So wußte ich nicht, daß Husserl von der deutschen Universität verwiesen worden war, weil er Jude war. Ich wußte auch nicht, daß *Sein und Zeit* in den

Auflagen vor der Machtergreifung der Nazis Husserl gewidmet war und daß diese Widmung verschwand, als Heideggers alter Lehrer in Ungnade gefallen war, Opfer der ethnischen Säuberung der deutschen Universität. Das Exemplar, das ich in der Buchhandlung auf dem Boulevard Saint-Michel gekauft hatte, enthielt keine Widmung. Ich konnte mich darüber weder wundern noch empören, da ich nicht wußte, daß Husserls Name darin hätte vorkommen müssen. Ich wußte nicht, daß Heidegger ihn willentlich getilgt hatte, so wie man etwas aus seinem Gedächtnis tilgt: eine böse Erinnerung. So wie man den Namen von einem Grabstein tilgt, vielleicht.

Leutnant Rosenfeld war der erste, der mir von Heideggers Beziehungen zum Nazismus erzählt hat. Kaum hatte ich ihm gegenüber jenen Heidegger entlehnten, aber in seiner Substanz veränderten Ausdruck erwähnt, *Mit-Sein-zum-Tode*, hatte er mir von dem nationalsozialistischen Engagement des Philosophen berichtet.

Wie dem auch sei, meine Levinas-Lektüre hatte mich an jenem fernen Wintertag veranlaßt, meine Bedenken zu überwinden: ich war schließlich in jene deutsche Buchhandlung gegangen. Nach abermaligem Schwanken hatte ich dann das Buch gekauft. Eine Tollheit: der Preis überstieg meine bescheidenen Mittel. Wie viele Mahlzeiten hatte ich wohl opfern müssen, um den Band von Martin Heidegger zu besitzen?

Ich hatte also in jenem Winter, dem Winter des Schuljahrs 40/41, lange und strenge Abende damit verbracht, *Sein und Zeit* zu studieren. Heidegger wird (neben Augustin, um die Wahrheit zu sagen) der Philosoph gewesen sein, mit dessen Denken ich mich in jenen Monaten am systematischsten beschäftigt habe. Um genau zu sein: nicht Emmanuel Levinas hatte mich dazu gebracht, die *Bekenntnisse* und den *Gottesstaat* von Augustin zu lesen, sondern Paul Ludwig Landsberg. Und vor allem mein eigener Wunsch, mein nachbarschaftliches Verhältnis zu Gott ein für allemal zu klären.

Heideggers Buch hatte mich nicht über die Maßen beeindruckt. Eine gewisse Faszination, in die sich manchmal Ärger mischte, für die Sprache des Philosophen war nicht zu leugnen. Für jene wuchernde Dunkelheit, in der man sich einen Weg bahnen, in die man Lichtungen schlagen mußte, ohne je zu endgültiger Klarheit zu gelangen. Eine stets unfertige intellektuelle Entzifferungsarbeit, die gerade wegen ihrer Unfertigkeit fesselte. Lohnten die Teilergebnisse die Mühe? Das war nicht sicher. Gewiß hatte ich bisweilen den Eindruck blitzartiger Entdeckungen gehabt. Einen Eindruck, der sich bald verflüchtigte, von meinen Fortschritten im Verständnis des Ganzen, seiner pompösen Leere verdunkelt, sogar widerlegt wurde. Manchmal war ich gereizt, bis zur Empörung oder irrem Gelächter, über die unproduktive Undurchdringlichkeit der begrifflichen Bewegungen, des esoterischen Jargons, die rein sprachlichen Taschenspielertricks.

Ist Heideggers Philosophie im übrigen in einer anderen Sprache als dem Deutschen vorstellbar? Will sagen, ist die verquere Arbeit des Drehens und Wendens, der Martin Heidegger die Sprache unterzog, in einer anderen Sprache als der deutschen denkbar? Welche andere Sprache würde, ohne in Staubkörner zu zerfallen, eine solche Einträufelung an Dunkelheiten, gequälten und quälenden Pseudoetymologien, rein rhetorischen Resonanzen und Assonanzen verkraften? Aber hat die deutsche Sprache sie wirklich verkraftet? Hat Heidegger ihr nicht einen Schlag versetzt, von dem sie sich nur langsam wieder erholte, zumindest im Bereich der philosophischen Forschung?

Man wird einwenden, daß Heidegger dieser Frage zuvorgekommen sei, daß er sie gewissermaßen entschärft habe, indem er von vornherein verkündete, das Deutsche sei – neben dem Altgriechischen, will er uns weismachen! – die einzig angemessene philosophische Sprache. Aber das ist nur eine ziemlich primitive, auch ziemlich arrogante List, die lediglich dazu zwingt, die Frage anders zu formulieren: Kann ein philosophischer Gedanke wirklich tief, wirklich universal sein – selbst dann, wenn sein Anwendungsbereich auf eine extreme Singularität zielt –, wenn er sich nur in einer einzigen Sprache artikulieren läßt, wenn sein Wesen sich jeder Übertragung widersetzt, sie in ihrem ursprünglichen Ausdruck radikal vereitelt?

Doch das ist nicht das Wesentliche. Das Wesentliche ist, daß ich die grundlegende Fragestellung, die Heideggers Unternehmen zugrunde liegt, ganz einfach für unerheblich halte. Warum gibt es Sein und nicht nichts: diese Frage schien mir schon immer schlichtweg unsinnig zu sein. Das heißt nicht nur sinnlos, sondern auch jeder Möglichkeit beraubt, Sinn zu erzeugen. Das Vergessen der Frage des Seins ist nämlich die Voraussetzung für das Auftauchen eines Denkens der Welt, der Geschichtlichkeit des In-der-Welt-Seins des Menschen.

Wenn man unbedingt Wert darauf legt, die philosophische Meditation mit einer derartigen, so verbohrt radikalen Frage zu beginnen, dann wäre die einzige produktive Sinnfrage etwa die folgende: Warum ist der Mensch ein Wesen, das – um zu existieren, sich auf der Welt zu wissen – das unabweisbare, zwingende Bedürfnis verspürt, sich die Frage des Nichts-Seins zu stellen, die Frage seiner eigenen Endlichkeit? Die Frage der Transzendenz also?

– Die Vögel? hat Leutnant Rosenfeld gefragt und sich mir zugewandt, sichtlich verwundert.

Wir befinden uns am Ufer der Ilm, ein paar Tage später, vor den Toren Weimars. Wir gehen zu Goethes Gartenhaus, in das sich Goethe in der warmen Jahreszeit zurückzog, um den Zauber der Kühle und der Einsamkeit zu genießen.

Ja, die Vögel. Ihre lärmende Anwesenheit in den Zweigen des Tals. Ihr Gesang, ihre Triller, ihr Gezwitscher, das mich plötzlich berauscht, meinen Herzschlag stocken läßt. Ihre versteckte Anwesenheit, ihre schallende Unsichtbarkeit, gleich einer Regung des Lebens, einem jähen Tauwetter nach all diesen Jahren eisiger Stille.

Die Vögel, zweifellos. Die jähe, zu starke Freude, sie von neuem zu hören, nimmt mir den Atem.

Leutnant Rosenfeld nickt, nachdem er meine Erklärungen vernommen hat.

– Was hat die Vögel vom Ettersberg vertrieben? fragt er.

– Der Geruch des Krematoriums, sage ich. Der Geruch von verbranntem Fleisch.

Er sieht sich um, betrachtet die zauberhafte Landschaft an den Ufern der Ilm. Er erblickt den Turm des Schlosses, seinen barocken Glockenturm, der die Erdspalte überragt, in welcher der Fluß fließt.

– Werden sie jetzt zurückkehren? flüstert er.

Wir setzen unseren Spaziergang fort.

– Auch Goethe wäre kein schlechter Anfang, sage ich, das Gespräch fortsetzend, das wir seit dem ersten Tag ständig geführt haben.

Er sieht mich an, ironisch und interessiert.

– Ich sehe, worauf Sie hinauswollen! ruft er aus. Wenn Pola Negri Ihren französischen Offizier aus der Fassung gebracht hat, dann hätte Goethe ihn umgehauen.

– Überhaupt nicht! Denn ich hätte nicht Knall auf Fall von Goethe gesprochen, bloß um ihn zu verblüffen.

Goethe und Eckermann auf dem Ettersberg, ihre feinsinnigen und gelehrten Gespräche an eben der Stelle, wo das Lager errichtet worden ist ... Nein, das wäre zu einfach. Ich hätte mit Léon Blum begonnen ...

Er bleibt stehen und dreht sich zu mir um, sichtlich überrascht.

– Blum ist am 3. April aus Buchenwald evakuiert worden! ruft er aus. Ich selbst habe den *Obersturmführer* der SS verhört, der sich um seinen Abtransport gekümmert hat. Er konnte kaum gehen vor Rheumatismus, es war nicht einfach, ihn in das Auto zu setzen, hat mir der SS-Mann gesagt.

Die Villen, in die man die Spezialgefangenen eingeschlossen hatte, waren leer am 11. April, als das Lager befreit worden ist. Aber wir wußten nicht, was mit den Persönlichkeiten unterschiedlicher Herkunft geschehen war, die in der SS-Siedlung gefangen gehalten wurden.

– Wohin haben sie Blum gebracht?

– In den Süden, sagt er. Regensburg war anscheinend die erste vorgesehene Etappe. Die alliierten Truppen haben ihn noch nicht gefunden ...

– Wir haben erfahren, daß Blum 1944 da war, sage ich. Im August ... Belgische und französische Deportierte, die in den SS-Villen nach dem amerikanischen Bombenangriff auf die Rüstungsfabriken von Buchenwald Reparaturarbeiten durchführten, haben ihn eines Tages wiedererkannt ...

Wir nahmen unseren Spaziergang zu Goethes Gartenhaus wieder auf.

– Aber ich verstehe nicht, sagt Leutnant Rosenfeld stirnrunzelnd. Warum mit Blum beginnen, wenn Sie von Goethe sprechen wollen?

Ich bin nicht unzufrieden, ihn in flagranti bei einer Unwissenheit ertappt zu haben. Seit ich Leutnant Rosenfeld begegnet bin, am 19. April – ich habe unabweisbare Anhaltspunkte, es mit Sicherheit behaupten zu können, so wie ich über das Datum meines Spaziergangs mit ihm im Ilmtal vor den Toren Weimars sicher sein kann: es war der 23. April, der Namenstag des heiligen Georg: »Ich werde Ihnen zu Ihrem Namenstag ein Geschenk machen«, hatte Rosenfeld an jenem Morgen zu mir gesagt, »ich nehme Sie nach Weimar mit« –, seit diesem Tag also hat er mich immer durch seine Bildung, die Fülle seiner Kenntnisse überrascht und manchmal geärgert. Ich bin nicht unzufrieden, ihn einmal bei einer Unwissenheit zu ertappen, denn er scheint die offenkundige Verbindung zwischen Blum und Goethe nicht zu erkennen.

– Léon Blum, sage ich im Ton der Selbstverständlichkeit, hat vor langer Zeit ein Buch mit dem Titel *Nouvelles conversations de Goethe avec Eckermann* geschrieben.

Das wußte er nicht, es erregt ihn sehr, es zu erfahren. Ich erzähle ihm etwas mehr davon.

Vielleicht ist der Zeitpunkt gekommen, über Leutnant Rosenfeld zu sprechen. Er steht vor mir, wenige Meter von Goethes Sommerhaus entfernt. Hocherfreut, dieses Detail über das Werk von Blum zu erfahren. Vielleicht werde ich diese Gelegenheit wahrnehmen und von Walter Rosenfeld sprechen, den ich nie wiedergesehen habe, von dem ich nie wieder etwas gehört habe, doch dessen kurzes Auftauchen in meinem Leben nicht vergeblich gewesen sein wird. Nicht bedeutungslos gewesen sein wird, weit gefehlt. Während ich ihm erkläre, wovon in Blums Essay die Rede war, worum es in den *Nouvelles conversations de Goethe avec Eckermann* ging, werde ich Zeit haben, Ihnen von Rosenfeld zu erzählen. Denn ich werde nicht den kürzesten Weg nehmen, mich nicht auf knappe bibliographische Angaben über Blums Essay beschränken. Ich kenne mich gut genug, um zu wissen, daß ich Rosenfeld von Lucien Herr erzählen werde, und von der Affäre Dreyfus, von dem kleinen Haus, in dem er am Ende seines Lebens gewohnt hatte, Boulevard Port-Royal, wo seine Familie noch wohnte, als ich sie 1942 kennengelernt habe. Ich werde ihm von Madame Lucien Herr erzählen, einer hochgewachsenen, zarten und unverwüstlichen Gestalt, von der Bibliothek im Erdgeschoß, die auf den Innengarten ging und wo ich die *Nouvelles conversations* in dem Exemplar gelesen hatte, das Léon Blum Herr gewidmet hatte. Von hier aus auf den Ettersberg zu gelangen, zu dem Zufall, der Blum, den Gefangenen der Gestapo, genau an den Ort gebracht hat, wo Goethes Gespräche mit Eckermann stattgefunden hatten, zwischen den Eichen und Buchen des Waldes des Ettersbergs, wird einige Zeit in Anspruch nehmen, genau soviel, wie ich benötigen werde, Ihnen Leutnant Rosenfeld vorzustellen.

Er war fünf Jahre älter als ich, also sechsundzwanzig. Trotz seiner Uniform und seiner amerikanischen Nationalität war er Deutscher. Das heißt, daß er in Deutschland geboren wurde, in einer jüdischen Familie aus Berlin, die 1933 in die Vereinigten Staaten auswanderte, als Walter vierzehn war.

Er hatte sich für die amerikanische Staatsbürgerschaft entschieden, um Waffen tragen und gegen die Nazis Krieg führen zu können. Krieg gegen sein eigenes Land also. Indem er Amerikaner wurde, hatte er die Universalität der Sache der Demokratie gewählt: die Niederlage seines Landes war die notwendige Voraussetzung dafür, daß diese mögliche Universalität konkret werde.

Er hatte mir diese Kindheit erzählt, dieses Exil, diese streitbare Rückkehr ins Land seiner Geburt, und ich hatte mich an sein strenges Gesicht erinnert, an seine unerbittliche Stimme, als er zu seinen Landsleuten aus Weimar sprach, im Hof des Krematoriums. Ich habe mich auch an Kaminski erinnert, in der Seuchenbaracke einige Wochen zuvor, an einem Sonntag, als Schneestürme über das Lager fegten: er hatte nach dem Bericht des Überlebenden des *Sonderkommandos* von Auschwitz die Lampe angezündet. »Vergeßt es nicht«, hatte er gesagt, mit der gleichen strengen und dunklen Stimme, »vergeßt es niemals. Deutschland! Es ist mein Land, das schuldig ist...«

Schon am ersten Tag unserer Begegnung, am 19. April, hatte mir der amerikanische Leutnant Walter Rosenfeld, ein Berliner Jude, von seiner Kindheit erzählt, seinem Exil, seiner Rückkehr ins Land seiner Geburt. Jahre später, ein ganzes Leben später, habe ich die Erinnerung an Leutnant Rosenfeld für Axel Corti heraufbeschworen. Dieser stammte nicht aus Berlin, sondern aus Wien. Er hatte eine Filmtrilogie geschrieben und gedreht, *Welcome to Vienna*, um eine Rückkehr dieser Art zu erzählen. Für Axel Corti habe ich die Erinnerung an Leutnant Rosenfeld heraufbeschworen, seine schlanke, schlaksige Gestalt, seinen scharfen und traurigen Blick, sein umfangreiches Wissen. Als ich während einer Diskussion über ein gemeinsames Filmprojekt mit Corti über ihn sprach, ist mir die Landschaft des Ilmtals wieder eingefallen. Ich sah Goethes Landhaus mit den Taubenschlägen wieder, am Fuß des Hügels, auf der anderen Seite des Flusses, in der Aprilsonne. Axel Corti ist eine der wenigen Personen, denen ich von Leutnant Rosenfeld erzählt habe. Wegen des Exils natürlich, wegen der bitteren Rückkehr ins Land seiner Geburt: eine Erfahrung, die sie in meinen Augen einander nahebrachte.

Jedenfalls hatte Leutnant Rosenfeld wegen Heidegger, wegen des Eindringens von Martin Heidegger in unser Gespräch, schon am ersten Tag von seiner Berliner Kindheit erzählt. Er hatte mir viel zu sagen über das politische Engagement des Philosophen von Todtnauberg. Zuerst durch seine Familie, dann durch sein Universitätsstudium war Walter Rosenfeld mit den Kreisen deutscher und österreichischer Intellektueller zusammengekommen, die sich in den Vereinigten Staaten im Exil befanden. Durch diese Kreise, die vielfältigen Informationsnetze, die sie trotz Krieg und Zensur mit Deutschland aufrechterhalten hatten, besaß er genaue Kenntnisse über Heideggers nazifreundliche Haltung, von 1933 bis zu dem Augenblick, da wir, im April 1945, miteinander sprachen.

Im Verlauf späterer Unterhaltungen erzählte mir Rosenfeld von diesen Exilierten. Er erzählte mir vom *Institut für Sozialforschung*, von Adorno, Horkheimer und Marcuse. Er sprach von Hannah Arendt – einer ehemaligen Schülerin Heideggers –, von der er Wunderdinge erzählte. Er sprach über den Schriftsteller Bertolt Brecht. Und viele andere, die in den Vereinigten Staaten gelebt und gearbeitet hatten.

Unter all diesen Namen, die mir unbekannte Horizonte eröffneten, meine Wißbegier weckten, kannte ich lediglich die von Brecht und Broch. Neben dem *Mann ohne Eigenschaften* von Musil hatte ich nämlich *Die Schlafwandler* von Hermann Broch gefunden, in der Bibliothek von Edouard-Auguste Frick in Paris, Rue Blaise-Desgoffe. Frick war ein Gelehrter aus Genf, begütert und großzügig, ein Freund der Gruppe *Esprit*, der uns, meinen Bruder Alvaro und mich, mehrere Monate beherbergt hatte. Er besaß eine großartige Bibliothek, in der sich viele Bücher in deutscher Sprache befanden. Ich hatte Dutzende von ihnen verschlungen.

Bertolt Brecht dagegen hatte ich nicht in der Rue Blaise-Desgoffe entdeckt, sondern in der Rue Visconti. Bei einer jungen Frau, einer Wienerin, die meine Kontaktperson in einer bestimmten Zeit der Besatzung gewesen war und für die MOI arbeitete, die kommunistische Untergrundorganisation, die ausländische Aktive betreute.

O Deutschland, bleiche Mutter!
Wie sitzest du besudelt
Unter den Völkern ...

Die Nacht war hereingebrochen in der Rue Visconti, im Frühjahr 1943. Die Sperrstunde hatte uns überrascht, es kam nicht mehr in Frage, die Wohnung zu verlassen, sich der Gefahr auszusetzen, in eine Polizeikontrolle zu geraten, ob eine deutsche oder eine französische. Julia machte sich Vorwürfe wegen dieses Verstoßes gegen die elementaren Regeln der Sicherheit. Aber es war zu spät, mich gehen zu lassen. Nicht die Zukunft der Welt, auch nicht die Spitzfindigkeiten des legendären Buchs von Lukács, *Geschichte und Klassenbewußtsein*, hatten uns die Zeit vergessen lassen. Sondern die Literatur.

Wir beide liebten die französische Sprache mit einer Leidenschaft, wie Fremde sie haben können, wenn diese Sprache eine geistige Eroberung wird. Wegen ihrer flimmernden Prägnanz, ihrer erleuchteten Knappheit. Von einem zum anderen springend, von Jean Giraudoux zu Heinrich Heine, hatten wir uns schließlich Gedichte aufgesagt. Und so vergaßen wir die Zeit, saßen in der Falle der Sperrstunde.

Julia hatte mir Verse von Brecht aufgesagt in der Rue Visconti, im Jahre 1943. Sie hatte mir lange von diesem Schriftsteller erzählt. Auf der Schwelle ihrer Tür hatte sie, am nächsten Tag nach der Aufhebung der Ausgangssperre, die Hand zu meinem Gesicht gehoben, mit besorgter Zärtlichkeit. »Stirb nicht«, hatte sie geflüstert.

Ich hatte gelacht, gekränkt, daß sie mich für sterblich, verwundbar halten konnte. Ich konnte nicht ahnen, welche Finsternis mir bald beschieden sein sollte.

Als mir Leutnant Rosenfeld also, im April 1945, von den in den Vereinigten Staaten exilierten deutschen Schriftstellern erzählte, kannte ich bereits Hermann

Broch und Bertolt Brecht. Dank der Bibliothek eines redegewandten, begüterten Genfers, der Edouard-Auguste Frick hieß, und der literarischen Leidenschaft einer Wienerin, die den Decknamen Julia trug und die seit ihrer frühesten Jugend im Apparat der Komintern gearbeitet hatte.

O Deutschland, bleiche Mutter!

Es ist jetzt Leutnant Rosenfeld, der das Ende des Gedichts flüstert, in dem diese Anrufung wieder aufgegriffen wird. Wir sitzen im zarten Gras der Wiese, die sanft zum Wasser der Ilm abfällt, vor Goethes Gartenhaus. Ich habe ihm soeben die Episode von vor zwei Jahren erzählt: meine Entdeckung der Gedichte von Brecht.

> O Deutschland, bleiche Mutter!
> Wie haben deine Söhne dich zugerichtet
> Daß du unter den Völkern sitzest
> Ein Gespött oder eine Furcht!

Der Leutnant flüstert das Ende des Gedichts, die Augen halb geschlossen. Ein Sonnenstrahl heftet sich, weißglühend, auf den Lauf der Maschinenpistole, die er neben sich gelegt hat.

Wir hatten Goethes Landhaus nicht betreten können. Die Tür war zweifach verschlossen, mit einem Vorhängeschloß gesichert. Niemand schien zu wissen, wem die Schlüsselgewalt, die Aufsicht oblag. Wir hatten uns damit begnügen müssen, es zu umrunden, aber Rosenfeld hatte mir alles darüber erzählt. Genug jedenfalls, daß ich mir einen Teil davon merken konnte. Er war nämlich ein allwissender, peinlich genauer und eifriger Führer. Ich hatte mir gemerkt, daß das Gartenhaus ein Geschenk von Herzog Karl August war, im Jahre 1776, und daß sich Goethe in den folgenden Jahren regelmäßig darin aufgehalten hatte. Die letzte Spur seines Hierseins stammte vom 20. Februar 1832, hatte Rosenfeld gesagt, mit einer Gewißheit, die mir ein wenig irreal vorkam. Sogar irritierend.

An jenem Morgen, als ich durch das Gitter des monumentalen Tors von Buchenwald gegangen war, um mich zu meinem täglichen Treffen mit ihm zu begeben, hatte mich der amerikanische Soldat, der dort Wache stand, angerufen.

– He, Alter, ich kenne Sie!

Er sah sich nicht einmal den Passierschein an, den Rosenfeld mir hatte ausstellen lassen. Er tat so, als hebe er ein Fernglas an seine Augen.

– Ich habe Sie neulich beobachtet ... Sie schrien lauthals auf dem Appellplatz, ganz allein ... Was war das?

– Verse, hatte ich geantwortet.

Ihm blieb der Mund offen.

– Ein Gedicht? Scheiße!

Er hatte natürlich nicht Scheiße gesagt. Er hatte auch nicht das Wort gesagt, das man hätte erwarten können: *shit!* Er hatte spanisch geflucht, um seine Überraschung zum Ausdruck zu bringen. Er hatte *coño* gesagt.

– *Poetry? Coño!* hatte er ausgerufen.

Wir hatten ein paar Worte auf spanisch gewechselt, und ich hatte mir gesagt, daß mir diese amerikanische Armee sehr gefiel. Ihr Auftreten, sowohl hinsichtlich der Bekleidung wie des Protokolls, schien flexibler, ungezwungener zu sein als in den anderen Armeen, die ich kennengelernt hatte. Weniger militärisch, um es deutlich zu sagen. Und dieser Eindruck bestätigte sich durch die Vielfalt der Abstammungen und Kulturen dieser Bürger in Uniform. Der Leutnant, mit dem ich seit vier Tagen über das Leben und Sterben in Buchenwald sprach, war ein deutscher Jude. Der Unteroffizier und die Soldaten, die gekommen waren, um Jazz mit uns zu spielen – will sagen: mit dem illegalen Orchester, das Jiří Zak, mein kommunistischer tschechischer Kumpel, zusammengestellt hatte, waren Schwarze. Auch gab es viele aus New Mexico gebürtige Soldaten, deren melodiöses Spanisch mich entzückte. Oder mich verwirrte: daß die Sprache meiner Kindheit die Sprache der Freiheit und nicht nur die des Exils und der beklemmenden Erinnerung sein konnte, war verwirrend.

Ein paar Tage zuvor, als Leutnant Rosenfeld im Hof des Krematoriums zu den deutschen Zivilisten aus Weimar sprach, war mir ein blutjunger amerikanischer Soldat aufgefallen. Sein vor Grauen geweiteter Blick war auf den Berg von Leichen gerichtet, die sich am Eingang des Gebäudes der Verbrennungsöfen stapelten. Ein Berg ausgemergelter, vergilbter, verkrümmter Körper, spitzer Knochen unter spröder, straffer Haut, aus den Höhlen getretener Augen. Ich hatte den entsetzten, aufgebrachten Blick des jungen amerikanischen Soldaten beobachtet, dessen Lippen zu beben begonnen hatten. Plötzlich hatte ich, ein paar Schritte von ihm entfernt, ihn flüstern hören. Mit leiser, aber vernehmlicher Stimme hatte er angefangen zu beten. *Padre nuestro que estás en los cielos* ... Es hat mich erschüttert, ihn zu hören. Nicht sein Gebet zu hören: schon seit langem versagte ich mir diesen trostlosen Trost, verbot mir diese Zuflucht. Ich war erschüttert, festzustellen, daß die Sprache meiner Kindheit, die plötzlich neben mir laut wurde, die Sprache war, die die finstere Wahrheit dieses Augenblicks zum Ausdruck brachte.

– *Poetry? Conõ!* hatte also jener andere aus New Mexico gebürtige Soldat an jenem Morgen ausgerufen.

Wir hatten ein paar Worte auf spanisch gewechselt. Auch er könne Gedichte aufsagen, hatte er gesagt. Und hatte sofort den Beweis angetreten, indem er mit schönster kastilischer Emphase, seinem mexikanischen Akzent zum Trotz, ein Gedicht von Rubén Darío deklamierte, dessen letzte Zeilen er mit einer ausladenden Armbewegung zum imaginären Horizont eines Meeresstrandes aufsagte, an dem Herden von Kampfelefanten vorbeiziehen würden, für die Parade herausgeputzt.

... y el Rey mandó desfilar
cuatrocientos elefantes por las orillas del mar ...

Leutnant Rosenfeld hatte mich also an jenem Tag empfangen und daran erinnert, daß wir den 23. April schrieben, den Tag des heiligen Georg. Er schenkte mir einen Besuch in Weimar.

Die Straßen der kleinen Stadt waren fast menschenleer, als wir ankamen. Ihre Nähe erstaunte mich: nur wenige Kilometer trennten Buchenwald von den ersten Häusern Weimars. Zwar war das Lager auf dem entgegengesetzten Hang des Ettersbergs errichtet worden. So daß die Stadt unsichtbar war für uns, die wir eine grüne Ebene vor uns hatten, in der ein paar friedliche Dörfer lagen. Aber sie war ganz nah, fast menschenleer unter der Aprilsonne, als wir sie betraten. Leutnant Rosenfeld ließ seinen Jeep langsam durch die Straßen und Plätze fahren. Der Marktplatz, im Zentrum der Stadt, war von den Bombenangriffen der Alliierten schwer gezeichnet: seine ganze Nordseite trug deren Spuren. Dann hatte Rosenfeld sein Fahrzeug auf dem Frauenplan angehalten, vor Goethes Wohnhaus.

Der alte Mann, der uns schließlich die Tür öffnete, war nicht eben freundlich. Zuerst wollte er uns den Eintritt verwehren. Es bedürfe, sagte er, einer Sondergenehmigung der Behörden, in Anbetracht der Umstände. Leutnant Rosenfeld erwiderte ihm, daß, eben in Anbetracht der Umstände, er es sei, der die Behörden verkörpere.

Sogar die höchste Behörde, in ihrer extremen Singularität: jede nur vorstellbare Autorität. Diese unleugbare
Tatsache verdroß den alten Deutschen sichtlich, den eif-
rigen, pflichtbewußten Wärter des Goethehauses und
-museums. Aber er konnte Leutnant Rosenfeld nicht
daran hindern, in diese hehre Stätte der germanischen
Kultur einzudringen. Er drang also ein, und ich nach
ihm. Während der alte Mann die Eingangstür wieder
schloß – ich hatte noch Zeit gehabt, die lateinische Inschrift über ihr zu entziffern, die daran erinnerte, daß das
Haus zum Ruhme Gottes und zur Zierde der Stadt im
Jahre 1709 von einem gewissen Georg Caspar Helmers-
hausen erbaut worden war –, hatte er einen haßerfüllten
Blick auf Leutnant Rosenfeld, der sich bereits ins Innere
entfernte, und auf die Maschinenpistole geworfen, die
über dessen Schulter hing. Und dann war dieses
schwarze, argwöhnische, verzweifelt zornige Auge auf
mich gefallen. Hatte mich, vielmehr meinen Aufzug an-
gestiert. Zugegeben, er war nicht eben schicklich, einigermaßen ungewöhnlich. Zweifellos hatte er verstanden,
woher ich kam, und das war nicht dazu angetan, ihn zu
trösten.

In Wirklichkeit brauchten wir keinen Führer, um das
Haus am Frauenplan zu besichtigen. Rosenfeld erklärte
mir alles, fachmännisch und redselig. Doch der alte Wärter war uns gefolgt. Manchmal hörten wir ihn hinter uns
brummen. Er brannte darauf, uns wissen zu lassen, daß
wir Eindringlinge waren, unwürdig, einen solchen Ort
zu entweihen. Er erinnerte an die Schriftsteller und
Künstler aus ganz Europa, die er in eigener Person durch
die Zimmer dieses ehrwürdigen Hauses geführt hatte, in
den letzten Jahren. Aber Leutnant Rosenfeld reagierte
nicht, fuhr fort, mir alles zu erzählen, was er über Goethes langes Leben in Weimar wußte. Zum Schluß, zweifellos beleidigt, daß es ihm nicht gelang, uns eine Reak-

tion zu entlocken, war der alte Nazi lauter geworden. Hinter unserem Rücken hat seine Stimme begonnen, vom letzten Besuch Hitlers zu erzählen, als dieser sich in Weimar aufhielt, im Hotel Elephant. Seine Stimme schwoll an beim Loblied auf diesen bewundernswerten Menschen, der der Führer war. Und Leutnant Rosenfeld, der es plötzlich nicht mehr aushielt, hat sich umgedreht, den alten Mann am Kragen gepackt und ihn zu einem Wandschrank gezerrt, in den er ihn einsperrte, zweimal den Schlüssel umdrehend. Wir haben unsere Besichtigung in aller Ruhe fortsetzen können, außer Reichweite seiner haßerfüllten und verzweifelten Stimme.

O Deutschland, bleiche Mutter!
Wie haben deine Söhne dich zugerichtet
Daß du unter den Völkern sitzest
Ein Gespött oder eine Furcht!

Leutnant Rosenfeld hat soeben das Ende des Gedichts von Brecht geflüstert. Wir sitzen auf dem Rasen, der sanft zum Ufer der Ilm abfällt. Die Sonne funkelt auf dem Stahl seiner Maschinenpistole, an diesem Tag des heiligen Georg.

Zwei Jahre sind vergangen, seit mich Julia mit den Gedichten von Bertolt Brecht bekannt gemacht hat. Doch ich habe den Eindruck, als läge eine Ewigkeit zwischen mir und jenem Frühling, jener Nacht in der Rue Visconti. Eine Gewißheit überkommt mich, ich lächle. Eine törichte, aber heitere Gewißheit. Eine Ewigkeit natürlich: die des Todes. Zwei Jahre tödlicher Ewigkeit liegen zwischen mir und demjenigen, der ich in der Rue Visconti gewesen bin. Jenem anderen, der zuhörte, wie Julia Gedichte von Bertolt Brecht aufsagte. Im Morgengrauen hatte sie mit leichter und liebkosender Hand mein Gesicht berührt. »Stirb nicht«, hatte sie zum Abschied geflüstert. Ich war zusammengezuckt, mit einem Lachen erstaunten Hochmuts. War ich denn nicht unsterblich, zumindest unverwundbar?

Zwei Jahre eisiger Ewigkeit, unerträglichen Todes liegen zwischen mir und mir selbst. Würde ich eines Tages zu mir zurückfinden? Würde ich für immer jener andere sein, der durch den Tod hindurchgegangen war? sich von ihm genährt hatte? sich in ihm aufgelöst, verflüchtigt, verloren hatte?

– Es ist Zeit zurückzukehren, hat Leutnant Rosenfeld soeben gesagt.

Er hat auf seine Uhr geschaut, ja, es ist Zeit zurückzukehren. Ich betrachte die Aprilsonne auf dem Rasen, der zur Ilm abfällt. Ich betrachte Goethes Gartenhaus. Ich höre das wimmelnde Geflüster der Vögel um mich herum: kurz, das von neuem begonnene Leben. Doch es überkommt mich ein unerklärliches Gefühl: ich freue mich, »zurückzukehren«, wie Rosenfeld gerade gesagt hat. Ich möchte nach Buchenwald zurückkehren, zu den Meinen, zu meinen Kameraden, den Wiedergängern aus einer langen, tödlichen Abwesenheit.

– Gehen wir, sage ich zu ihm auf dem grünen Rasen am Ufer der Ilm.

5

Die Trompete von Louis Armstrong

On the sunny side of the street: welch ein Glück!

Es war die Trompete von Louis Armstrong, ich erkannte sie wieder, trotz meinem Rausch.

Ich lachte, hingerissen.

Es war in Eisenach, Ende April. In einem Hotel von Eisenach, das die alliierten Generalstäbe zum Repatriierungszentrum für die Gefangenen und Deportierten der Region umfunktioniert hatten.

Ich habe die junge Frau, die ich in Armen hielt, noch fester an mich gedrückt. Wir tanzten seit einigen Minuten, fast bewegungslos, am Ende dieser durchwachten Nacht. Ich habe sie angesehen, ihre Augen waren weit geöffnet. Ich hatte es für ein gutes Omen gehalten, daß sie jene blauen Augen hatte, die mich auf den Parties meiner Jugend so erregten, vor zwei Jahren.

Vielmehr vor einem Jahrhundert: es brachte mich zum Lachen. Auf törichte Weise, kann ich mir vorstellen.

Aber sie ist plötzlich unruhig geworden, fiebrig.

– Schau mich nicht so an, hat sie gehaucht.

Ich schaute sie nicht so an. Ich schaute sie an, mehr nicht. So wie man nach so vielen Monaten eine Frau anschaut. Überrascht, vermutlich. Auch neugierig. Ich schaute sie also ganz einfach an. Aber vielleicht war es gerade die Einfachheit dieses Blicks, seine Offenheit, die ungehörig war. Die sie verwirrte.

Jedenfalls sprach sie mit etwas keuchender, vor Erregung heiserer Stimme.

– Ich möchte die erste Frau deines Lebens sein, flüsterte sie.

Das war zu viel verlangt, ich habe sie darauf hingewiesen.

– Meines Lebens, dazu ist es zu spät. Die erste nach meinem Tod, das beste, was du kriegen kannst.

Die kupferne Stimme von Louis Armstrong öffnete breite Wege endlosen Begehrens, herber und heftiger Sehnsucht. Die junge Frau zitterte am ganzen Leib, sie tanzte nicht mehr. Als hätte sie plötzlich panisches Verlangen nach jener sonderbaren Vergangenheit, aus der ich kam, nach der Wüste, die sich wider Willen in meinen Augen zeigte.

Als reizte sie eben diese Panik.

In den folgenden Wochen und Monaten, in jenem Frühling, jenem Sommer der Heimkehr – ein komisches, heuchlerisches, zumindest zweideutiges Wort –, hatte ich Gelegenheit, die Beständigkeit dieses Blicks zu überprüfen.

Das heißt des meinen.

Er war nicht auf Anhieb zu entziffern, wie vor vierzehn Tagen bei den drei Offizieren in britischer Uniform. Auch nicht für diese junge Frau aus Eisenach, die auf den Vornamen Martine hörte und zu einer Hilfsmission der französischen Armee gehörte. Mein Haar wuchs nach, in der Tat. Ich war gekleidet wie jedermann, wie irgendein Zwanzigjähriger in Paris bei schönem Sommerwetter. Zweifellos schlecht gekleidet, unordentlich, wie so viele andere Burschen meines Alters in jener Zeit des Mangels nach dem Krieg.

Nichts wies auf den ersten Blick darauf hin, wo ich die letzten Jahre zugebracht hatte. Und ich selbst schwieg zu diesem Thema, für lange Zeit. Es war kein gekünsteltes Schweigen, auch kein schuldbewußtes oder ängstliches Schweigen. Vielmehr ein Schweigen des Überlebens. Ein vor Lebenshunger rauschendes Schweigen. Ich wurde also nicht stumm wie ein Grab. Stumm, weil geblendet von der Schönheit der Welt und ihren Reichtümern, begierig, darin zu leben, in dem Versuch, die Spuren einer unauslöschlichen Agonie zu tilgen.

Aber es gelang mir anscheinend nicht, meinen Blick zum Schweigen zu bringen.

Bei den gemeinsamen Freudenausbrüchen, den abendlichen Kneipenbesuchen hatten Frauen ein Gespür dafür. Ich wandte den Kopf, neugierig auf ein kurz wahrgenommenes Gesicht, auf die Rundung einer Schulter oder Hüfte, auf ein intelligentes Lachen. Ich starrte in unbekannte Augen, die sich trübten, sich verdunkelten. Eine jähe, bange, vielleicht sogar angstvolle, jedoch unabweisbare Gewalt stand darin zu lesen: Diamant der Anziehungskraft im Reinzustand.

Jedenfalls war das Schwierigste getan, oft aus Versehen oder Unbedachtheit. Die Lerche war in die Falle eines Spiegels geraten, in dem sie ihr Bild zu betrachten wähnte, durch das Interesse des anderen verschönt. In dem es indes nichts anderes zu sehen, zu erahnen gab – aber auf welche Weise, durch welch scharfsinniges Verfahren? – als die blinde Fläche einer schaurigen Vergangenheit.

Und dieser irre, verwüstete Blick, der drei Offiziere einer alliierten Mission befremdet hatte, am 12. April 1945 in Buchenwald, am Eingang des Verwaltungsgebäudes einer SS-Totenkopfdivision, in dem sich die Akten befanden, die sie einsehen wollten, eben dieser Blick würde mir nun Zugang verschaffen zur Schönheit der Frauen, zu ihrer Zärtlichkeit, ihrer Leidenschaft und ihrer Hingabe, die meine Seele wieder bewohnbar machten. Zumindest zeitweise. Gerade soviel, um die Erinnerung mit ein paar winzigen Augenblicken herzzerreißenden Glücks zu füllen.

Ich genoß es skrupellos, nachdem ich diese Macht entdeckt hatte.

Skrupellos, gewiß, aber nicht ohne eine gewisse Besorgnis. Denn jede dieser Begegnungen, jedes dieser Abenteuer, so angenehm sie auch sein mochten, entfachten in mir von neuem die Schmerzen des Gedächtnisses. Jedes von ihnen weckte den Tod wieder auf, den ich vergessen wollte, dessen dunkle Strahlung jedoch am Ursprung dieser Vergnügungen stand.

Während jenes ganzen Sommers der Rückkehr, jenes Herbstes, bis zu jenem sonnigen Wintertag in Ascona, im Tessin, an dem ich beschloß, das Buch liegenzulassen, das ich zu schreiben versuchte, haben die beiden Dinge, von denen ich angenommen hatte, sie würden mich wieder ans Leben fesseln – das Schreiben und das Lieben –, mich im Gegenteil von ihm entfernt, mich unaufhörlich, Tag für Tag, in die Erinnerung an den Tod zurückgeworfen, in die erstickende Luft dieser Erinnerung abgeschoben.

Louis Armstrong, der kupferne Klang seiner Stimme, seiner Trompete, jener weibliche Körper nach all der Abwesenheit: alles schien leicht zu sein am Ende einer durchwachten Nacht in Eisenach, in dem beschlagnahmten Palast, dessen altmodischer Charme mich an die Badeorte erinnerte, die einst A.O. Barnabooth aufsuchte.

Ich ließ mich gehen, im wolkigen Traum des engen Tanzes schwebend. Das Begehren schlich sich ein, prunkvoll. Ich hatte recht gehabt, mir um meinen gemarterten, etwas gespenstischen Körper keine Gedanken zu machen. Noch immer kreiste das Blut in ihm, ich brauchte mir keine Sorgen zu machen. Die Zukunft war vermutlich voller Frauen mit geschlossenen Augen – Martine D. hatte soeben die ihren geschlossen –, langen Beinen, die sich um die meinen schlangen.

Wirklich, es war nichts zu befürchten.

Es tat mir in der Seele wohl, diese fleischliche Freude. Mein Körper setzte mich in Erstaunen, ich muß es gestehen. Als ich achtzehn war, wußte ich sozusagen nichts von meinem Körper. Vielmehr: ich wußte nicht, daß ich einen hatte samt seinen Zwängen. Ich vernachlässigte ihn zumindest oder unterschätzte ihn, vielleicht. Und mein Körper hatte nichts von mir gewußt. Er war nichts Objektives, nichts für sich Lebendiges. Nichts an sich, mein Körper, mit eigenen freudigen oder jämmerlichen Ansprüchen, die ich hätte wahrnehmen müssen. Oder jedenfalls hätte hinnehmen müssen.

Mein Körper war lediglich die unmittelbare Verlängerung meiner Wünsche, meiner Absichten. Sogar meiner Launen. Er war nichts anderes als ich selbst. Er gehorchte mir prompt, ohne deshalb ein Werkzeug zu sein. In dem traditionellen Aufsatz der Philosophieklassen über das Verhältnis von Körper und Geist wäre ich ohne Zögern zu dem Schluß gekommen: es ist ein und dasselbe. Mein Körper gehörte ebenso untrennbar zu mir wie meine Kindheitserinnerungen. Ich war in meinem Körper wie ein Fisch im Wasser. Ich war mit meiner ganzen Seele darin, wenn man mir gestattet, so kategorisch zu sein.

Ich hatte meinen Körper wiederentdeckt, seine Wirklichkeit an sich, seine Undurchdringlichkeit, auch seine Autonomie in der Revolte, im Alter von neunzehn Jahren in Auxerre, in einer Villa der Gestapo, während der Verhöre.

Plötzlich wurde mein Körper problematisch, löste sich von mir ab, lebte von dieser Trennung, für sich, gegen mich, in der Agonie des Schmerzes. Die Typen von Haas, dem Chef der lokalen Gestapo, hängten mich an meinen nach hinten gerissenen Armen auf, die Hände im Rücken von Handschellen umschlossen. Sie tauchten meinen Kopf in das absichtlich mit Abfällen und Exkrementen verdreckte Wasser der Badewanne.

Mein Körper erstickte, wurde irrsinnig, bat schändlich um Gnade. Mein Körper behauptete sich in einem Aufstand der Eingeweide, der mich als moralisches Wesen negieren wollte. Er bat mich, vor der Folter zu kapitulieren, er verlangte es. Um aus dieser Konfrontation mit meinem Körper als Sieger hervorzugehen, mußte ich ihn bezwingen, ihn zähmen, ihn den Schrecken des Schmerzes und der Demütigung aussetzen.

Aber es war ein Sieg, der in jeder Minute in Frage gestellt wurde und mich überdies verstümmelte, da er mich dazu brachte, einen wesentlichen Teil von mir zu hassen, den ich bisher in Sorglosigkeit und physischem Glück erlebt hatte. Doch jeder Tag des Schweigens, den ich der Gestapo abtrotzte, auch wenn er meinen Körper, ein zuckendes Gerippe, von mir entfernte, brachte mich mir selbst näher. Der überraschenden Standhaftigkeit meiner selbst: dem beängstigenden, fast anstößigen Stolz, dieser Unmenschlichkeit fähig zu sein.

Später, in Buchenwald, existierte mein Körper weiterhin für sich allein in den Obsessionen der Erschöpfung: Hunger und Schlafmangel. Ich war gezwungen, derb mit ihm umzugehen. Ich war gezwungen, ihn hart zu behandeln, ihn gegebenenfalls mit Verachtung zu strafen.

Eines Tages, wenige Wochen nach meiner Ankunft im Lager, hatte ich hohes Fieber bekommen, Folge einer Furunkulose. Instinktiv war ich dem *Revier* aus dem Weg gegangen, dem Krankenbau, der Behandlung, auf die ich hätte Anspruch erheben können. Aus dem Krankenbau kam man gewöhnlich durch den Schornstein des Krematoriums: ich kannte bereits diese sprichwörtliche Redensart der Alteingesessenen von Buchenwald. Ich hatte mir also die Furunkel, die in meinen Achselhöhlen wucherten, von einem französischen Kumpel aufschneiden lassen, einem Arzt des *Reviers*, und ich hatte mein vorschriftsmäßiges Lagerleben fortgesetzt. Alles war wieder in Ordnung gekommen.

Aber es hat Augenblicke gegeben, da ich argwöhnte, mein Körper bliebe für immer von den Qualen des Hungers, dem Schlafmangel, der ständigen Erschöpfung gezeichnet.

Überhaupt nicht, nicht im geringsten.

An jenem Abend in Eisenach setzte mich mein Körper in Erstaunen. Ein paar Tage Freiheit, gehaltvollere Nahrung, Schlaf nach Belieben, und schon war er wieder auf den Beinen, arrogant, vergaß großspurig die Panik der jüngsten Zeit. Ein richtiges Abendessen, an einem richtigen Tisch serviert, ein paar Gläser Moselwein, und schon ist er berauscht, gewiß, aber rege, in Hochform. Grund, um vor Glück zu lachen.

Und da habe ich mich zu der jungen Frau in ihrer kleidsamen blauen Uniform gebeugt und habe ihr ins Ohr geflüstert.

> Es zog mich mit ganzem Verlangen
> Nieder auf deine Morgenschönheit...

So etwas wie ein bengalisches Feuer hat sich in ihren Augen entzündet.

– Sag mal, du bist ja ein Poet!

Natürlich war nicht ich der Poet. Jedenfalls war ich es nur stellvertretend. Aber Martine wußte nichts von René Char. Ich konnte es ihr nicht übelnehmen, bis vor wenigen Tagen hatte auch ich nichts von ihm gewußt. Bis zum 12. April, um genau zu sein.

Doch Martine D. ist nicht die erste Frau in meinem Leben gewesen. Nicht einmal die erste nach dem Tod. Die erste nach dem Schnee und dem Tod, dem Hunger und dem Rauch hieß mit Vornamen Odile. Und nicht mit ihr habe ich in Eisenach getanzt, in dem von den Amerikanern requirierten Palast. Mit Odile würde ich im »Petit Schubert«, Boulevard Montparnasse, zum erstenmal tanzen, einige Tage nach meiner Rückkehr, nach der durchwachten Nacht in Eisenach.

Wieder gab es die Trompete von Armstrong, alle Trompeten des Paradieses. Es gab die durchwachte Nacht, den Alkohol, die irrsinnige Hoffnung auf ein wiederbegonnenes Leben. Es gab Odile M., die Kusine einer meiner Jugendfreunde. Nach einem Abendessen, Gesprächen, Gelächter, einer wirren Diskussion bei Unbekannten in der Avenue de Saxe, im Kreis um Albert Camus, hatten wir uns alle im »Petit Schubert« getroffen, nach Mitternacht.

Odile M. tanzte nur mit mir. Ich hielt sie in meinen Armen, die Zeit verging, die Liebe des Morgens kündigte sich zärtlich an.

Und da habe ich dem jungen Mädchen die Worte von René Char ins Ohr geflüstert. Nur weil es in Eisenach nicht geklappt hatte, würde ich mir dieses rhetorische Mittel, diese poetische Einleitung zur unschicklichen, köstlichen Sprache der Intimität gewiß nicht versagen.

Es zog mich mit ganzem Verlangen
Nieder auf deine Morgenschönheit ...

Odile hatte aufgehört zu tanzen, hatte mich angesehen, wir hatten das »Petit Schubert« verlassen.

Einige Tage später, am 8. Mai 1945, bin ich bei strahlender Sonne über den Hof des Hospizes von Kremlin-Bicêtre gegangen. Es war der Tag des Siegs über die Nazi-Armeen, man erinnert sich wohl daran. Und auch wenn man sich nicht daran erinnert, kann man doch das Datum behalten haben. Sich erinnern und die Daten behalten ist nicht dasselbe. Man erinnert sich auch nicht an die Schlacht von Marignan, und trotzdem ist es ein Datum, das man behalten hat.

Was mich betrifft, so erinnere ich mich wirklich an den 8. Mai 1945. Es ist nicht bloß ein Datum für Schulbücher. Ich erinnere mich an den strahlenden Himmel, an die Blondheit der Mädchen, an die Begeisterung der Menschenmenge. Ich erinnere mich an die Angst der Familien, die sich gramvoll vor dem Hotel Lutetia drängten, auf Angehörige wartend, die noch nicht aus den Lagern zurückgekehrt waren. Ich erinnere mich an eine Frau mit grauem Haar, einem noch glatten jugendlichen Gesicht, die an der Station Raspail in die Metro gestiegen war. Ich erinnere mich, daß ein Sog von Fahrgästen sie in meine Nähe gestoßen hatte. Ich erinnere mich, daß sie plötzlich meine Kleidung bemerkt hat, mein kurzgeschorenes Haar, daß sie meinen Blick gesucht hat. Ich erinnere mich, daß ihr Mund angefangen hat zu beben, daß ihre Augen sich mit Tränen gefüllt haben. Ich erinnere mich, daß wir uns lange gegenüberstanden, ohne ein Wort zu sagen, einander nahe, in einer unvorstellbaren Nähe. Ich erinnere mich, daß ich mich mein ganzes Leben an dieses Frauengesicht erinnern werde. Ich werde mich an ihre Schönheit erinnern, an ihr Mitgefühl, an ihren Schmerz, an die Nähe ihrer Seele.

Und ich erinnere mich auch, daß ich unter einer strahlenden Sonne über den Hof des Hospizes Kremlin-Bicêtre gegangen bin, im Lärm der Glocken, die den Sieg einläuteten.

Ich sollte an jenem Tag Odile M. dort treffen, in einem kahlen Schwesternzimmer. Sie hatte mich gebeten, um die Mittagszeit zu kommen, sie hätte etwa eine Stunde Pause. »Ein oder zwei Stunden, das hängt von den Notfällen ab. Ich empfange dich lieber bei mir, statt in der Kantine essen zu gehen, dort ist es schauderhaft«, hatte sie mir gesagt. »Und außerdem: wer schläft, der ißt, wenn du verstehst, was schlafen heißt!« hatte sie in einem Lachanfall hinzugefügt.

Als Odile sich auszuziehen begann, im Getöse von Glocken, jubelnden Menschen, Hupen aller Art, das gedämpft zu uns drang, in das kahle kleine Zimmer des Hospizes Kremlin-Bicêtre – sie kannte die Etymologie des zweiten Teils dieses Doppelnamens nicht, aber sie war mir nicht einmal dankbar, daß ich sie ihr genannt habe: es war ihr völlig schnuppe –, hat sie versehentlich die Ledertasche eines deutschen Offiziers umgeworfen, die ich aus Buchenwald mitgebracht hatte. Darin schleppte ich damals alle meine Habseligkeiten herum.

Odile hat sich niedergekniet, um meine verstreuten Sachen einzusammeln. Da habe ich den Band von René Char in ihren Händen gesehen, *Es bleiben aber*.

Ich habe mich erinnert, daß ich dem französischen Offizier versprochen hatte, ihm das Buch gleich nach meiner Rückkehr zurückzugeben. Er hatte mir eine Adresse genannt, Rue de Varenne. Um ganz genau zu sein: er hatte nicht von Rückkehr, sondern von Repatriierung gesprochen.

Ich habe an all das gedacht, was es zu diesen zwei Wörtern zu sagen gäbe: Rückkehr, Repatriierung. Das zweite war natürlich ohne jeden Sinn für mich. Zum einen war ich nicht in mein Vaterland zurückgekehrt, als ich nach Frankreich zurückkehrte. Und außerdem, wenn man den Dingen auf den Grund ginge, lag es auf der Hand, daß ich nie wieder in irgendein Vaterland zurückkehren könnte. Es gab kein Vaterland mehr für mich. Es würde nie wieder eines geben. Oder aber mehrere, was auf dasselbe hinausliefe. Kann man für mehrere Vaterländer gleichzeitig sterben? Das ist undenkbar. Dabei ist das Sterben für das Vaterland der beste ontologische Beweis für dessen Existenz. Vielleicht der einzige. Alle diese möglichen Tode würden einander aufheben.

Im gegebenen Fall stirbt man nur einmal und nur für ein einziges Vaterland. Damit scherzt man nicht: kein Pluralismus, was das Vaterland angeht, es ist unteilbar, einzig.

Ich für meinen Teil hatte nie daran gedacht, für das Vaterland zu sterben. Niemals hat mich die Idee eines Vaterlands gestreift (aber vermutlich ist das ein zu leichtes, zu ätherisches Verb, wenn es um die Idee des Vaterlands geht; falls es sie gibt, dann streift sie einen wohl nicht, diese Idee, sie wird einen eher erschlagen, zermalmen, umhauen, vermute ich), niemals also war mir diese Idee gekommen, wenn ich gelegentlich – in den letzten Jahren eher häufig – die Möglichkeit zu sterben in Erwägung gezogen hatte. Das heißt mein Leben zu riskieren. Nie war der Einsatz das Vaterland gewesen.

Keine Repatriierung also.

Aber auch das Wort »Rückkehr« wäre nicht ganz passend gewesen, trotz seiner scheinbaren Neutralität. Gewiß, rein deskriptiv konnte man sagen, daß ich an meinen Ausgangspunkt zurückgekehrt war. Aber dieser war zufällig: ich war nicht nach Hause zurückgekehrt. Ich hätte irgendwo verhaftet werden, irgendwohin zurückkehren können. Damit kam man auf die vorhergehende Figur der Rede bezüglich der Repatriierung zurück, ihre Unwahrscheinlichkeit. Mehr noch: war ich wirklich irgendwohin zurückgekehrt, hier oder anderswo, nach Hause oder wohin auch immer? Die Gewißheit, daß es nicht wirklich eine Rückkehr gegeben hatte, daß ich nicht wirklich zurückgekehrt war, daß ein wesentlicher Teil von mir nie zurückkehren würde, diese Gewißheit erfüllte mich bisweilen, verkehrte mein Verhältnis zur Welt, zu meinem eigenen Leben.

Einige Stunden später, in der Rue de Varenne, als sich die Tür schließlich geöffnet hatte, war ich schon im Begriff, wieder zu gehen, so lange hatte man gezögert, auf mein Klingeln zu antworten.

Ein junges Mädchen ist auf der Schwelle erschienen, gerade als ich entmutigt umkehren wollte.

Ich hielt das Buch in der Hand, das ich seinem Eigentümer zurückbrachte. Der französische Offizier hatte mir gesagt, ihm läge sehr daran, da eine Frau es ihm geschenkt habe. War sie es? Jedenfalls habe ich mich an ein Gedicht von Char erinnert:

Schönheit, zur Begegnung mit dir geh ich in die
Einsamkeit der Kälte. Deine Lampe ist rosig, der
Wind glänzt. Die Schwelle des Abends höhlt sich ...

Ich habe diese Worte zu mir selbst gesagt, als ich Laurence an der Schwelle der Rue de Varenne auftauchen sah. Vielmehr diese junge Unbekannte, deren Vorname sich als dieser herausstellen sollte. Die noch ohne Namen war, aber nicht unnennbar. Eine Fülle von Vornamen kamen mir in den Sinn, in mehreren Sprachen, um sie anzusprechen, ihre Erscheinung zu umreißen. Schließlich habe ich den universalsten, der sie alle enthielt, für mich selbst gemurmelt: *Schönheit* ...

Aber sie ist zusammengezuckt, als sie mich sah, hat die rechte Hand vor ihr Gesicht gehoben, um ihre Augen zu verbergen. Vielmehr um mich vor ihren Augen zu verbergen.

– Sie sind es also ...

Sie hatte diese Worte mit leiser, klagender Stimme gesagt. Ich habe nicht genau verstanden, ob es eine Frage oder eine traurige Feststellung war.

– Marc ist vorgestern gestorben, hat sie hinzugefügt.

Sie hat mir den Band von René Char aus der Hand gerissen und an ihr Herz gedrückt.

Später war die Nacht hereingebrochen, Lampen waren eingeschaltet worden: alles war gesagt worden. Marc war der Vorname des Offiziers von Buchenwald, ich hatte es nicht gewußt. Er war bei einer der letzten Kriegshandlungen, drei Tage vor der deutschen Kapitulation, tödlich verwundet worden. Aber am Tag nach unserer Begegnung am Eingang der Totenkopfkaserne hatte er Laurence einen langen Brief geschrieben. Er erzählte von unserer Begegnung, unseren Gesprächen. Das junge Mädchen hatte ihn mir vorgelesen, in einem Augenblick des Vertrauens. Denn sie war zurückhaltend gewesen, fast feindselig, zornig, in bestimmten Momenten: die meiste Zeit. Und dann plötzlich sanft, sich in meine Arme flüchtend, ratlos.

Hingegeben, in der Tat, sich gehen lassend, doch nur, um sich sofort wieder zu fangen.

Jetzt hatte sich Laurence nach langem Schweigen, bitteren Tränen mit einer geschmeidigen, trotz der fiebrigen Hast harmonischen Bewegung ihres ganzen Körpers aufgerichtet. Sie war zum Ende des Zimmers gegangen.

Ich hatte die Augen geschlossen. Der Glanz ihrer Schönheit hatte etwas Blendendes.

Dennoch war es nicht das Begehren, das mich zittern ließ. Ich hatte keinen trockenen Mund, keinerlei Hitze stieg von der Leiste zu einem klopfenden Herzen. Das Begehren war zwar nicht unwahrscheinlich, aber erst in der Zukunft. Etwas Scharfes und Zärtliches, später. Im Augenblick zitterte ich vor Verwunderung: daß so etwas möglich war, soviel strahlende Anmut.

Schönheit, zur Begegnung mit dir ...

In diesem Moment hatte ich die ersten Takte der Schallplatte gehört, die Laurence aufgelegt hatte. Dann die Stimme von Louis Armstrong: *In the shade of the old apple tree* ... Für den Bruchteil einer Sekunde, ein Stück Ewigkeit, hatte ich den Eindruck, wirklich zurückgekehrt zu sein. Wirklich wieder da zu sein. Heimgekehrt.

Aber soweit bin ich noch nicht.

Ich bin noch bei Martine D. in Eisenach, unter den Lüstern eines Palasts mit altmodischem Charme. Ich habe Martine soeben zwei Verse aus *Es bleiben aber* aufgesagt, sie hat soeben gesagt, ich sei ein Poet, aber dabei sollte es bleiben. Ein hochgewachsener Bursche ist plötzlich neben uns aufgetaucht. Ein französischer Offizier im Kampfanzug, ein schwarzes Käppi auf dem Kopf.

– Guten Abend, Alter, hat der Offizier gesagt, Martine am Arm zu sich ziehend.

Er schien sich als Besitzer zu fühlen.

Ich habe verstanden, daß mir nichts anderes übrig blieb, als zu den Kameraden von Buchenwald zurückzukehren, die im Konvoi einer Repatriierungsmission mit mir nach Paris aufbrachen.

– Guten Abend, junger Mann, habe ich geantwortet, sehr würdevoll.

Völlig blau, wie mir klar wurde. Trotzdem sehr würdevoll.

Die linke Braue des Offiziers hob sich, das war seine einzige Reaktion.

– Du kommst aus dem Lager? hat er gefragt.

– Wie Sie sehen ...

Man mußte es sehen, in der Tat. Ich trug russische Stiefel, eine Hose aus grobem Tuch, auf deren linkes Bein meine Nummer – 44 904 – genäht war. Ich trug eine Art graue Joppe mit der Inschrift »KL Bu«, in grüner Farbe auf den Rücken gemalt. Schwierig, nicht zu sehen, daß ich aus Buchenwald kam.

– Es war hart, was? hat der Offizier mit dem Kommandoküppi gesagt, mit konzentrierter Miene.

– Aber nein, habe ich geantwortet. Es war das reinste Sanatorium, dieses Lager!

Das war der Satz, den uns die Alteingesessenen von

Buchenwald an den Kopf warfen, wenn sie ihre furchtbaren Jahre – etwa von 1937 bis 1942 – mit denen verglichen, die wir erlebt hatten.

Aber der Offizier mit seinem bebänderten schwarzen Käppi wußte nichts von dieser Geheimsprache. Er ist zusammengezuckt, hat mich angesehen, hat wohl gedacht, ich sei besoffen oder auf den Kopf gefallen. Jedenfalls hat er die Achseln gezuckt und ist weggegangen.

Natürlich nahm er Martine mit.

Lag es am Ärger über den Weggang der jungen Frau? Oder an der üblichen scharfsichtigen Verwirrung am Ende durchwachter Nächte? Ich fühlte mich plötzlich elend inmitten der amerikanischen und französischen Soldaten, die mit allen möglichen Mädchen tanzten, unter dem fiebrigen und irren Blick der Geretteten, dem förmlichen Auge der deutschen Oberkellner. Elend wegen der Antwort, die ich gegeben hatte, über die nur ich selbst lachen konnte. Elend, daß er weggegangen war, ohne daß ich seine Frage wirklich beantwortet hätte. Zugegeben, die Frage war töricht. Der Form nach absurd zumindest. »Es war hart, was?« war eine Frage, die nichts eröffnete, sogar jeden Raum für weitere Fragen durch die unvermeidbare bejahende Antwort versperrte, die jedoch zu nichts führte. Ja, es war hart: und weiter?

Ich hätte darauf gefaßt sein müssen, ich hätte darauf vorbereitet sein müssen, eine so schlecht gestellte Frage zu beantworten. Seit vierzehn Tagen hatte ich jedesmal, wenn ich mit Leuten von draußen zu tun gehabt hatte, nur schlecht gestellte Fragen gehört. Doch um die richtigen Fragen stellen zu können, müßte man die Antworten vielleicht schon kennen.

– Warum hast du das Mädchen sausen lassen, es schien doch zu klappen, sagt mir Yves Darriet etwas später.

Ich sitze wieder in der Ecke des Salons bei den Kumpeln. Wir würden uns weiter still besaufen, bis zum Aufbruch des für den frühen Morgen vorgesehenen Konvois.

– Ich weiß nicht, habe ich gesagt. Ein großes Arschloch von Offizier mit einem bebänderten Käppi hat sie mitgenommen. Es sah aus, als gehöre sie ihm.

Jedenfalls würde sie nicht mir gehören.

Vor einigen Tagen hatte ich Frauenstimmen gehört, in der Nähe. Ich stand auf dem in diesem Augenblick verlassenen Appellplatz. Ich hatte Anton, dem Bibliothekar, soeben meine Bücher zurückgebracht. Ich betrachtete das Bild von Stalin. Das russische Akkordeon spielte gerade einen *gopak* mit höllischem Rhythmus.

Da hörte ich diese Frauenstimmen, Gelächter: das reinste Vogelhaus. Ich habe mich umgedreht.

Die jungen Frauen der Französischen Mission trugen blaue Uniformen, die sich um ihre Körper spannten. Sie wollten das Lager besichtigen, man hatte ihnen gesagt, es sei aufregend. Sie baten mich, sie zu begleiten.

Ich habe die blauen Augen einer von ihnen bemerkt. Ich habe ihr in die Augen gesehen. Martine D. hat eine Handbewegung gemacht, wie um sich zu schützen. Dann ist ihre Hand wieder herabgesunken. Ihr Blick hat dem meinen standgehalten. Wir waren einen Augenblick allein auf der Welt, Auge in Auge. Allein auf dem Appellplatz von Buchenwald, zwischen den jahrhundertealten Buchen. Die Sonne schien, der Wind wehte in den Bäumen, und wir waren allein. Jedenfalls einige lange Sekunden lang.

Dann hat eine andere junge Frau ausgerufen:
– Aber das sieht ja gar nicht übel aus!

Sie betrachtete die Baracken in schmuckem Grün rings

um den Appellplatz. Sie betrachtete die Blumenbeete vor dem Kantinengebäude. Dann hat sie den gedrungenen Schornstein des Krematoriums am Ende des Appellplatzes gesehen.

– Ist das die Küche? hat sie gefragt.

Für den Bruchteil einer Sekunde wäre ich am liebsten tot gewesen. Wenn ich tot gewesen wäre, hätte ich diese Frage nicht hören können. Mir schauderte plötzlich vor mir selbst, weil ich imstande war, diese Frage zu hören. Kurz, am Leben zu sein. Es war eine verständliche Reaktion, auch wenn sie absurd war. Jedenfalls übertrieben. Denn gerade weil ich nicht wirklich am Leben war, machte mich diese Frage nach der Küche rasend. Wenn ich kein Teil des kollektiven Gedächtnisses unseres Todes gewesen wäre, hätte mich diese Frage nicht rasend gemacht. Ich war, im wesentlichen, nichts anderes als ein bewußtes Überbleibsel dieses Todes. Eine individuelle Faser des ungreifbaren Stoffs dieses Leichentuchs. Ein Staubkorn in der Aschenwolke dieser Agonie. Ein noch blinkendes Licht des erloschenen Sterns unserer toten Jahre.

Und zweifellos wußte ich, aus der archaischsten Tiefe eines inneren Wissens, daß ich wieder aufleben, den Lauf eines möglichen Lebens wieder aufnehmen würde. Ich hatte sogar den Wunsch, ein heftiges Verlangen nach dieser Zukunft: Musik, Sonne, Bücher, durchwachte Nächte, Frauen, Einsamkeit. Ich wußte, daß es notwendig und richtig war, wieder aufzuleben, ins Leben zurückzukehren, daß nichts mich daran hindern würde. Aber dieses ungeduldige, gierige Wissen, die Weisheit des Körpers, verdunkelte nicht die grundlegende Gewißheit meiner Erfahrung. Meiner Bindungen an das Gedächtnis des Todes, für immer.

– Kommen Sie, habe ich zu den jungen Frauen der Französischen Mission gesagt, ich zeige es Ihnen.

Ich habe sie zum Gebäude des Krematoriums geführt, das eine von ihnen für eine Küche gehalten hatte.

Zeigen? Vielleicht wird die einzige Möglichkeit, es verständlich zu machen, wirklich gewesen sein, es zu zeigen. Jedenfalls werden die jungen Frauen in blauer Uniform es gesehen haben. Ich weiß nicht, ob sie verstanden haben, aber was das Sehen angeht, so werden sie gesehen haben.

Ich hatte sie durch die kleine Tür des Krematoriums eintreten lassen, die in den Keller führte. Sie hatten begriffen, daß es keine Küche war, und verstummten plötzlich. Ich habe ihnen die Haken gezeigt, an denen die Deportierten gehenkt wurden, denn der Keller des Krematoriums diente gleichzeitig als Folterkammer. Ich habe ihnen die Ochsenziemer und die Keulen gezeigt. Ich habe ihnen die Lastenaufzüge gezeigt, die die Leichen ins Erdgeschoß brachten, direkt vor die Öfen. Wir sind ins Erdgeschoß gestiegen, und ich habe ihnen die Öfen gezeigt. Sie hatten nichts mehr zu sagen. Kein Lachen mehr, keine Gespräche mehr, kein Geschnatter mehr: Schweigen. Drückend genug, daß es ihre Anwesenheit hinter mir verriet. Sie folgten mir, plötzlich wie eine Masse beklommenen Schweigens. Ich spürte das Gewicht ihres Schweigens in meinem Rücken.

Ich habe ihnen die Reihen der Öfen gezeigt, die halbverkohlten Leichen, die noch darin lagen. Ich sprach kaum. Ich nannte ihnen einfach die Dinge, ohne Kommentar. Sie sollten selber sehen, versuchen, sich eine Vorstellung davon zu machen. Danach habe ich sie aus dem Krematorium auf den von einem hohen Bretterzaun umgebenen Innenhof geführt. Dort hatte ich nichts mehr gesagt, überhaupt nichts mehr. Ich hatte sie schauen lassen. Dort lag, in der Mitte des Hofs, ein Leichenberg, gut drei Meter hoch. Ein Haufen vergilbter, verkrümmter Skelette mit schreckensstarren Blicken. Draußen, jenseits des Zauns, spielte nach wie vor das russische Akkordeon in höllischem Rhythmus. Der Jubel des *gopak* drang bis zu uns, über diesem Leichenberg wirbelnd: Tanz für die Toten des letzten Tages, die liegengeblieben waren, weil die fliehenden SS-Leute das Krematorium hatten ausgehen lassen.

Ich habe daran gedacht, daß in den Baracken des Kleinen Lagers die Alten, die Kranken, die Juden nach wie vor starben. Für sie war das Ende der Lager nicht das Ende des Todes. Es war auch nicht das Ende der Klassengesellschaft, wie mir Anton, der Bibliothekar, vorhin in Erinnerung gerufen hatte. Beim Anblick dieser ausgemergelten Leiber mit ihren hervorstehenden Knochen und den hohlen Brustkörben, die sich, drei Meter hoch, mitten im Hof des Krematoriums stapelten, dachte ich daran, daß dies meine Kameraden waren. Ich dachte daran, daß man ihren Tod erlebt haben mußte, wie wir es getan hatten, wir, die wir ihren Tod überlebt hatten – aber noch nicht wußten, ob wir den unseren überlebt hatten –, um einen reinen, brüderlichen Blick auf sie zu richten.

In der Ferne hörte ich den beschwingten Rhythmus des *gopak*, und ich habe mir gesagt, daß diese jungen Frauen hier nichts verloren hatten. Es war idiotisch, ihnen das alles erklären zu wollen. Später, in einem Monat, in fünfzehn Jahren, in einem anderen Leben, würde ich es sicher jedem erklären können. Aber heute, unter der Aprilsonne, zwischen den rauschenden Buchen, bedurften diese schrecklichen Toten, unsere Brüder, keiner Erklärung. Sie brauchten nur unser Leben, unser mit aller Kraft in der Erinnerung ihres Todes erlebtes Leben: jede andere Lebensform würde uns herausreißen aus der Verwurzelung in diesem Exil aus Asche.

Ich mußte die jungen Frauen der Französischen Mission wegbringen.

Ich hatte mich umgedreht, sie waren gegangen. Sie waren vor diesem Anblick geflohen. Ich verstand sie übrigens. Bestimmt war es nicht angenehm, zu einer touristischen Besichtigung nach Buchenwald zu kommen und dann brutal vor einem so wenig präsentablen Leichenberg zu stehen.

Ich war wieder auf den Appellplatz hinausgegangen, ich hatte mir eine Zigarette angezündet. Eine der jungen Frauen wartete auf mich, jene, die blaue Augen hatte: Martine Dupuy. Ich erfuhr ihren Namen einige Tage später, in Eisenach.

Aber sie ist soeben mit ihrem Offizier weggegangen, und Yves Darriet fragt mich, warum ich sie habe sausen lassen.

Ich kannte Yves seit den ersten Quarantänetagen im Block 62 des Kleinen Lagers. Er war mit den Massentransporten vom Januar 44 aus Compiègne gekommen, wie ich. Auch André Verdet, Serge Miller, Maurice Hewitt, Claude Bourdet, Maurice Halbwachs, unter vielen anderen, sind damals angekommen. Nach der Quarantäne hatte ich mit Yves die Tage und Nächte im selben Flügel des Blocks 40 geteilt, im *Flügel C**. In seinem anderweitigen Leben war er Musiker, und er hatte die Arrangements für die Jazzgruppe von Jiří Zak besorgt. Er war es, der den Saxophonisten des Orchesters entdeckt hat. Manchmal, vor der abendlichen Sperrstunde oder sonntagnachmittags, tauschten wir Gedichte aus. Er rezitierte Victor Hugo, Lamartine, Toulet, Francis Jammes. Ich rezitierte Rimbaud, Mallarmé, Apollinaire, André Breton. Ronsard und Louise Labbé rezitierten wir gemeinsam. Das heißt im Chor.

Darriet hatte mich für den Konvoi angemeldet, der morgen, vielmehr in wenigen Stunden abfahren sollte. Ein paar Lastwagen der Repatriierungsmission von

Abbé Rodhain fahren in aller Frühe nach Paris. Yves gehört zur Gruppe der Repatriierten, er ist gekommen, um mich in Buchenwald abzuholen. Da er ein richtiger Kumpel ist, hat er Humor, ich habe die Kommentare zu meiner angeblichen Repatriierung von mir gegeben, die Sie schon kennen. Er hat sie überhaupt nicht übel genommen. Er hat sie auch nicht auf die leichte Schulter genommen, was mich nicht überraschte.

– Jedenfalls trifft es sich gut, sagt Yves jetzt, da ich mich der Gruppe der künftigen Repatriierten angeschlossen habe. Wir fragten uns nämlich, wie man das alles erzählen soll, damit man uns versteht.

Ich nicke, das ist eine gute Frage: eine der guten Fragen.

– Das ist nicht das Problem, ruft ein anderer sofort. Das wirkliche Problem ist nicht das Erzählen, wie schwierig es auch sein mag ... Sondern das Zuhören ... Wird man unseren Geschichten zuhören, auch wenn sie gut erzählt sind?

Ich bin also nicht der einzige, der sich diese Frage stellt. Sie drängt sich ja ganz von selbst auf.

Aber jetzt wird es konfus. Jeder hat etwas zu sagen. Ich werde das Gespräch nicht so wiedergeben können, wie es sich gehört, indem ich die einzelnen Teilnehmer identifiziere.

– Was heißt hier »gut erzählt«? entrüstet sich jemand. Man muß die Dinge sagen, wie sie sind, ohne Kunstgriffe!

Eine kategorische Behauptung, die die Mehrheit der künftigen Repatriierten zu billigen scheint. Der möglichen künftigen Erzähler. Also stehe ich auf, um zu sagen, was in meinen Augen auf der Hand liegt.

– Gut erzählt heißt: daß man gehört wird. Das gelingt nicht ohne ein paar Kunstgriffe. Genügend, daß es Kunst wird.

Aber diese Selbstverständlichkeit scheint sie nicht zu überzeugen, den Protesten nach zu urteilen, die sie auslöst. Ich habe das Wortspiel wohl etwas zu weit getrieben. Nur Darriet stimmt mir lächelnd zu. Er kennt mich besser als die anderen.

Ich versuche, meinen Gedanken zu verdeutlichen.

– Hört zu. Die Wahrheit, die wir zu sagen haben – falls wir überhaupt Lust dazu haben, viele werden nie welche haben – ist nicht sehr glaubwürdig ... Sie ist sogar unvorstellbar ...

Eine Stimme unterbricht mich, um noch einen draufzusetzen.

– Das stimmt! sagt einer, der mit düsterer, entschlossener Miene trinkt. Sogar so unglaubwürdig, daß ich selbst sobald als irgend möglich aufhören werde, dran zu glauben.

Er lacht nervös, ich versuche fortzufahren.

– Wie soll man eine so wenig glaubwürdige Wahrheit erzählen, wie eine Vorstellung von dem Unvorstellbaren wecken, wenn nicht dadurch, daß man an der Wirklichkeit arbeitet, ihr eine Perspektive gibt? Also mit ein paar Kunstgriffen.

Sie reden alle durcheinander. Aber schließlich setzt sich eine Stimme durch. Es gibt immer Stimmen, die sich in solchem Getöse durchsetzen: ich spreche aus Erfahrung.

– Ihr redet von Verstehen ... Aber um welche Art von Verständnis handelt es sich?

Ich blicke denjenigen an, der das Wort ergriffen hat. Ich weiß seinen Namen nicht, aber ich kenne ihn vom Sehen. Ich habe ihn schon einmal bemerkt, an bestimmten Sonntagnachmittagen, als er vor dem Block der Franzosen, dem Block 34, mit Julien Cain spazierenging, dem Direktor der Bibliothèque Nationale, oder mit Jean Baillou, dem Sekretär der Ecole Normale Supérieure. Bestimmt ist er Akademiker.

– Ich kann mir vorstellen, daß es eine Fülle von Zeugnissen geben wird ... Sie werden soviel wert sein wie der Blick des Zeugen, seine Scharfsichtigkeit ... Und außerdem wird es Dokumente geben ... Später werden die Historiker die einen wie die anderen zusammentragen und analysieren: sie werden gelehrte Werke darüber schreiben ... Alles wird darin gesagt, niedergelegt sein ... Alles darin wird wahr sein ... außer daß die wesentliche Wahrheit fehlen wird, an die keine historische Rekonstruktion je herankommen wird, so vollkommen und allgemeinverständlich sie auch sein mag ...

Die anderen sehen ihn an, nicken, offenbar beruhigt, daß es einem von uns gelingt, die Probleme so klar zu formulieren.

– Die andere Art des Verstehens, die grundlegende Wahrheit der Erfahrung, die läßt sich nicht wiedergeben ... Oder vielmehr nur durch das literarische Schreiben ...

Er wendet sich mir zu, lächelt.

– Durch den Kunstgriff des Kunstwerks natürlich.

Jetzt meine ich ihn wiederzuerkennen. Ein Professor der Universität von Straßburg.

Im letzten Sommer, kurz nach der Befreiung von Paris, hatte ich in einem Raum des *Reviers* einen kleinen Vortrag über Rimbaud gehalten, an einem Sonntagnachmittag. Das illegale Komitee, das die französischen Interessen vertrat und alle Widerstandsorganisationen zusammenfaßte, hatte diese kulturellen Zusammenkünfte initiiert. Manchmal waren es musikalische Veranstaltungen mit Maurice Hewitt, manchmal literarische mit irgendeinem improvisierten Redner. Es erwies sich, daß diese sonntäglichen Zusammenkünfte die Moral der Truppe hoben.

Wie dem auch sei, Boris Taslitzky und Lucien Chapelain hatten sich an mich gewandt und mir vorgeschlagen, auf einer dieser vom illegalen Solidaritätsapparat organisierten Veranstaltungen doch einmal über Rimbaud zu sprechen. Also habe ich in einem – übrigens vollen – Raum des *Reviers* über ihn gesprochen. Es war Sommer, ich trug die blaue Tuchjacke, die mir die *Effektenkammer* für diese Jahreszeit zugeteilt hatte. Am Eingang des Saals, bevor der Vortrag über Rimbaud begann, hatte mich Chapelain, sehr geniert, gebeten, aus gegebenem Anlaß doch meine Jacke abzulegen. Er wollte nicht, daß man das »S« sah, das ich auf der Brust trug und das mich als Spanier auswies. Einige Chauvinisten des französischen Komitees – in einer nationalen Widerstandsbewegung muß eben alles vertreten sein – waren nämlich der Meinung, daß die Freizeitangebote üblicherweise zu internationalistisch, zu kosmopolitisch waren. Sie wünschten, daß man ihnen einen mehr typisch französischen Anstrich gäbe. Chapelain, der Kommunist war und im Namen des illegalen Komitees der KPF zu mir sprach, bat mich also, da er unnötige Konflikte mit den nationalistischen Widerstandsgruppen vermeiden wollte, meine Jacke auszuziehen. »Du verstehst«, sagte er, »wenn man dich hört, ahnt niemand, daß du Spanier bist. Diese alten Idioten werden nichts daran auszusetzen haben.« Ich war etwas verblüfft, um die Wahrheit zu sagen. Chapelains Ersuchen kam mir wahrhaft ubuesk vor. Aber ich mochte ihn, auch die anderen Genossen der KPF, mit denen ich zu tun hatte. Ich habe meine Jacke also abgelegt, damit der Anblick des auf meine Brust genähten »S« die scheinheilig von ihrer nationalen Reinheit überzeugten Vollblutfranzosen nicht störe.

Am Ende des kleinen Vortrags sind vier oder fünf Deportierte auf mich zugekommen. Es waren Männer reiferen Alters, um die vierzig. Sie alle waren Professoren an der Universität von Straßburg. Einige meiner Sätze, die ich über Rimbaud gesagt hatte, hatten sie interessiert, sie wollten wissen, was ich studiere, ob ich ein Lehramt anstrebe.

In Eisenach, am Ende der durchwachten Nacht, war der Mann, der zu uns sprach, einer jener Professoren der Universität von Straßburg.

– Durch den Kunstgriff des Kunstwerks natürlich, hat er soeben gesagt.

Er denkt einen Augenblick nach, keiner sagt etwas, alle warten auf die Fortsetzung. Denn es wird eine Fortsetzung geben, das ist unverkennbar.

– Der Film scheint die geeignetste Kunstform zu sein, fügt er hinzu. Aber es wird bestimmt nicht viele Filmdokumente geben. Außerdem sind die bedeutsamsten Ereignisse des Lagerlebens vermutlich nie gefilmt worden ... Jedenfalls sind dem Dokumentarfilm unüberwindliche Grenzen gesetzt ... Nötig wäre eine Fiktion, aber wer wird sich trauen? Das beste wäre, noch heute einen fiktiven Film zu drehen, in der noch sichtbaren Wahrheit von Buchenwald ... Dem noch sichtbaren, noch gegenwärtigen Tod. Keinen Dokumentarfilm, sondern wirklich eine Fiktion ... Aber das ist undenkbar ...

Stille tritt ein, wir überdenken diesen undenkbaren Plan. Wir trinken in langsamen Schlucken den Alkohol der Rückkehr ins Leben.

– Wenn ich dich recht verstehe, sagt Yves, werden sie es also nie wissen, diejenigen, die nicht dort gewesen sind.

– Nie wirklich ... Es bleiben die Bücher. Vor allem die Romane. Zumindest die literarischen Berichte, die über die bloße Zeugenaussage hinausgehen und eine Vorstellung wecken, auch wenn sie nichts zeigen ... Vielleicht wird es eine Lagerliteratur geben ... Ich sage: eine Literatur, nicht bloß Reportagen ...

Auch ich sage etwas.

– Vielleicht. Aber dabei kann es nicht um die Beschreibung des Grauens gehen. Jedenfalls nicht nur, nicht einmal hauptsächlich. Es wird um die Erforschung der menschlichen Seele im Grauen des Bösen gehen ... Wir werden einen Dostojewski brauchen!

Das stürzt die Überlebenden, die noch nicht wissen, was sie überlebt haben, in abgründiges Nachdenken.

Plötzlich hat eine Trompete zu spielen begonnen.

Schwarze Amerikaner eines Sturmbataillons der Patton-Armee haben sich am Ende des Saals versammelt. Sie beginnen zu improvisieren, nur zum Spaß. Im Weiß der Tischdecken und im Kristall der leeren Karaffen spiegelt sich das zaudernde Licht der aufgehenden Sonne.

Ich habe die Eingangsmelodie von *Big Butter and Egg Man* wiedererkannt, es ließ mich erzittern vor Freude. Ich habe mein Glas zu ihnen erhoben. Sie konnten mich zwar nicht sehen. Aber ich habe ihnen zu Ehren getrunken, zum Ruhm dieser Musik, die mir das Leben so oft erträglich gemacht hatte.

Etwa vor zwei Jahren, im September 1943 – vierzehn Tage vor meiner Verhaftung durch die Gestapo in Joigny –, war ich auf einer Party, in der Rue Washington. Bei einer bezaubernden Freundin, einer Medizinstudentin. Ihre Mutter trug einen langen Namen, der einer Sippe von Junkern aus der Vendée entstammte, und ihre Ansichten spiegelten diese soziale Herkunft sehr gut wider. Aber sie vergötterte ihre Tochter und ließ sich mit zerstreutem Wohlwollen deren Freunde gefallen. Hyacinthe gab prächtige Parties in der großen Wohnung der Rue Washington. Es gab alle nur vorstellbaren Schallplatten, ein Grammophon, das die Platten automatisch wechselte, und ein üppiges ländliches Büffet.

An jenem Tag, am Tag dieser Party, war ich morgens mit Henri Frager verabredet, dem Chef von »Jean-Marie

Action«. In der Avenue Niel, auf dem Gehsteig der ungeraden Hausnummern, zwischen den Nummern 1 und 7. Es gab einen wichtigen Grund für dieses Treffen, einen dringenden Grund. Seit einiger Zeit deutete manches darauf hin, daß sich ein Agent der Gestapo in unser Netz eingeschlichen hatte. Vielleicht jemand, der von außen eingeschleust worden war, vielleicht jemand aus der Gruppe selbst, den die Gestapo festgenommen hätte, ohne daß wir es wußten, und der zurückgekommen wäre. Jedenfalls war etwas im Gange, irgendwo lief etwas schief. Waffenlager wurden ausgehoben, eine Fallschirmoperation war durch einen glücklicherweise zu frühen Einsatz deutscher Polizeikräfte unterbrochen worden: das englische Flugzeug hatte abdrehen können, ohne seine Fracht abzuwerfen. Noch weitere beunruhigende Zeichen wiesen darauf hin, daß es in unserem Netz einen feindlichen Agenten gab. Zudem auf hoher Ebene, in Anbetracht der Operationen, über die er Bescheid zu wissen schien.

Michel H. und ich hatten eine Vermutung. Wir meinten, den Verräter identifiziert zu haben. Ich unterbreitete Frager an jenem Tag also alle Argumente, alle Hinweise – in derartigen Dingen gibt es kaum unwiderlegbare Beweise –, die uns berechtigten, »Alain« zu verdächtigen, so lautete sein Deckname.

Frager war tatsächlich beeindruckt von der Fülle an Fakten, anstößigen Details, ärgerlichen Koinzidenzen, die uns an Alains Verrat denken ließen. Er gab mir die Erlaubnis, vorläufig alle Verbindungen zu ihm abzuschneiden, auf eventuelle Bitten um Kontaktaufnahme seinerseits nicht einzugehen. Ein Jahr später, in Buchenwald, als ich Henri Frager dort wiedersah, war die erste Nachricht, die er mir übermittelte, die Bestätigung unseres Verdachts. Alain hatte hingerichtet werden müssen, sagte Frager.

Aber das ist eine andere Geschichte.

Ich wollte jetzt nicht die Verwicklungen von »Jean-Marie Action« erzählen. Ich wollte von einer Party in der Rue Washington erzählen, bei meiner Freundin Hyacinthe. Ich hatte mich wegen eines musikalischen Themas von Armstrong daran erinnert, intoniert von schwarzen Soldaten in Eisenach, am Ende einer durchwachten Nacht.

Die Wohnung von Hyacinthes Mutter wies eine Besonderheit auf. Man konnte sie sowohl durch die Tür in der Rue Washington als auch durch einen anderen Eingang in der Avenue des Champs-Élysées erreichen. An diese Möglichkeit des doppelten Zugangs hatte ich bei meinem Treffen mit Koba gedacht.

Die Sonne schien auf den Rasen des Parc Montsouris.

Ich sah Koba zur vereinbarten Zeit kommen. Aber Koba kam immer zur vereinbarten Zeit, wo, wann und bei welchem Wetter auch immer. Im übrigen kam er auch nicht wirklich. Er war plötzlich da, ohne daß man ihn hätte kommen sehen. Er nahm Gestalt an, wie die Personen einiger biblischer Geschichten. Vielleicht weil er Jude war, besaß er diese biblische Kraft plötzlicher Inkarnation.

Die Sonne schien über dem Parc Monsouris, und Koba tauchte zur vereinbarten Zeit am Ende einer Allee auf. Ich nannte ihn »Koba«, weil das sein Deckname war, aber ich tat es in aller Unschuld. Ich wußte 1943 nicht, daß »Koba« ein Deckname von Stalin gewesen war, damals, als dieser den Bart und Schal eines romantischen Revolutionärs trug und Anführer der bewaffneten Enteignungstruppen – anders gesagt Bankräuber – des bolschewistischen Apparats in Georgien war. Ich wußte nichts von Stalin, im Jahre 1943, fast nichts. Ich wußte nur, daß der junge Mann, der gerade am Ende einer Allee im Park Montsouris auftauchte, Kommunist war. Ich wußte, daß er Jude war. Ich wußte, daß man ihn Koba nannte, ohne die legendäre Herkunft dieses Decknamens zu kennen. Ich wußte, daß er mein Kontaktmann zur MOI war – Julia hatte ihn mir vorgestellt –, der kommunistischen Organisation für Ausländer. Ich wußte auch, daß er zu den Kampfgruppen gehörte.

An jenem Tag hatte Koba nur einen Gedanken im Kopf. Ich sollte im Viertel der Champs-Élysées eine Wohnung für ihn auftreiben, in der Nähe des Claridge. Eine Wohnung, in der er für ein paar Stunden Unterschlupf finden könnte.

– Eine Nacht, hatte er präzisiert, eine einzige Nacht. Ich werde kurz vor der Sperrstunde eintreffen.

Ich hätte die Wohnung, die er brauche, habe ich sofort gesagt. Ihm blieb die Spucke weg, seine Meinung über mich ist sofort besser geworden.

– Vorausgesetzt, habe ich hinzugefügt, du kannst deine Aktion an einem genauen, schon feststehenden Datum ausführen.

Er verstand nicht ganz, ich habe es ihm erklärt. In ein paar Tagen würde in einer Wohnung, die für ihn ideal wäre, eine Party gefeiert. Ich wies ihn auf die Möglichkeit des doppelten Zugangs hin.

– Du betrittst das Haus durch die Champs-Élysées, ich werde dir den Namen eines Mieters nennen. Du rufst diesen Namen der Hausmeisterin zu, du steigst geräuschvoll die Treppe rauf, und sobald sich das Treppenlicht ausgeschaltet hat, gehst du wieder runter, leise und im Dunkeln. Wenn du über den Hof gehst, kommst du zur Hintertreppe des Gebäudes, auf der Seite der Rue Washington. Es ist im zweiten Stock, ich mache dir die Tür auf. Du bist ein Freund von mir, niemand wird dir Fragen stellen. Du verbringst die Nacht bei uns. Es gibt was zu essen, hübsche Mädchen. (Er hörte mir zu, mit etwas großen Augen.) Kannst du wenigstens tanzen? Ich meine natürlich nicht die Polka. Wirklich tanzen? Magst du hübsche Mädchen?

Er ist zusammengezuckt.

– Machst du dich über mich lustig? hat er gebrummt.

– Aber nein, ich mache mich nicht über dich lustig. Aber man muß die Leute irreführen. Und als erstes mußt du dich anders anziehen.

Koba hat seine Klamotten angeschaut, sein Blick war finster.

– Bin ich etwa nicht gut angezogen?

– Zu gut, sage ich. Bieder und ehrbar. Du bist als Krämerssohn verkleidet, das sieht man. Verkleide dich als Student, lässiger! (Koba hat seinen Konfektionsanzug angesehen, hat dann mich angesehen, unschlüssig, ob er lachen oder wütend sein sollte.) Hast du deine Knarre bei dir, wenn du in der Rue Washington eintrudelst? Wenn ja, müssen wir für ein Versteck sorgen.

Er hat durch die Zähne gepfiffen.

– Sag mal, Alter, du denkst an alles! Wo hast du das gelernt, bei den Gaullisten?

Ich habe ihm kühl geantwortet, »Jean-Marie Action« sei nicht das BCRA, sondern die Briten, die Buckmaster-Gruppen.

– Und außerdem, habe ich hinzugefügt, denke ich deswegen an alles, weil ich im zivilen Leben Romancier bin!

Er hat mich gemustert, als wollte er sagen, das zu hören sei besser, als taub zu sein. Aber ich fuhr fort.

– Ist der Deutsche, den du im Claridge umlegen willst, ein hohes Tier?

Er ist wütend geworden, das gehe mich nichts an, hat er geschrien.

– Doch, es geht mich was an, habe ich erklärt. Wenn es nämlich ein hohes Tier ist, besteht die Gefahr, daß die Boches Razzien machen. Man muß alles einkalkulieren, sogar eine polizeiliche Haussuchung in der Rue Washington.

Zu guter Letzt hat Koba, nachdem er die Örtlichkeiten inspiziert und bestimmte Details überprüft hatte, seinen Coup gelandet, am Abend der Party bei Hyacinthe. Danach ist er zum festgelegten Zeitpunkt in der Wohnung aufgekreuzt, als wäre nichts geschehen. Zumindest äußerlich. Er hatte seine Waffe unterwegs weggeworfen, in der Handtasche einer jungen Aktivistin der MOI.

Er hat die Leute irregeführt, Koba. Er hat getanzt, er hat sogar eines der hübschesten Mädchen des Abends an Land gezogen. Doch fast hätte er zuviel getrunken. Er hat auch ein bißchen zuviel geredet. Glücklicherweise war ich es, mit dem er zuviel geredet hat. Übrigens habe auch ich zuviel geredet. Er hat mir seine Geschichte vom Claridge erzählt, ich habe ihm die von dem jungen Soldaten erzählt, der *La Paloma* sang. Sein Deutscher war ein wichtiger Typ der Abwehr, kein Problem. Alles war glatt gegangen, aber als er das Zimmer betrat, war der Typ nicht allein. Eine hinreißende Frau leistete ihm Gesellschaft, bestimmt eine Prostituierte. Koba hat nicht »Prostituierte« gesagt, er hat »femme galante« gesagt. Dieses Wort aus seinem Mund hat mich verblüfft. Ich habe mich gefragt, aus welchem Buch er es wohl aufgegabelt hatte. Wie dem auch sei, der höhere Offizier der Abwehr war mit einer Kokotte in seinem Appartement im Claridge.

– Ich hatte die Knarre, die du mir gegeben hattest, hat Koba gesagt.

Ich hatte ihm nämlich eine Smith-and-Wesson 11,43 besorgt, aus einem Fallschirmabwurf. Es gab nichts Besseres für derartige Operationen.

– Aber, fuhr er fort, ich hatte einen Schalldämpfer gebastelt, in Anbetracht des Orts. Normalerweise mag ich die leisen nicht, das sieht nach Überzieher aus. Das bringt dich um den Krach und die Flamme. Na ja, ich brauchte eine leise ...

Er war versonnen, Koba, er erzählte langsam. Die Kokotte hatte sich zu ihm umgedreht, als er mit gezogener Waffe aufgetaucht war. Sie hatte einen sonderbaren Blick, erklärte Koba. Panik, ja. Aber gleichzeitig eine Art Einverständnis, als billigte sie, was er tun würde. Als akzeptierte sie ihren Tod.

– Denn ich mußte sie beide umlegen. Ich konnte nicht das Risiko eingehen, sie zurückzulassen ..., sagte Koba wütend. Nie mehr, nie mehr, hat er dann geflüstert, nach langem Schweigen und mehreren Gläsern Cognac.

Wir haben viel geredet, auch viel getrunken.

Der Blick der Kokotte quälte ihn. Und ich erzählte ihm von dem jungen deutschen Soldaten, der *La Paloma* sang. Von seinen vor Staunen verwirrten blauen Augen. Aber dieses Gespräch sollte unter uns bleiben.

Koba ist verschwunden, ich habe seine Spur nie wiedergefunden. Was mich angeht, so gibt es Tage, wo ich kaum besser dran bin.

In Buchenwald erfuhr ich von einem alten tschechischen Mitglied der Komintern, daß »Koba« der Deckname Stalins gewesen war. Bei der Befreiung des Lagers dachte ich bisweilen, daß Koba wohl mehr Ähnlichkeit mit Nikolai hatte, meinem jungen Barbaren aus Block 56, als mit dem Generalissimus, dessen Bild die Russen wie ein Totem an ihrer Baracke angebracht hatten.

Ich habe mich an Koba erinnert, am Ende einer Nacht im April in Eisenach, weil die schwarzen amerikanischen Soldaten das berühmte Stück von Armstrong, *Big Butter and Egg Man*, intoniert hatten. Genau jenes Stück, das bei Hyacinthe in der Rue Washington zu hören war, als Koba aus der Nacht aufgetaucht ist wie ein Todesengel.

In der Küche gab ich ihm gerade ein großes Glas Wasser zu trinken, als ein junges Mädchen hereinkam. Eines der hübschesten Mädchen des Abends.

– Sag mal, hat sie lachend zu mir gesagt, wo hast du denn deinen Kumpel hergeholt? Leihst du ihn mir?

Ich hatte Koba zu ihr geschoben.

– Ich habe ihn aus dem Nichts geholt, ich habe ihn gerade erfunden. Aber ich leihe ihn dir nicht, ich schenke ihn dir.

Sie hat noch lauter gelacht, provozierend. Sie hat meinen Kumpel aus den Kampfgruppen der MOI in den Salon gezogen, wo getanzt wurde.

Aber nicht Koba habe ich erfunden. Ich habe einen anderen jüdischen Kumpel erfunden, Hans Freiberg. Ich habe ihn mir zur Seite gestellt, am Tag, an dem wir den jungen deutschen Soldaten erschossen haben, der *La Paloma* sang.

Kommt eine weiße Taube zu dir geflogen ...

Er hatte die Stelle von Julien Bon eingenommen, meinem Kumpel aus Burgund. Ich habe ihn erfunden, damit er in meinen Romanen den Platz einnehme, den Koba und andere jüdische Kameraden in meinem Leben eingenommen haben.

Ein Schneegestöber, plötzlich, über den Fahnen des 1. Mai.

Ich war tags zuvor in Paris angekommen. Die Nacht meiner Rückkehr hatte ich in der Rue du Dragon verbracht, bei Pierre-Aimé Touchard, genannt »Pat«. Bis zum Morgengrauen haben wir geredet. Anfangs war ich es, der ihm Fragen stellte. Ich war ein Jahr im Rückstand, und ich wollte alles wissen, das ist begreiflich. Mit seiner langsamen, ernsten, sehr sanften Stimme beantwortete

Touchard meine Fragen. Die Antworten, die er mir gab, bestätigten, mit einigen zusätzlichen Angaben, was mir der René-Char-Offizier bereits gesagt hatte. Ich meine: der Offizier, der mich mit René Char bekanntgemacht hatte.

Pat war so zartfühlend, meine Fragen geduldig zu beantworten, ohne mir selber welche zu stellen. Zweifellos hatte er gespürt, daß ich noch nicht in der Lage war zu antworten.

Zu meinem Unglück, oder zumindest meinem Pech, traf ich bei den Leuten von draußen nur zwei Haltungen an. Die einen vermieden es, einem Fragen zu stellen, behandelten einen, als käme man von einer banalen Auslandsreise zurück. Ah, Sie sind also wieder da! Aber nur deshalb, weil sie sich vor den Antworten fürchteten, das Unbehagen verabscheuten, das sie ihnen hätten bereiten können. Die anderen stellten eine Menge oberflächlicher, törichter Fragen – wie etwa: es war hart, was? –, aber wenn man ihnen antwortete, in aller Kürze den wahrsten, tiefsten und undurchdringlichsten, unsäglichen Kern des Erlebten erzählte, dann verstummten sie, wurden unruhig, rangen die Hände, beschworen irgendeine Schutzgottheit, um es dabei bewenden zu lassen. Und sie fielen in Schweigen, so wie man ins Leere fällt, in ein schwarzes Loch, einen Traum.

Weder die einen noch die anderen stellten die Fragen, um etwas zu erfahren. Sie stellten sie aus Anstand, aus Höflichkeit, aus gesellschaftlicher Routine. Weil man sich damit abfinden mußte, oder so tun mußte als ob. Sobald in den Antworten der Tod auftauchte, wollten sie nichts mehr hören. Sie waren nicht mehr fähig, weiter zuzuhören.

Das Schweigen von Pierre-Aimé Touchard war anders. Es war freundschaftlich, offen für jedes mögliche spontane Wort von mir. Er schwieg nicht, um meinen

Antworten auszuweichen, um die er mich nicht bat, sondern um mir die Wahl zu lassen, zu sprechen oder zu schweigen.

Soweit waren wir, als ein junges Mädchen das Zimmer betrat, in dem ich mich mit Pat unterhielt. Ich erkannte es wieder, es war seine Schwiegertochter Jeanine.

Sie hat mich gesehen, ist wie angewurzelt stehengeblieben. Als hätte sie einen Wiedergänger erblickt, wie man in einem Groschenroman gesagt hätte. Aber das lag daran, daß sie tatsächlich einen Wiedergänger erblickte. Und das Leben oft wie ein Groschenroman ist.

– Siehst du, Jeanine, hat Pierre-Aimé Touchard gesagt, siehst du, daß man von dort wiederkommt?

Ich kam von dort wieder, in der Tat. Ich war ein Wiedergänger, das gefiel mir.

Da hat das junge Mädchen leise zu weinen begonnen, beide Hände vor dem Gesicht.

– Ich habe Yann getroffen, habe ich gesagt. In diesem Winter, Anfang des Winters. Wir haben einige Zeit zusammen in Buchenwald verbracht.

Yann Dessau war Jeanines Verlobter. Er war noch nicht wiedergekommen. Er war noch kein Wiedergänger.

An einem Tag, Ende 44, war ich ihm vor einem der französischen Blocks des Lagers kurz begegnet. Wir standen uns gegenüber, wußten, daß wir uns kannten, ohne uns wiederzuerkennen. Uns zu identifizieren zumindest. Dabei war es erst ein Jahr her, etwas mehr als ein Jahr, daß wir uns zum letztenmal gesehen hatten, auf einem Fest bei Claude-Edmonde Magny, in ihrem Atelier in der Rue Schœlcher. Auf einem Abschiedsfest: Abschied vom geliebten Studium, Abschied von Paris, Abschied von der jungen Mädchenblüte.

Ich war mit Catherine D. hingegangen, die damals mehr oder weniger mein Leben begleitete.

Junges Mädchen fühllos und ohne Lächeln
o Einsamkeit und deine grauen Augen ...

Ich hatte die Angewohnheit, die Gedichte, die ich damals schrieb, dem Urteil von Claude-Edmonde Magny zu unterbreiten. Sie hatte befunden, daß das Porträt von Catherine D. ähnlich war: vielmehr richtig.

An jenem Abend sagte mir Claude-Edmonde, daß sie mir soeben anläßlich meiner Gedichte einen langen Brief geschrieben habe. »Wenn ich ihn einmal veröffentlichen sollte«, sagte sie, »werde ich ihm den Titel *Brief über das Vermögen zu schreiben* geben.« Was sie tatsächlich tat, sehr viel später.

Es war ein schönes Abschiedsfest. Yann Dessau war da und alle seine Kameraden. Lauter brillante Studenten der Politikwissenschaft: die Klassenbesten. Letztlich ging es um einen Abschied von der Jugend. Wir gaben unser Studium auf, gingen in den Maquis, in den Untergrund.

Auch die jungen Mädchen waren da, die flüchtigen oder dauerhaften Gefährtinnen unserer zwanzig Jahre: Jeanine und Sonia, Anette und Catherine. Und noch viele andere, deren Erinnerung verblaßt ist.

Ein Jahr später, kaum mehr als ein Jahr, bin ich Yann Dessau vor dem Block 34 in Buchenwald begegnet. Es fiel mir schwer, ihn wiederzuerkennen. Ihm ging es ebenso. Schatten unserer selbst, zweifellos, alle beide, schwer zu identifizieren nach der Erinnerung, die wir voneinander hatten. Die Initiationsreise ging ihrem Ende zu: wir waren von dieser Reise verwandelt worden. Bald würden wir völlig andere sein.

Aber Dessau war nicht mehr in Buchenwald, als die Amerikaner das Lager befreiten. Einige Wochen zuvor war er nach Neuengamme in Norddeutschland abtransportiert worden. Und wir hatten keine Nachricht von den Überlebenden von Neuengamme. Das Ende dieses Lagers soll chaotisch gewesen sein.

Yann Dessau war noch kein Wiedergänger, Jeanine weinte leise.

Dann, ohne daß ich es beabsichtigt, sozusagen beschlossen hätte – wenn es auf meiner Seite überhaupt einen Entschluß gab, dann eher den, zu schweigen –, habe ich angefangen zu sprechen. Vielleicht, weil niemand etwas von mir wissen wollte, weil niemand mir Fragen stellte, Rechenschaft von mir forderte. Vielleicht weil Yann Dessau nicht wiederkommen würde und weil es nötig war, in seinem Namen zu sprechen, im Namen seines Schweigens, allen Schweigens: Tausender erstickter Schreie. Vielleicht weil die Wiedergänger manchmal anstelle der Verschwundenen sprechen müssen, die Geretteten anstelle der Untergegangenen.

Lange, endlos habe ich in jener Nacht in der Rue du Dragon bei Pierre-Aimé Touchard, der zur *Esprit*-Gruppe gehört hatte und 1939 mein Mentor gewesen war, als ich in meinem ersten Exil-Jahr Interner im Lycée Henri IV war; lange habe ich, in einer Spirale der Erzählung ohne voraussehbares Ende, zu der Verlobten von Yann Dessau gesprochen, der noch nicht wiedergekommen war, der sich vielleicht unter den Geretteten von Neuengamme befand.

Jeanine hatte sich auf dem Teppich auf die Knie sinken lassen. Pierre-Aimé Touchard kauerte sich in seinem Sessel zusammen. Ich habe zum ersten und letzten Mal gesprochen, zumindest was die folgenden sechzehn Jahre angeht. Zumindest mit einer solchen Genauigkeit im Detail. Ich habe bis zum Morgengrauen gesprochen, bis meine Stimme heiser wurde und versagte, bis ich darüber die Stimme verlor. Ich habe von der Verzweiflung in ihren großen Linien gesprochen, von dem Tod in seinen kleinsten Windungen.

Offenbar war es nicht sinnlos gewesen.

Yann Dessau ist schließlich aus Neuengamme zurückgekommen. Man muß manchmal im Namen der Geretteten sprechen. In ihrem Namen, ihrem Schweigen sprechen, um ihnen die Sprache wiederzugeben.

Und am übernächsten Tag ist ein kurzes Schneegestöber auf die Fahnen des 1. Mai niedergegangen.

Ich stand an der Ecke der Avenue Bel-Air und der Place de la Nation. Ich war allein, ich sah die Woge der Demonstranten anfluten, überragt von Plakaten, roten Fahnen. Ich hörte das Brausen der alten Lieder.

Ich war wiedergekommen, ich war am Leben.

Dennoch zerriß mir Traurigkeit das Herz, ein dumpfes, stechendes Unbehagen. Es war kein Schuldgefühl, überhaupt nicht. Ich habe nie verstanden, warum man sich schuldig fühlen sollte, überlebt zu haben. Im übrigen hatte ich nicht wirklich überlebt. Ich war nicht sicher, ob ich wirklich ein Überlebender war. Ich war durch den Tod hindurchgegangen, er war eine Erfahrung meines Lebens gewesen. Es gibt Sprachen, die ein Wort für diese Erfahrung haben. Im Deutschen sagt man *Erlebnis*. Im Spanischen *vivencia*. Aber es gibt kein französisches Wort, das in aller Kürze das Leben als Erfahrung seiner selbst bezeichnet. Man muß zu Umschreibungen greifen. Oder das Wort »vécu« verwenden, das ungenau ist. Und anfechtbar. Es ist ein fades und weiches Wort. Vor allem aber ist es passiv. Zudem steht es in der Vergangenheit. Aber die Erfahrung des Lebens, die das Leben von sich selbst macht, im Begriff, es zu leben, ist aktiv. Und sie steht zwangsläufig im Präsens. Das heißt, sie nährt sich von der Vergangenheit, um sich in die Zukunft zu projizieren.

Wie dem auch sei, es war kein Schuldgefühl, das mich

überkam. Ein derartiges Gefühl ist lediglich abgeleitet, stellvertretend. Ihm geht die nackte Angst des Lebens voraus: die Angst, aufgrund eines unwiderruflichen Zufalls aus dem Nichts geboren zu sein. Man braucht keineswegs die Vernichtungslager kennengelernt zu haben, um die Lebensangst zu kennen.

Ich war also am Leben, stand regungslos an der Ecke der Avenue Bel-Air und der Place de la Nation.

Das Unglück, das mich umklammerte, rührte von keinem Schuldgefühl her. Gewiß, es war kein Verdienst, überlebt zu haben. Unversehrt zu sein, zumindest dem Anschein nach. Die Lebenden unterschieden sich durch kein Verdienst von den Toten. Keiner von uns verdiente es zu leben. Auch nicht zu sterben. Es war kein Verdienst, am Leben zu sein. Es wäre auch keines gewesen, tot zu sein. Ich hätte mich schuldig fühlen können, wenn ich geglaubt hätte, daß andere es mehr als ich verdient hätten zu überleben. Aber das Überleben war keine Frage des Verdienstes, es war eine Frage des Glücks. Oder des Pechs, je nachdem. Leben hing davon ab, wie die Würfel fielen, von nichts sonst. Genau das besagt im übrigen das Wort »Glück«. Die Würfel waren für mich gut gefallen, sonst nichts.

Plötzlich, in dem Augenblick, als ein Zug von Deportierten in gestreiften Anzügen aus der Rue du Faubourg-Saint-Antoine auf der Place de la Nation eintraf, inmitten ehrfurchtsvollen Schweigens, das während ihres Vorbeimarschs immer tiefer wurde, da hat sich plötzlich der Himmel verdunkelt. Ein Schneegestöber ist ganz kurz, aber heftig auf die Fahnen des 1. Mai niedergegangen.

Die Welt um mich herum ist versunken. Die Häuser, die Menschenmenge, Paris, der Frühling, die Fahnen, die Lieder, die skandierten Rufe: alles ist versunken. Da habe ich begriffen, woher die körperliche Traurigkeit kam, die mich niederdrückte, trotz dem trügerischen Eindruck, dazusein, lebendig, auf der Place de la Nation, an jenem 1. Mai. Eben weil ich nicht wirklich sicher war, dazusein, wirklich zurückgekommen zu sein.

Eine Art Schwindel hat mich in die Erinnerung an den Schnee auf dem Ettersberg gerissen. An den Schnee und den Rauch auf dem Ettersberg. Ein völlig heiteres Schwindelgefühl, hellsichtig bis zum Zerreißen. Ich fühlte mich in der Zukunft dieses Gedächtnisses schweben. Immer würde es dieses Gedächtnis, diese Einsamkeit geben: diesen Schnee unter jeder Sonne, diesen Rauch in jedem Frühling.

Zweiter Teil

6

Das Vermögen zu schreiben

– »Sie fragten sich, was jenen außergewöhnlichen kleinen Pastiches nach Mallarmé fehlen mochte (eines Mallarmé, der Proust gelesen und sich Aragons Prosodie zu eigen gemacht hätte), die Sie letztes Jahr in drei Stunden fabrizierten und die mich jedesmal entzückten. Es fehlte ihnen lediglich, daß sie von Ihnen geschrieben waren ...«

Sie hat aufgehört zu lesen, hat mich angesehen.

Ich wollte ihr sagen, daß Mallarmé zweifellos niemals Proust gelesen hätte: das konnte ihn nicht interessieren. Mich übrigens auch nicht. Im Sommer 1939, zwischen den beiden Kriegen meiner Jugend, hatte ich *In Swanns Welt* gelesen. Es hatte mich nicht wirklich interessiert. Ich habe die Lektüre der *Suche* nicht fortgesetzt. Es war zu vertraut, fast zu familiär. Ich will sagen: es war gleichsam die Chronik einer Familie, die die meine hätte sein können. Außerdem waren mir Prousts mäandrische Sätze, in denen unterwegs gelegentlich das Subjekt oder das Prädikat verlorenging, allzu vertraut. Ich fand daran allzu leicht den gewundenen Rhythmus, die Weltschweifigkeit meiner Muttersprache wieder: es war in keiner Weise entfremdend.

Was mich in jenem Sommer meiner fünfzehn Jahre, 1939, wirklich verblüffte, was mir neue Horizonte öffnete, war die Prosa von Gide. *Paludes*, genauer gesagt. Eine Schreibweise, die nichts mit der rauhen, barocken Komplexität des Kastilischen zu tun hatte.

Aber ich habe Claude-Edmonde Magny nichts gesagt.

Sie sah mich an, und ich betrachtete den Himmel über dem Friedhof Montparnasse. Das Blau eines Augusthimmels über dem Grab von César Vallejo.

Mit einem Wort, ich habe, mein Leben auszudrücken, nichts als meinen Tod ...

Aber als ich das Blau des Himmels betrachtete, erinnerte
ich mich an dieses Gedicht von Vallejo nicht in französischer Sprache. Ich erinnerte mich natürlich in spanisch
daran. Denn der Peruaner Vallejo war wenig übersetzt
worden. Und er war nicht zweisprachig wie der Chilene
Vicente Huidobro und der Spanier Juan Larrea. Auch
wenn er ironisch ein paar französische Wörter in seine
Poemas humanos einfließen ließ, war César Vallejo nicht
wirklich zweisprachig wie die beiden anderen.

*En suma, no poseo para expresar mi vida, sino
mi muerte ...*

Ich erinnerte mich also an die spanischen Worte dieses
Gedichts von Vallejo, als ich das Blau des Himmels über
seinem Grab auf dem Friedhof Montparnasse betrachtete.

Ich hatte um sechs Uhr morgens an der Tür von Claude-
Edmonde Magny in der Rue Schœlcher geläutet. Ich
wußte, daß sie sich schon am frühen Morgen an ihren
Schreibtisch setzte. Sie korrigierte die Druckfahnen
eines Buchs mit kritischen Essays, das einige Wochen später erscheinen sollte: sie legte letzte Hand an ihr Werk.
Les sandales d'Empédocle: wir hatten uns oft darüber un-
terhalten, seit ich, vor drei Monaten, aus Buchenwald
zurückgekommen war. Wir unterhielten uns natürlich
nicht unbedingt um sechs Uhr morgens darüber. Auch
nicht unbedingt in ihrer Wohnung in der Rue Schœlcher.
Denn wir hatten unsere Spaziergänge im Viertel von
Montparnasse wieder aufgenommen. Aber dort trafen

wir nicht mehr Sartres Doppelgänger, der 1942 die Bistros unsicher machte, vom »Patrick's« bis zum »Dôme«, vom »Select« bis zur »Coupole«. Nach der dritten Verwechslung winkte uns dieser Mann, dessen wahre Identität und wirklicher Beruf uns immer verborgen blieben, mit· großen Gebärden zu, wenn wir ihn in dem einen oder anderen dieser Lokale trafen. »Ich bin nicht Jean-Paul Sartre«, rief er uns von dem Tisch zu, an dem er saß. Um Claude-Edmonde in Verwirrung zu bringen, behauptete ich, Sartre sei ein ziemlich perverser, überdies recht genialer Simulant: er verkleide sich als Sartres Doppelgänger, damit man ihn in Ruhe ließe.

Ich hatte um sechs Uhr morgens an Claude-Edmonde Magnys Tür geläutet. Ich war sicher, sie nicht aufzuwecken. Sie hatte mir keine Frage gestellt, als sie mich, mitgenommen von einer durchwachten Nacht, aufkreuzen sah. Sie hatte mir richtigen Kaffee vorgesetzt.

Es war nicht das erste Mal, daß ich, seit meiner Rückkehr, zu so ungewöhnlicher Stunde bei ihr läutete. Niemals hat sie mich nach den Gründen gefragt. Wahrscheinlich erriet sie meine aberwitzigen Gründe. Oder meinte, daß es an mir wäre, sie ihr gegebenenfalls zu sagen. Jedenfalls hatte ich ihr noch nie von Buchenwald erzählt. Zumindest nicht wirklich. Aber darüber sprach ich ohnehin mit niemandem.

Wie dem auch sei, Claude-Edmonde Magny öffnete mir die Tür, bot mir richtigen Kaffee an, wir unterhielten uns. Wir nahmen einen Gedankenaustausch wieder auf, der während meiner Abwesenheit unterbrochen gewesen war.

Ich hatte sie 1939 auf einem Kongreß von *Esprit* kennengelernt. Vor dem Sommer, jedoch nach der Niederlage der spanischen Republik. Es war in Jouy-en-Josas, wenn ich mich recht erinnere. Mein Vater war Generalkorrespondent der personalistischen Bewegung von

Mounier in Spanien gewesen. Er wohnte diesem Kongreß bei, ich hatte ihn begleitet. Ich war fünfzehn Jahre alt und Interner im Henri IV, seit Madrid Francos Truppen in die Hände gefallen war. Die Versammlung fand sicherlich in den Schulferien statt. Vielleicht den Pfingstferien, das ließe sich nachprüfen. Oder aber an einem Wochenende. Aber das genaue Datum ist unwichtig. Der spanische Krieg war verloren, wir waren im Exil, bald würde der Weltkrieg beginnen: soviel zum Wesentlichen. Ich erinnere mich, daß alle Debatten des *Esprit*-Kongresses von seinem Nahen überschattet waren. Ich erinnere mich noch sehr gut an den Eindruck, den die Beiträge von Luccioni, Landsberg, Soutou auf mich machten. Ich erinnere mich, daß die Frau von Paul Ludwig Landsberg blond und schön war, daß sie ein Kabriolett fuhr.

Dort war ich, wenn ich mich recht erinnere, Claude-Edmonde Magny zum erstenmal begegnet. Bei jenem Ereignis und an jenem Datum. Damals hatte sie begonnen, diesen Namen zu verwenden, ein Pseudonym, um ihre literaturkritischen Essays zu schreiben. Sie war zehn Jahre älter als ich, hatte ein Staatsexamen in Philosophie und unterrichtete an einem Gymnasium in der Provinz. In Rennes, während der *drôle de guerre*. Sie war erst 1941 wieder nach Paris zurückgekehrt, und seitdem trafen wir uns regelmäßig.

Doch an jenem Tag, Anfang August, drei Monate nach meiner Rückkehr aus Buchenwald, hatte Claude-Edmonde Magny beschlossen, mir einen langen Brief vorzulesen, den sie zwei Jahre zuvor, 1943, an mich geschrieben hatte. Ich wußte, daß es ihn gab, kannte jedoch seinen Inhalt nicht. 1947 sollte sie diesen Text bei Pierre Seghers in einer mir gewidmeten begrenzten Auflage veröffentlichen, unter dem Titel *Lettre sur le pouvoir d'écrire*, Brief über das Vermögen zu schreiben.

Sie hat mich angesehen, als sie ihre Lektüre nach jener Stelle über die Pastiches nach Mallarmé unterbrach.

Ich wollte also die Sache mit Marcel Proust klarstellen. Ich hatte Proust nicht wirklich gelesen, auch wenn man es meinem Gespräch nicht anmerkte. Denn ich war imstande, trefflich, sogar stichhaltig über Proust zu sprechen, solange man wollte. Ich hatte die *Suche* nicht gelesen, aber fast alles darüber. In Wirklichkeit hatte ich die Lektüre 1939 begonnen, in den Ferien – *adieu, vive clarté de nos étés trop courts* ... –, aber nicht fortgesetzt. Ich würde die *Suche* erst vierzig Jahre später zu Ende lesen: die Lektüre eines ganzen Lebens. In Washington, 1982, würde ich *Die wiedergefundene Zeit* lesen. Yves Montand sang im Lincoln Center. Morgennebel hing über dem Potomac, und in der National Gallery gab es eine Ausstellung holländischer Malerei. Vermeers *Ansicht von Delft* befand sich nicht darunter, worüber ich betrübt gewesen war. Dafür hatte ich mir lange das junge Mädchen mit dem Turban angesehen. Ein ganzes Leben zwischen dem ersten und dem letzten Band von Proust. Ein ganzes Leben zwischen meinen Seitensprüngen ins Mauritshuis in Den Haag, wo mein Vater Geschäftsträger der spanischen Republik war – Besuchen, die vom Ende des Bürgerkriegs, unserer Abreise nach Frankreich, meinem Eintritt ins Lycée Henri IV unterbrochen wurden – und der Ausstellung in der National Gallery von Washington.

Aber Claude-Edmonde Magny hätte ich das alles natürlich nicht erzählen können. Im August des Jahres 1945, zum Zeitpunkt dieses Gesprächs mit ihr, wußte ich noch nicht, wo und wann ich Marcel Proust zu Ende lesen würde. Dagegen hätte ich ihr sagen können, daß ich mich nie gefragt hatte, was meinen kleinen Gedichten fehlte: ich wußte es ganz genau.

Trotzdem habe ich geschwiegen.

Der Lebensüberdruß war schwer an jenem Morgen. Die Beklemmung des Erwachens mitten in der Nacht, der wilden Flucht, die sich daraus ergeben hatte, bedrückte mich noch immer.

Warum hatten Odile und ich in einer Wohnung geschlafen, die von ihren Bewohnern verlassen worden war, nahe der Metrostation Duroc? War sie wegen der Ferien leer? Oder war sie von einer Familie noch nicht wieder bezogen worden, die in der Provinz Zuflucht gesucht hatte, in irgendeinem Landhaus, für die Dauer der Kampfhandlungen, die immer noch weitergingen, in der Ferne, im Fernen Osten? Die leere Wohnung gehörte irgendeiner Tante oder Kusine von Odile M. Letztere hatte eine große und freizügige Familie. Man überließ ihr ohne weiteres die Schlüssel, das kam uns sehr gelegen.

Am Abend unserer Begegnung im »Petit Schubert«, wenige Tage nach meiner Rückkehr aus Buchenwald, hatten wir das Lokal, die Kumpel, die geschlossene, kupferne Welt der Jazzmusik verlassen. In der Kühle des Maimorgens hatten wir festgestellt, daß wir nicht mehr genug Geld für ein Hotelzimmer besaßen. Sie sah keine Möglichkeit, mich in dieser Nacht unterzubringen. Schließlich, nachdem wir allerlei bizarre Möglichkeiten erwogen hatten, über die wir wahnsinnig lachten, reglos und umschlungen auf dem Trottoir der »Closerie« stehend, habe ich Odile in das Häuschen der Familie Herr gebracht, in annehmbarer Entfernung, am Boulevard de Port-Royal.

Seit meiner Rückkehr nämlich, vor ein paar Tagen, hatte mir Madame Herr das Mansardenzimmer zur Verfügung gestellt, in dem ich während der Besatzung bisweilen Unterschlupf gefunden hatte.

Eine Nachtigall hat plötzlich gesungen, um den beginnenden Tag zu begrüßen, der sich durch ein seitliches, goldenes Licht ankündigte, als wir durch den weitläufigen Garten gegangen sind (gibt es ihn noch? Unruhe erfaßt mich, jäh, brutal, heute, da ich diese Zeilen schreibe, bei der Vorstellung, daß dieser Garten verschwunden sein könnte), der hinter der bürgerlichen – kurz gesagt: Haussmannschen – Fassade der Nummer 29 des Boulevard de Port-Royal lag.

Der Gesang einer Nachtigall, um unsere Ankunft zu begrüßen.

Wir haben uns verstohlen in das Häuschen der Familie Herr geschlichen. Alles schlief. Odile hatte ihre Schuhe ausgezogen, um die Treppe hinaufzusteigen. Im Vorbeigehen habe ich einen Blick in die Bibliothek im Erdgeschoß geworfen, die Manen all derer beschwörend, die sich dort um Lucien Herr geschart hatten.

Im Fall von Léon Blum jedoch, einem Vertrauten dieses Orts, waren es nicht seine Manen, die ich beschwor. Er lebte, er war sogar eben erst von italienischen Partisanen und amerikanischen Soldaten befreit worden, in einem Dorf in den Dolomiten, wo er nach der langen Irrfahrt, die in Buchenwald begonnen hatte, gelandet war. Genau an jenem Tag, dem 4. Mai, wenn meine Berechnungen stimmen, hatte die Presse die Nachricht gebracht.

Aber ich habe Odile nichts über Léon Blum und die anderen Vertrauten dieses historischen Orts gesagt. Man durfte keinen Lärm machen auf der Treppe dieses ehrwürdigen Hauses. Ein unterdrücktes Gelächter schüttelte uns noch, wie Schüler, als wir uns im Licht des frühen Morgens auf das Bett warfen.

Drei Monate später, Anfang August, waren wir zum Schlafen in eine Sackgasse gegangen, die am Boulevard des Invalides begann, unweit der Metrostation Duroc.

Es war eine geräumige, reich ausgestattete Wohnung.

Über der Mauer, die die Straße abschloß, sah man Äste, die sich in der Ferne bewegten: ein vielfältiges Rauschen in der durchsichtigen Abendluft. Wir hatten ein Ehebett gewählt. Die gestärkten Laken, die wir in dem tadellos aufgeräumten Schrank fanden, rochen lavendelfrisch wie die Aussteuer früherer Zeiten.

Alles ließ sich gut an, dieser Abend war ein weiteres Fest.

Aber wahrscheinlich hätte ich aufmerksamer auf einige kaum wahrnehmbare Zeichen achten sollen. So hatte mich flüchtig eine verdächtige Unruhe ergriffen, als ich mit Odile durch die leere Wohnung ging, auf der Suche nach einem Bett für die kommende Nacht. Nichts Genaues zwar, kein Stich ins Herz, kein jähes Pochen des Bluts. Eher ein leises Unbehagen, lau, etwas klebrig, das meine Seele streifte. Ich hätte um so wachsamer sein müssen, als ich, nach drei Monaten Erfahrung, genau wußte, wie zerbrechlich mein Glück zu leben war. Wie sehr ich mich anstrengen mußte, es zu halten. Ich wußte bereits, daß mein Lebenshunger, die Gier, die mich dazu trieb, die Tage bis zur Neige auszukosten, diesen Sommer der Rückkehr zu einer Zeit durchwachter Nächte zu machen, ich wußte, daß diese Art Lebenskraft es mir nicht ersparte, verwundbar zu sein.

In jener Wohnung nahe der Metrostation Duroc hatte mich ein dumpfes Unbehagen befallen, als ich die mit weißen Schonbezügen verhüllten Sofas und Sessel sah. Hinterhältig hatte mich das an meine Kindheit erinnert, an die Wohnung in der Calle de Alfonso XI, in Madrid, bei der Rückkehr aus den langen Sommerferien an Meeresstränden.

Am Ende des langen Sommers, dem Sommer des Bürgerkriegs, waren wir nicht nach Madrid zurückgekommen, da die Ereignisse uns ins Exil gestoßen hatten, in die Vertreibung. Nie hatte ich sie wiedergesehen, nie würde ich sie wiedersehen, die großen Zimmer mit den gespenstischen Möbeln, die mit weißen Laken bedeckt waren wie mit Leichentüchern. Aber in den vorangegangenen Jahren hallte die nach den langen Sommerferien wiedergefundene Wohnung wider von unseren Schreien, unserem Herumtollen. Eine leichte Beklemmung lag in dieser Erregtheit. Denn die Rückkehr in das Haus rief sonderbarerweise ein Gefühl der Verwirrung hervor. Es war die Rückkehr zum heimatlichen Herd, die die Ungewißheit hervorrief.

1953, als ich zum erstenmal wieder nach Madrid gekommen bin, um in der Illegalität der kommunistischen Organisation zu arbeiten, war ich zur Calle de Alfonso XI gelaufen. Kaum hatte ich den Koffer in dem Hotel abgestellt, in dem ich mit meinem falschen Paß abgestiegen war, war ich quer durch Madrid zur Calle de Alfonso XI gelaufen.

Die Stadt meiner Kindheit war noch nicht die industrielle, sich weithin ausdehnende, barbarisch prunkvolle und verkommene Metropole geworden, die sie heute ist. Der Himmel war noch tiefblau, die Luft der angrenzenden Hügel war noch zu atmen, trocken und rein, das Wasser war noch immer köstlich frisch und durchsichtig wie der Schnee und die Quellen, aus denen es stammte. Vor allem aber hatte sich das Retiro-Viertel, das Viertel meiner Kindheitserinnerungen, nicht verändert. Die Bilder meiner aufmerksamen und gerührten Wahrnehmung stimmten mit denen meines Gedächtnisses überein: sie flossen ineinander, ihre Farben glichen sich noch in ihren kleinsten Nuancen.

Dennoch hat an jenem Abend im Juni 1953, trotz der völligen Identität von Erinnerungen und Bildern der Gegenwart, eine undeutliche, vielmehr unsagbare Beklemmung mein Herz aufgewühlt, sobald ich in der Calle de Alfonso XI angekommen war, als ich die Balkone des ersten Stocks des Hauses betrachtete, in dem ich meine Kindheit verbracht hatte. Während all der Jahre im Ausland hatte ich noch nie ein so stechendes Gefühl von Exil, von Fremdheit empfunden wie in diesem privilegierten Augenblick meiner Rückkehr in die Heimat.

Aber soweit bin ich noch nicht.

Ich bin gerade dabei, mit Odile durch eine gut ausgestattete Wohnung des 7. Arrondissements von Paris zu laufen, und die weißen Bezüge, die Sessel und Sofas schützen, erinnern mich plötzlich an das Gefühl von Ungewißheit, vager Beklemmung, das ich früher bei der Rückkehr aus den Ferien empfand. Es waren die Zeichen der Heimatlosigkeit. Plötzlich wurde es nicht nur deutlich lesbar, daß ich nicht zu Hause war, sondern daß ich nirgends war. Oder irgendwo, was auf dasselbe hinausläuft. Fortan würden meine Wurzeln immer nirgends oder irgendwo sein: auf alle Fälle in der Heimatlosigkeit.

Aber dieses unheimliche Gefühl hatte nur einen Augenblick gedauert. Zumal Odile sofort begonnen hatte, die weißen Bezüge, die die Sitze schützten, durch den Salon fliegen zu lassen, in dem wir uns befanden. Sie bewegte sich in dem kampfergeschwängerten Raum des Zimmers, anmutig, stark, lebendig. Das Weiß des Tuchs der Bezüge verlieh ihr einen wirbelnden Strahlenkranz.

Sie schmetterte eine Arie aus *Carmen*, während sie im Tanzschritt durch das Zimmer lief.

Noch heute, ein ganzes Leben später, genügt der kurze Augenblick eines Wachtraums, einerlei wo, einerlei wann, oder ein Augenblick willentlicher Ablenkung, wenn ich mich einem unnützen Gespräch, einem stümperhaften Bericht, einem dürftigen Schauspiel entziehen will, daß sich jählings, scheinbar unabhängig von den Gedanken oder Wünschen des Augenblicks, in meinem

Gedächtnis ein blendend weißer Film von Bildern in Zeitlupe abspult. Möwenflügel in der Morgendämmerung hinter der Glaswand eines Hotelzimmers in der Bretagne? Focksegel unter dem zinnfarbenen Licht der Bucht von Formentor? Milchiger, von den Wirbelwinden zerfaserter Nebel über der Meerenge von Eggemogging?

Es kommt vor, daß ich diese Bilder nicht zu identifizieren vermag. Dann bleibe ich an der Schwelle ihrer Lesbarkeit stehen, von einer undefinierbaren Erregung aufgewühlt: etwas Starkes und Wahres bleibt verborgen, entgeht mir und entzieht sich. Etwas verflüchtigt sich, sobald es aufgetaucht ist, wie ein unerfüllter Wunsch. Aber es kommt auch vor, daß sie deutlich werden, daß sie aufhören, unscharf zu sein und mich zu foppen.

Ich erkenne den langen Flur der Wohnung in der Calle de Alfonso XI in Madrid, der vom Lärm unserer Rennerei, schwungvoll aufgestoßener Türen widerhallt. Ich erkenne im Halbdunkel eines späten Sommerabends die kostbaren, von weißen Schonbezügen umhüllten Möbel. Und dann tauchen, mit der Kindheitserinnerung verbunden, sonderbar von ihr gesteuert, alle anderen auf: das Aufflattern eines Taubenschwarms auf der Plaza de la Cibeles; die Möwen der Bretagne; die Segel von Formentor; der Nebel von Little Deer Isle. Und die Erinnerung an Odile, wie sie durch einen Pariser Salon tanzt und fröhlich die strahlenden Leichentücher von den Sesseln und Sofas reißt, sie in Lilienbanner der verheißenen Lust verwandelt, während sie aus voller Kehle die Arie des Toreador von Bizet singt.

Im »Petit Schubert«, Boulevard Montparnasse, wenige Tage nach meiner Ankunft in Paris, hatte ich Odile in den Armen gehalten. Ich fragte mich, ob nicht plötzlich jemand auftauchen werde, um sie mir wegzunehmen. In Eisenach, in dem alten Hotel, wo die Amerikaner ein Repatriierungszentrum eingerichtet hatten, hatte mir der französische Offizier der Kommandoeinheit Martine weggenommen. Aber im »Petit Schubert« ist die Zeit vergangen, es passierte nichts. Nichts anderes als das in Odiles Augen brennende Licht, die verstärkte Gegenwart ihres Körpers. Sie war noch immer in meinen Armen. Sie schien niemandem zu gehören. Niemand schien auf diese junge Frau irgendein Anrecht zu haben. Sie würde mir gehören.

Die Tage vergingen, die Wochen: sie gehörte mir.

Zweifellos muß man dieses Zugehörigkeitsverhältnis umkehren. Vielmehr war ich es, der ihr gehörte, da sie das Leben verkörperte und ich dem Leben gehören wollte, voll und ganz. Für mich und mit mir hat sie die Gesten des Lebens neu erfunden. Sie hat meinen Körper neu erfunden, zumindest einen Gebrauch meines Körpers, der nicht mehr strikt einer Ökonomie des Überlebens gehorchte, sondern der Hingabe, der Verschwendung in der Liebe.

Dennoch, ohne ihr Zutun, ohne mein Zutun, ungeachtet des Überschwangs dieses Sommers, holte mich bisweilen das Gedächtnis des Todes ein, sein heimtückischer Schatten.

Mitten in der Nacht, vorzugsweise.

Ich war jählings aufgewacht, um zwei Uhr morgens.

»Aufgewacht« ist übrigens nicht der angemessenste Ausdruck, auch wenn er richtig ist. Denn ich hatte zwar, zusammenzuckend, die Wirklichkeit des Traums verlassen, aber nur, um in den Traum der Wirklichkeit einzutauchen: vielmehr den Alptraum.

Kurz zuvor irrte ich durch eine stürmische, undurchdringliche, strudelnde Welt. Plötzlich hatte in dieser verworrenen Umgebung eine Stimme gedröhnt, für Ordnung sorgend. Eine deutsche Stimme, befrachtet mit der ganz nahen Wahrheit von Buchenwald.

Krematorium ausmachen! sagte die deutsche Stimme. Eine dumpfe, ärgerliche, gebieterische Stimme, die in meinem Traum hallte und mir sonderbarerweise nicht etwa zu verstehen gab, daß ich träumte, wie es in solchen Fällen gewöhnlich geschieht, sondern mich glauben ließ, daß ich von neuem – oder noch immer oder für ewig – in der Wirklichkeit von Buchenwald aufwachte: daß ich sie nie verlassen hatte, dem Anschein zum Trotz, daß ich sie nie verlassen würde, trotz den Blendwerken und Vorspiegelungen des Daseins.

Einige Sekunden lang – unendlich lang, die Ewigkeit der Erinnerung lang – hatte ich mich in der Wirklichkeit des Lagers wiedergefunden, in der Nacht eines Fliegeralarms. Ich hörte die deutsche Stimme, die befahl, das Krematorium auszumachen, aber ich empfand keine Angst. Ganz im Gegenteil, es überkam mich zuerst eine Art Heiterkeit, eine Art Frieden: als fände ich wieder zu einer Identität, zu einer Durchschaubarkeit meiner selbst an einem bewohnbaren Ort. Als wären – und ich gebe zu, daß diese Behauptung ungehörig, zumindest übertrieben klingen mag, aber sie entspricht der Wahrheit –, als wären die Nacht über dem Ettersberg, die Flammen des Krematoriums, der unruhige Schlaf der auf den Pritschen zusammengepferchten Kumpel, das schwache Röcheln der Sterbenden eine Art Vaterland, der Ort einer Fülle, eines Lebenszusammenhangs, ungeachtet der autoritären Stimme, die in verärgertem Ton wiederholte: *Krematorium ausmachen! Krematorium ausmachen!*

Diese Stimme schwoll an, wurde bald ohrenbetäubend. Da erwachte ich, hochschreckend. Mein Herz schlug irrsinnig. Mir war, als hätte ich geschrien.

Aber nein, Odile schlief an meiner Seite, friedlich.

Ich richtete mich im Bett auf, schweißgebadet. Ich hörte den regelmäßigen Atem meiner Freundin. Ich machte eine Nachttischlampe an. Ich schlug die Decke zurück, ich betrachtete ihren nackten Körper. Eine schauderhafte Angst umklammerte mich, trotz der zerreißenden Gewißheit ihrer Schönheit. Dieses ganze Leben war nur ein Traum, war nur Illusion. Ich mochte Odiles Körper berühren, die Rundung ihrer Hüfte, die Anmut ihres Nackens – es war nur ein Traum. Das Leben, die Bäume in der Nacht, die Musik aus dem »Petit Schubert«, sie waren nur ein Traum. Alles war ein Traum, seit ich den Buchenwald auf dem Ettersberg verlassen hatte, die letzte Wirklichkeit.

Ich biß in meine geballten Fäuste, um nicht zu brüllen. Ich krümmte mich im Bett zusammen und versuchte, wieder zu Atem zu kommen.

Ich hätte mich vorsehen sollen, diese Nacht. Ich hätte die Anzeichen des Lebensunglücks nicht außer acht lassen dürfen.

Da war zuerst, flüchtig, das Unbehagen gewesen, hervorgerufen von den tückisch in das Leichentuch der weißen Bezüge gehüllten Möbeln im Salon der Wohnung, in die Odile mich für die Nacht geschleppt hatte. Später waren wir noch einmal weggegangen. Wir waren nach Saint-Germain-des-Prés geschlendert. Wir hatten bei Freunden gegessen, in der Rue Saint-Benoît. Nach dem Abendessen und einem Glas im »Montana« sind wir wieder zum Montparnasse gegangen.

Wir lebten in den Tag hinein, in jenem Sommer. Keiner von uns hatte je mehr als drei Sous. Ich jedenfalls schwindelte mich durch, aber recht wohlgemut, ohne festen Wohnsitz: ein Rasierer, eine Zahnbürste, ein paar Bücher und ein paar Klamotten in einer Reisetasche waren mein ganzes Gepäck.

Im »Petit Schubert«, auf der Treppe, die zu dem Saal

im Souterrain führte, hatte ich eine zweite Warnung erhalten. Die kleine Jazzgruppe des Lokals spielte *Stardust*. Ich bin gestolpert, ich habe mich auf Odile stützen müssen, um nicht hinzufallen. Sie hat geglaubt, ich wollte von neuem ihren Körper spüren, seine dargebotene Wärme. Sie hat, was lediglich ein Zeichen von Hilflosigkeit war, für eine Regung physischer Zärtlichkeit gehalten. Ich habe sie keines Besseren belehrt, wozu auch? Ich habe ihr nichts von Jiří Zaks Jazzorchester in Buchenwald erzählt, nichts von dem norwegischen Trompeter, der wunderbar die Solos von *Stardust* spielte, sonntagnachmittags in Buchenwald.

Sie hat sich an mich gelehnt, ihre Hüfte lastete auf der meinen. Wir sind zusammen, aneinandergepreßt, die letzten Treppenstufen hinuntergegangen, im aufwühlenden Klang des Trompetensolos. Aber die Schneeflocken trieben durch mein Gedächtnis. Falls es nicht graue Rauchflocken waren.

Ich war jählings aufgewacht.

Aber das Erwachen beruhigte nicht, verscheuchte nicht die Angst, im Gegenteil. Es vertiefte sie, während es sie gleichzeitig verwandelte. Denn die Rückkehr zum Wachzustand, zum Gipfel des Lebens war an sich schreckenerregend. Weil das Leben ein Traum war nach der gleißenden Wirklichkeit des Lagers, die schreckenerregend war.

Ich hatte eine Lampe angemacht, die Decke zurückgeschlagen.

Odiles Körper bot sich meinem Blick in der ermatteten Fülle des Schlafs. Aber die beruhigende Gewißheit ihrer Schönheit hatte mich nicht von meinem Schmerz abgebracht. Nichts würde mich von meinem Schmerz abbringen. Nur der Tod, natürlich. Nicht die Erinnerung an den Tod, an meine Erfahrung des Todes: die Erfahrung, auf ihn zuzugehen, mit den anderen, den Meinen, ihn brüderlich mit ihnen zu teilen. Sein-zum-Tode mit den anderen: den Kumpeln, den Unbekannten, meinen Mitmenschen, meinen Brüdern: dem Anderen, dem Nächsten. Unsere gemeinsame Freiheit darauf zu gründen. Nicht die Erinnerung an den Tod also, sondern der persönliche Tod: denjenigen, den man zwar nicht erleben, aber beschließen kann.

Einzig der willentliche, vorsätzliche Tod könnte mich von meinem Schmerz abbringen, mich von ihm befreien.

Ich bin von Odile abgerückt, erstarrt vor dieser Evidenz.

Sie verkörperte für mich das Leben, seine Sorglosigkeiten, seine Unschuld: seine unvorhersehbare und bezaubernde Verantwortungslosigkeit. Sie war die stets erneuerte Gegenwart, die keinen anderen Plan kannte, als diese Art, auf der Welt zu sein, beharrlich beizubehalten: eine leichte und schwellende Gegenwart, so etwas wie ein Zustand der Gnade, verschwörerischer und zärtlicher Freiheit.

Aber nichts verscheuchte das tödliche Wissen, in dem unser ungebundenes Zusammensein wurzelte. Wenn sie mich gleich am ersten Tag unserer Begegnung unter all den jungen Leuten ausgewählt hatte, die um ihre Frische, ihre spöttische Ungezwungenheit, ihren schönen Körper und ihren klaren Blick herumschwirrten, der in aller Unschuld die Schätze einer verfügbaren Zärtlichkeit preisgab, dann genau deshalb, weil ihr mein Blick, so hat sie mir später gestanden, von einer ungewohnten Nacht, einer eisigen, nahezu fanatischen Forderung erfüllt zu sein schien.

Odile umhegte mich mit den erfinderischen Gesten der körperlichen Liebe, mit ihrem Lachen ohne Sinn und Verstand, ihrer unersättlichen Vitalität. Aber sie wußte nicht was tun, wenn der Sturm in meinem Leben losbrach. Sie wußte nicht, wie sie mit dem Unheil umgehen sollte. Sobald der Schatten mich einholte, meinen Blick trübte, mich in ein verkrampftes Schweigen stürzte; sobald mich die Stimme eines SS-*Sturmführers*, die befahl, das Krematorium auszumachen, mitten in der Nacht aus dem Traum meines Lebens riß, verlor Odile den Boden unter den Füßen. Sie streichelte mein Gesicht, wie man ein verängstigtes Kind streichelt, sie sprach zu mir, um dieses Schweigen, diese Abwesenheit, dieses klaffende Loch mit tröstlichem Geplapper zu füllen.

Es war unerträglich.

Odile war offensichtlich auf die Welt gekommen, um ihr Freude, Vitalität zu bringen: die Milch der menschlichen Zärtlichkeit. Sie war nicht auf die Welt gekommen, um den Stimmen des Todes, seinem inständigen Geflüster zu lauschen. Noch weniger, um es auf sich zu nehmen, auf die Gefahr hin, ihre eigene Seelenruhe, ihr eigenes Gleichgewicht zu verlieren.

Aber wer um uns herum wird, in jener Zeit der Rückkehr, bereit gewesen sein für ein unaufhörliches und tödliches Lauschen auf die Stimmen des Todes?

Ich hatte meine Nachttischlampe gelöscht, ich war aus dem Bett geglitten, mich tastend ankleidend. Ich war in die Nacht geflohen, war ins »Petit Schubert« zurückgekehrt. Die Jazzgruppe spielte noch für ein halbes Dutzend Nachtschwärmer. Ich hatte mich an die Bar gesetzt, man hatte mir ein Glas eingeschenkt. Ich hatte kein Geld mehr, es mir zu leisten, aber man kannte mich. Man hatte mich vor ein paar Stunden mit Odile gesehen. Man sah mich oft mit ihr, mit Kumpeln, seit einigen Wochen. Seit meiner Rückkehr. Freilich wußte man nicht, daß ich zurückgekehrt war, ob aus Buchenwald oder sonst woher.

Mein Haar wuchs sehr schnell nach. Und außerdem war alles voll von ehemaligen Soldaten aller Art mit mehr oder weniger kurzgeschorenen Haaren in jenem Sommer 1945. Niemand stellte einem Fragen über seine Vergangenheit. Es war ein Sommer, in dem allein die Gegenwart zählte.

Man hat mir also ein Glas eingeschenkt. Und der Kellner hat sich nicht gewundert, mich ohne Odile zurückkommen zu sehen. Der Schlagzeuger hat mir komplizenhaft zugezwinkert.

Ich habe der Musik gelauscht, das war das einzige, was ich tun konnte. Fast alle Gäste waren gegangen, zumindest jene, die zum Tanzen gekommen waren. Es blieben noch ein halbes Dutzend Leute, um der Jazzmusik zu lauschen. Das kleine Orchester des Lokals war recht gut. Die Musiker ließen sich gehen, jetzt, da sie für sich selber spielten.

Ich bin von der Bar weggegangen und habe mich in den Saal gesetzt. Wir scharten uns um die Musiker, die über klassische Themen improvisierten, insbesondere Themen von Louis Armstrong. Das gefiel mir, ich kannte Armstrongs Repertoire sehr gut. Wir waren da, die Zeit verging. Nichts vereinte uns, nichts anderes als diese Musik. Das genügte, allem Anschein nach. Vielleicht hatten wir nur die Liebe zu dieser Musik miteinander gemeinsam. Denselben Respekt für diese ungestüme und zarte Musik der Freiheit voll strenger Einfälle. Das genügte, allem Anschein nach.

Im Morgengrauen hat das Lokal zugemacht. Es war noch zu früh, um an Claude-Edmonde Magnys Tür in der Rue Schœlcher zu läuten. Ich bin ein wenig aufs Geratewohl herumgelaufen, in der schroffen Kühle des frühen Morgens. Schließlich bin ich über das Gitter einer Grünanlage am Ende der Rue Froidevaux gesprungen und habe mich auf eine Bank gelegt.

Eine Eingebung hatte mir keine Ruhe gelassen, seit dem Jazzspiel in Eisenach, an einem anderen frühen Morgen, vor einigen Monaten. Diese Musik, die untröstlichen oder schillernden Trompeten- und Saxophonsolos, das gedämpfte oder kräftige Schlagzeug, belebend wie das Pochen wallenden Bluts, standen paradoxerweise im Mittelpunkt der Welt, die ich beschreiben wollte: des Buchs, das ich schreiben wollte.

Die Musik würde sein Nährstoff sein: seine Matrix, seine imaginäre formale Struktur. Ich würde den Text wie ein Musikstück aufbauen, warum nicht? Er würde in der Atmosphäre aller Musik jener Erfahrung schwimmen, nicht nur der des Jazz. Der Musik der Lieder von Zarah Leander, die die SS bei jeder Gelegenheit über die Lautsprecheranlage des Lagers übertrug. Der mitreißenden und martialischen Musik, die das Orchester von Buchenwald morgens und abends auf dem Appellplatz spielte, beim Ausrücken und bei der Rückkehr der Arbeitskommandos. Und dann der illegalen Musik, durch die unsere Welt mit der Freiheit in Verbindung stand: der klassischen Musik, die an manchen Abenden in einem Souterrain der *Effektenkammer* von einem von Maurice Hewitt geleiteten Streichquartett gespielt wurde; Jazzmusik des von Jiří Zak gegründeten Orchesters.

Die Musik, die verschiedenen Arten von Musik würden den Ablauf des Berichts rhythmisch gliedern. Ein Sonntag, warum nicht? Der Bericht von einem Sonntag, Stunde für Stunde.

Seit jenem Aprilmorgen in Eisenach, nach der Diskussion mit den Repatriierten über die beste Art des Erzählens, hatte ich also an dieser Idee gearbeitet, hatte sie in meiner Phantasie ihr Werk tun lassen. Es kam mir nicht unsinnig vor, eine um einige Stücke von Mozart und Louis Armstrong strukturierte Erzählform zu entwerfen, um die Wahrheit unserer Erfahrung aufzustöbern.

Aber es stellte sich heraus, daß sich mein Plan nicht verwirklichen ließ, zumindest nicht sofort und in seiner systematischen Totalität. Das Gedächtnis von Buchenwald war zu dicht, zu erbarmungslos, als daß es mir hätte gelingen können, auf Anhieb zu einer so geläuterten, abstrakten literarischen Form zu finden. Wenn ich um zwei Uhr morgens aufwachte, die Stimme des SS-Offiziers im Ohr, die orangerote blendende Flamme des Krematoriums vor Augen, dann zerbrach die subtile und ausgeklügelte Harmonie meines Plans in schrille Dissonanzen. Nur ein Schrei aus der Tiefe der Eingeweide, nur eine Totenstille hätte das Leiden auszudrücken vermocht.

»... es fehlte ihnen lediglich, daß sie von Ihnen geschrieben waren; Sie ausdrücken, wie oberflächlich auch immer...«

Claude-Edmonde Magny hatte die Lektüre des Briefes, den sie mir vor zwei Jahren geschrieben hatte, wieder aufgenommen. So waren wir also wieder bei meinen kleinen Gedichten. Bei jenen außerordentlichen kleinen Pastiches nach Mallarmé, die sie jedesmal verblüfften. Das sind ihre eigenen Worte, ich gebe sie lediglich wieder. Ich nehme sie nicht auf meine Kappe. Ich werde mich hüten, diese Jugendgedichte zu bewerten, dazu bin ich nicht überheblich genug. Im übrigen besitze ich keine Spur mehr von ihnen. Diese Texte sind im Aufruhr jener Jahre verschwunden, die Erinnerung an sie ist praktisch aus meinem Gedächtnis getilgt. Man wird Claude-Edmonde Magny aufs Wort glauben müssen.

Zeit ist vergangen, seit sie die Lektüre unterbrochen und soeben wieder aufgenommen hat. Zwei Stunden, in denen sie mehrmals Kaffee gekocht hat. Ich habe ihr von meinem Aufwachen mitten in der Nacht erzählt: von den aberwitzigen Gründen dafür.

Jetzt hat sie ihre Lektüre wieder aufgenommen:

– ...»es fehlte ihnen lediglich, daß sie von Ihnen geschrieben waren; Sie ausdrücken, wie oberflächlich auch immer. Gewissermaßen mit dem Wesentlichen in Ihnen zusammenhängen, mit dem, was Sie mehr als alles andere wollen, von dem Sie jedoch noch nicht wissen, was es ist...«

Claude-Edmonde unterbricht sich von neuem. Sie schaut mich an.

– Wissen Sie es jetzt?

Das, was ich mehr als alles andere wünsche, ist Ruhe. Nicht nur die körperliche Ruhe nach einer durchwachten Nacht. Ich bin ein unverwüstlicher Wiedergänger, wie mir scheint, ein erprobter Überlebender. Ich weiß bereits, wie leicht ich wieder zu Kräften komme. Die körperliche Ruhe ist zweitrangig, alles in allem. Was ich mehr als alles andere wünsche, ist geistige Ruhe.

Anders gesagt das Vergessen.

– Ich glaube es zu wissen...

Sie wartet auf eine Fortsetzung, die nicht kommt.

Ich wünsche mir nur das Vergessen, sonst nichts. Ich halte es für ungerecht, fast unanständig, daß ich achtzehn Monate Buchenwald ohne eine einzige Minute der Angst, ohne einen einzigen Alptraum hinter mich gebracht habe, getragen von einer stets aufgefrischten Wißbegier, aufrechterhalten von einem unstillbaren Lebenshunger – ganz unabhängig im übrigen von der Gewißheit des Todes, seiner täglichen Erfahrung, seinem unsäglichen und kostbaren Erlebnis –, um mich jetzt, dem allen entronnen, bisweilen der nacktesten Angst verfallen zu sehen, der unsinnigsten, da vom Leben selbst, von der Heiterkeit und den Freuden des Lebens wie von der Erinnerung an den Tod gespeisten Angst.

Was mich also in jener Nacht aus dem Bett geworfen hat, was mich Odiles Armen entrissen hat, war nicht nur der Traum, in dem die Stimme eines SS-*Sturmführers* dröhnte, die befahl, das Krematorium auszumachen, es war auch, sogar noch mehr, die Tatsache, daß ich am Leben war und genötigt, diesen absurden, zumindest unwahrscheinlichen Zustand hinzunehmen, mich in eine Zukunft zu projizieren, die mir vorzustellen unerträglich war, sogar im Glück.

Ich hatte Odiles Körper betrachtet, seine im Schlaf ermattete Schönheit, seine greifbaren Verheißungen: ein Glück, eine Art Glück, ich wußte es. Aber es war ein unnützes Wissen, das mir keinerlei Selbstvertrauen gab, mir keinen Ausweg zeigte.

Alles würde von neuem beginnen nach dieser Art Glück, diesen tausend winzigen und zerreißenden Glücksmomenten. Alles würde von neuem beginnen, solange ich am Leben wäre: vielmehr ins Leben zurückkehrte. Solange ich versucht wäre zu schreiben. Niemals würde das Glück des Schreibens, das begann ich zu ahnen, das Unglück des Gedächtnisses auslöschen. Ganz im Gegenteil: es schärfte, vertiefte, belebte es. Machte es unerträglich.

Nur das Vergessen könnte mich retten.

Claude-Edmonde beobachtete mich, zweifellos in der Hoffnung, daß ich mich erkläre. Des Wartens müde, hat sie die Lektüre ihres Briefs wieder aufgenommen:

»Kurze Zeit glaubte ich, daß die Anonymität Ihrer Gedichte der Tatsache geschuldet war, daß Sie plagiierten (absichtlich, aber das ist unwichtig), oder aber, tiefgründiger, der Fremdheit, die die Wörter der französischen Sprache noch immer für Sie bewahrten, mochten sie Ihnen grammatikalisch auch noch so vertraut sein – jene Wörter, die nichts von Ihrer Kindheit, von Ihren Vorfahren wußten, in denen Ihre Seele keine Wurzeln hatten ... Sie sind noch nicht aus den Anfängen der literarischen Schöpfung heraus: nichts, was Sie tun können, hat *Schwere*, im quasi physikalischen Sinn des Wortes ...«

Sie unterbricht sich jäh, sieht mich an.

– Ich habe das vor zwei Jahren geschrieben. Heute wäre es eher das Gegenteil ... Alles, was Sie schreiben könnten, läuft Gefahr, *zuviel* Schwere zu haben.

Sie hat völlig recht, ich stimme ihr mit einer Handbewegung zu.

Sie sucht eine andere Stelle aus ihrem Brief, die maschinengeschriebenen Seiten durchblätternd.

– Hören Sie, sagt sie. Man könnte fast meinen, ich hätte Ihnen geschrieben, um unser heutiges Gespräch, das doch gar nicht vorhersehbar war, vorzubereiten.

Sie liest:

»Ich wollte nur dies sagen: daß die Literatur erst am Ende einer anfänglichen Askese möglich ist, als Ergebnis dieser Übung, durch die das Individuum seine schmerzhaften Erinnerungen verwandelt und verarbeitet, zur gleichen Zeit, wie es seine Persönlichkeit formt ...«

Ich verkrieche mich im Schweigen, im Versiegen des Wunsches zu leben.

– Sie sind vor drei Monaten zurückgekehrt, fährt sie fort. Niemals haben Sie mir ein Wort über Buchenwald gesagt. Zumindest nicht direkt. Das ist sonderbar, sogar außergewöhnlich ... Ich kenne andere Widerstandskämpfer, die aus der Deportation zurückgekommen sind ... Sie alle haben ein geradezu schwindelerregendes Mitteilungsbedürfnis ... Ein wahres Fieber des Zeugnisablegens ... Bei Ihnen dagegen herrscht Schweigen ... Wir haben unsere früheren Gespräche genau an dem Punkt wieder aufgenommen, wo wir stehengeblieben waren ... Aber Sie sind dreimal am frühen Morgen bei mir aufgetaucht ... ohne Erklärung ... Wohlgemerkt, Sie können es sich erlauben, das ist eines der Vorrechte der Freundschaft: etwas zu bekommen, ohne irgend etwas

dafür zu geben ... Erinnern Sie sich, wovon Sie sprachen, als Sie zum erstenmal um sechs Uhr morgens her-
eingeschneit sind?

Ich habe genickt, ich erinnerte mich sehr gut.

– Von Schelling! hat sie ausgerufen. Von seinen Untersuchungen über die Freiheit ... Ich war erstaunt, daß
sich dieses Buch in der Lagerbibliothek befand, froh, daß
Schelling Sie interessiert hat ... Denn in der letzten Zeit
vor Ihrer Verhaftung schienen Sie ganz von Marx verne-
belt zu sein, Ihrer Lektüre von *Geschichte und Klassenbewußtsein* von Lukács ... Wie viele andere schienen Sie
mir der verhängnisvollsten aller Illusionen zu erliegen,
jener, die Marx in einer seiner Thesen über Feuerbach
zum Ausdruck bringt: die Philosophen haben die Welt
nur interpretiert, es kommt darauf an, sie zu verändern
... Was eine große Torheit ist, hochtrabend und folgen-
schwer ... Mit wenigen Worten liquidiert Marx die Philosophie als besondere, autonome Tätigkeit ... Er stellt
sie in den Dienst der Macht, vorzugsweise der absoluten,
denn es bedarf einer absoluten Macht, gleich welchen
Ursprungs, ob sie nun von Gott oder vom Volk kommt,
um mit einer gewissen historischen Legitimität die Welt
zu verändern ... Aber Sie haben von Schelling gesprochen, von seinem Essay über das Wesen der Freiheit ...
Und bei dieser Gelegenheit haben Sie flüchtig die Sonntage im Kreis um Maurice Halbwachs erwähnt ...

Sie hat sich unterbrochen, hat versucht, einer entschieden leeren Kaffeekanne noch ein paar Tropfen Flüssigkeit zu entlocken.

– Die schönen Sonntage! habe ich daraufhin gesagt.
Am Nachmittag, wenn der Appell zu Ende, die sonntäg-
liche Nudelsuppe verschlungen war, bin ich ins Kleine
Lager hinuntergegangen ... In der Baracke 56 befanden
sich die arbeitsuntauglichen Kranken ... Wir versammelten uns um die Pritsche von Halbwachs und Maspero

... Die Lautsprecher übertrugen die Lieder von Zarah Leander ... Dort hat sich mir Schelling gezeigt, ein *Bibelforscher** erzählte mir von ihm ...

Sie hört mit so gespannter Aufmerksamkeit zu, daß ihre Gesichtszüge sich höhlen. Aber ich bin erschöpft, ich halte inne.

– Einen Sonntag erzählen, Stunde für Stunde, ja, das wäre eine Möglichkeit ...

Ich betrachte den blauen Himmel über dem Grab von César Vallejo auf dem Friedhof Montparnasse. Er hatte recht, Vallejo. Ich habe nichts als meinen Tod, meine Erfahrung des Todes, um mein Leben zu erzählen, es auszudrücken, es voranzubringen. Mit all diesem Tod muß ich Leben schaffen. Und die beste Art, das zu erreichen, ist das Schreiben. Doch das Schreiben führt mich zum Tod zurück, schließt mich darin ein, erstickt mich darin. So weit ist es mit mir: ich kann nur leben, wenn ich diesen Tod durch das Schreiben auf mich nehme, aber das Schreiben verbietet mir buchstäblich zu leben.

Ich raffe mich auf, ich ringe mir die Wörter ab, eines nach dem andern.

– Ein Sonntag, Stunde für Stunde, das ist ergiebig ... Das ist dicht, überraschend, erbärmlich ... Voller Niedertracht, Grausamkeit, Größe ... Alles ist menschlich, nichts von dem, was in unserer oberflächlichen, banalisierenden moralischen Sprache unmenschlich genannt wird, übersteigt den Menschen ... Wissen Sie, welches Buch ich zuletzt gelesen habe, bevor ich in Joigny verhaftet wurde? Michel hatte es mir mitgebracht ... Die Übersetzung von Kants *Religion in den Grenzen der bloßen Vernunft* ... 1793, erinnern Sie sich? Die Theorie des *radikal Bösen* ... Daher Schelling, mein Interesse für seine Untersuchungen, die sich zweifellos in der begrifflichen Hysterie des romantischen Idealismus verfingen, in denen jedoch ausgehend von Kant und der Kritik der

Theodizeen die sehr starke, prägnante Auffassung eines konstitutiven Grundes entwickelt wird, in dem die menschliche Freiheit wurzelt, fähig, das Gute und das Böse hervorzubringen, ontologisch gesehen Äquivalente ... Daher die Unmöglichkeit, die Unmenschlichkeit des Bösen zu dekretieren ... In Buchenwald gehörten die SS-Leute, die *Kapos*, die Spitzel, die sadistischen Folterer ebenso zur menschlichen Spezies wie die Besten, Reinsten unter uns, den Opfern ... Die Grenze des Bösen ist nicht die Grenze des Unmenschlichen, es ist etwas ganz anderes. Daher die Notwendigkeit einer Ethik, die diesen konstitutiven Grund transzendiert, in dem sowohl die Freiheit zum Guten wie die zum Bösen wurzelt ... Eine Ethik also, die sich ein für allemal von den Theodizeen und Theologien befreit, da Gott der Definition nach – die Thomisten haben es zur Genüge verkündet – am Bösen unschuldig ist. Eine Ethik des Gesetzes und seiner Transzendenz, der Bedingungen seiner Herrschaft, folglich der Gewalt, deren sie notwendig bedarf ...

Aber ich gerate auf Abwege, ich wollte etwas ganz anderes sagen.

– Die Tiefe der Sonntage! Da gibt es das Bordell für jene, die Anrecht darauf haben, wenige. Es gibt alle möglichen Tauschgeschäfte. Es gibt die homosexuelle Liebe, oft mit dem eigenen Vorteil oder dem Mißbrauch einer Machtposition verbunden, aber nicht immer ... Ausfluß auch der schlichten Leidenschaft, der reinen Leidenschaft. Es gibt die Lieder von Zarah Leander, die illegalen Orchester, die improvisierten Theateraufführungen ... Es gibt die politischen Versammlungen, das Training der Kampfgruppen des internationalen Widerstands. Es gibt die Zugänge, die Abtransporte. Es gibt den Tod durch Erschöpfung, in der entsetzlichen Einsamkeit des *Reviers* ...

Wieder breche ich ab, sie wartet auf die Fortsetzung.

– Es gibt viele Hindernisse, die dem Schreiben im Wege stehen. Zum Teil rein literarische. Denn ich will keine bloße Zeugenschaft. Ich will mir von vornherein die Aufzählung der Leiden und Schrecknisse ersparen. Andere werden sich ohnehin darin versuchen ... Andererseits bin ich heute außerstande, mir eine romanhafte Struktur, in der dritten Person, vorzustellen. Ich habe nicht einmal den Wunsch, diesen Weg einzuschlagen. Ich brauche also ein »ich« der Erzählung, das sich von meiner Erfahrung speist, jedoch über sie hinausgeht, fähig, Imaginäres, Fiktives mit einzubeziehen ... Freilich eine Fiktion, die ebenso erhellend wäre wie die Wahrheit. Die dazu beitragen würde, daß die Realität real, die Wahrheit wahrscheinlich wirkt. Dieses Hindernis werde ich eines Tages überwinden können. Plötzlich wird in einem meiner Entwürfe der richtige Ton hervorbrechen, es wird sich die angemessene Distanz einstellen, dessen bin ich mir sicher. Aber es gibt ein grundlegendes Hindernis, geistiger Art ... Sie erinnern sich, wovon ich bei meinem zweiten unzeitigen Besuch bei Ihnen gesprochen habe?

Sie nickt, sie erinnert sich.

– Sie haben von Faulkner gesprochen, von *Absalom! Absalom!* Auch dieser Roman befand sich in der Bibliothek von Buchenwald. Sie haben ihn auf deutsch gelesen.

– Genau, sage ich. Faulkner, Sie wissen, was er mir bedeutet. *Sartoris* ist einer der Romane, die mich am stärksten geprägt haben. Aber *Absalom! Absalom!* treibt auf zwanghafte Weise die Komplexität der Faulknerschen Erzählweise auf die Spitze, die rückwärts konstruiert ist, zur Vergangenheit hin, in einer schwindelerregenden Spirale. Es ist das Gedächtnis, das zählt, das die wuchernde Dunkelheit der Erzählung lenkt, sie vorankommen läßt ... Bestimmt erinnern Sie sich an unsere

Gespräche von vor zwei Jahren ... Hemingway konstruiert die Ewigkeit des gegenwärtigen Augenblicks mit den Mitteln einer fast kinematographischen Erzählung ... Faulkner dagegen verfolgt endlos die riskante Rekonstruktion der Vergangenheit: ihrer Dichte, ihrer Undurchdringlichkeit, ihrer grundlegenden Zweideutigkeit ... Mein Problem aber ist kein technisches, es ist ein moralisches Problem und besteht darin, daß es mir nicht gelingt, mit Hilfe des Schreibens in die Gegenwart des Lagers einzudringen, sie in der Gegenwart zu erzählen ... So als gäbe es ein Verbot, die Gegenwart darzustellen ... Daher beginnt es in allen meinen Entwürfen vorher, oder nachher, oder drum herum, es beginnt niemals im Lager ... Und wenn ich endlich ins Innere gelange, wenn ich dort bin, bleibe ich stecken ... Ich werde von Angst gepackt, ich falle wieder ins Nichts, ich gebe auf ... Um anderswo, auf andere Weise von vorn anzufangen ... Und der Vorgang wiederholt sich.

– Das ist begreiflich, sagt sie mit sanfter Stimme.

– Es ist begreiflich, aber es tötet mich.

Sie rührt vergeblich mit einem Teelöffel in ihrer leeren Kaffeetasse.

– Zweifellos ist das Ihr Weg als Schriftsteller, murmelt sie. Ihre Askese: schreiben bis ans Ende all dieses Todes ...

Wahrscheinlich hat sie recht.

– Falls er nicht mit mir ein Ende macht.

Das ist keine Phrase, sie hat es verstanden.

– Erinnern Sie sich an Wittgenstein? hat sie nach einem langen Schweigen gefragt.

Ich betrachtete den blauen Augusthimmel über dem Friedhof Montparnasse. Ja, wenn ich mich ein wenig angestrengt hätte, hätte ich mich an Wittgenstein erinnern können, an unsere Gespräche über ihn. Aber ich war erschöpft, ich hatte keine Lust, mich an Wittgenstein zu erinnern, diese Anstrengung zu machen.

Ich dachte an César Vallejo.

Ich habe mit den Dichtern immer Glück gehabt. Ich will sagen: meine Begegnungen mit ihrem Werk kamen immer zur rechten Zeit. Immer bin ich im rechten Augenblick auf ein poetisches Werk gestoßen, das mir half zu leben, mein Bewußtsein der Welt zu schärfen. So erging es mir mit César Vallejo. So später auch mit René Char und mit Paul Celan.

1942 hatte ich die Dichtung von César Vallejo entdeckt. Das Jahr war nicht erfreulich gewesen. Ich hatte die Vorbereitungsklasse im Henri IV aufgeben müssen, um mein Leben zu verdienen. Vielmehr mein Überleben: um kärglich über die Runden zu kommen. Es gelang mir nur mühsam, indem ich Schülern jeden Alters Spanischunterricht oder jungen, manchmal widerlichen Faulpelzen aus guter Familie Lateinunterricht gab. Eine richtige Mahlzeit nahm ich nur jeden zweiten Tag zu mir, mehr oder weniger. Oft ernährte ich mich von Buchweizenbouletten, die ich ohne Bezugsscheine in einer Bäckerei kaufte, die sich auf dem Boulevard Saint-Michel befand, an der Stelle, wo die Rue Racine und die Rue Ecole-de-Médecine zusammentreffen.

Aber ich hatte die Gedichte von César Vallejo entdeckt.

Me gusta la vida enormemente
pero, desde luego,
con mi muerte querida y mi café
y viendo los castaños frondosos de París

Claude-Edmonde Magny hat gerade Wittgenstein erwähnt, ich habe das Gedicht von César Vallejo, das mir wieder eingefallen war, für mich behalten. Ich habe es nicht für sie übersetzt, ich werde es auch hier nicht übersetzen. Es wird gleichsam ein Geheimnis bleiben, ein Zeichen des Einverständnisses mit einem möglichen Leser, der Spanisch versteht.

Sie wollte wissen, ob ich mich an unsere Gespräche über den *Tractatus* erinnerte, vor drei Jahren.

Ich war auf dieses Buch gestoßen, als ich in der Bibliothek von Edouard-Auguste Frick in der Rue Blaise-Desgoffe stöberte. Dort hatte ich auch Musil und Broch entdeckt. Der Titel von Wittgenstein hat mich sofort angelockt, durch seine Anmaßung. Auch seinen Größenwahn. *Tractatus logico-philosophicus:* dazu gehört Mut! Es war eine zweisprachige Ausgabe, deutsch-englisch, einer britischen Universität. In jenem Winter, dem Winter 40/41, war ich in der Philosophieklasse. Außer den Klassikern des Lehrprogramms las ich Heidegger und Augustin, ich habe es bereits erwähnt.

Zu Martin Heidegger hatte mich Levinas gebracht. Bei Augustin war es Paul Ludwig Landsberg. Letzterer ist 1938 in meinem Leben erschienen. Übrigens eine Erscheinung aus Fleisch und Blut: er war eine körperliche Gegenwart, bevor er Gegenstand der Lektüre und Reflexion wurde, vor allem durch seinen Essay über *Die Erfahrung des Todes.*

Es war in Den Haag, in den Niederlanden. Mein Vater war dort Geschäftsträger der spanischen Republik. Landsberg und er lebten in demselben Universum christlicher Werte, in der Linie der personalistischen Bewegung um die Zeitschrift *Esprit.* In jenem Jahr, als der spanische Bürgerkrieg eine schlechte Wendung zu nehmen begann – das heißt, um genauer zu sein: als er die Richtung der Geschichte zu nehmen begann, die nicht unbedingt die des Guten ist, da die Geschichte im Laufe der dreißiger Jahre eher die falsche Richtung genommen hatte, indem sie die totalitären Antworten auf die Krise der demokratischen und kapitalistischen Moderne heranreifen ließ –, als sich jedenfalls die Niederlage der spanischen Republik abzuzeichnen begann, war Landsberg in die Niederlande gekommen, aus Anlaß irgendeines Vortrags oder Kolloquiums. Über das Denken Augustins. Eines Abends hatte er mit seiner Frau in der Gesandtschaft zu Abend gegessen. Kurz vor dem Essen hatte ich die Erlaubnis erhalten, mit ihnen im Salon zu bleiben. Ich wurde demnächst fünfzehn, ich war in die Gruppe der Erwachsenen eingetreten. Denn wir Geschwister waren zahlreich genug, um in deutlich unterschiedene Altersklassen mit verschiedenen Lebensnormen eingeteilt zu werden.

Ich durfte an jenem Abend also dem Gespräch der Erwachsenen beiwohnen, kurz vor dem Abendessen mit den Landsbergs. Ein Gespräch, das sich hauptsächlich um die Situation in Europa drehte. Um den Bürgerkrieg in Spanien und die angeborene Schwäche der Demokratien gegenüber dem Faschismus. Plötzlich war in diesem Zusammenhang Augustin aufgetaucht, aufgrund einer Bemerkung zur politischen Bedeutung seines Denkens. Und zu einem Zwischenfall auf dem Kolloquium, dessentwegen Paul Ludwig Landsberg in die Niederlande gekommen war. Ich erinnere mich natürlich nicht mehr an den genauen Inhalt dieses Zwischenfalls, auch nicht an seine Tragweite: all dies ist in meinem Gedächtnis verschüttet, unwiderruflich. Ich erinnere mich nur an Landsbergs Frau, die plötzlich hoch aufgerichtet in dem Salon stand, dessen Fensterfront auf einen mit Magnolien bepflanzten Garten und, dahinter, auf den »Plein 1813« ging. Aber es war sicherlich nicht in der Jahreszeit, in der die Magnolien blühen, denn ich bewahre die Erinnerung an ein Holzfeuer in dem großen Kamin. Die Frau von Paul Ludwig Landsberg war in dem Salon aufgestanden, jählings (der irische Setter, Rex, ein verrückter junger Hund, der neben mir lag, war beunruhigt aufgesprungen), um diesen Zwischenfall, zu dem es während des Kolloquiums über Augustin gekommen war, zu kommentieren.

– Scholastiker, stellt euch vor! rief sie mit vorsätzlicher Emphase. Paul Ludwig Landsberg einen Scholastiker zu nennen!

Ich habe nicht recht verstanden, worum es bei diesem Ausruf ging. Ich fand es auch seltsam, daß sie in der dritten Person Singular von ihrem Mann sprach. Aber ich dachte, daß sie Stil hatte; blond und schön, in voller Größe aufgerichtet, war sie ein Bild der ergreifenden, leidenschaftlichen Frau: ein unvergeßliches Bild für meine Jugend, die über die Geheimnisse der Weiblichkeit grübelte.

– Erinnern sie sich an Wittgenstein? hatte Claude-Edmonde Magny gefragt.

Genausogut hätte sie mich fragen können, ob ich mich an Heidegger erinnerte. Denn das Gespräch vor drei Jahren, das sie heraufbeschwören wollte, hatte sich sowohl auf ein weitschweifiges, in sprachliche Ticks verstricktes Kapitel voll hohler Augenscheinlichkeiten und schreiender Dunkelheiten eines Buchs von Heidegger bezogen, in dem vom *Sein-zum-Tode* die Rede war, als auch auf einen prägnanten, klaren, obwohl in bezug auf seinen letzten Sinn fragwürdigen Satz aus dem *Tractatus* von Ludwig Wittgenstein.

Ihr Blick funkelte hinter einer strengen Brille.

– Das Heft aus Moleskin, erinnern Sie sich? »*Der Tod ist kein Ereignis des Lebens. Den Tod erlebt man nicht*[*]...*«

Sie zitierte den Satz aus Wittgensteins Traktat, den ich

drei Jahre zuvor in einem großen Moleskinheft, einer Art Tagebuch, ausführlich kommentiert hatte. Es war die einzige Zeit meines Lebens, als ich achtzehn war, in der ich ein Tagebuch geführt habe. Später, als ich die Absicht zu schreiben aufgab und lange Jahre in der Illegalität lebte, habe ich diese Gewohnheit verloren. Danach, mit vierzig Jahren, als ich Bücher zu veröffentlichen begann – einer der Gründe für das vorliegende Buch besteht darin zu erklären, auch mir selbst zu erklären, warum so spät –, habe ich systematisch alle Logbücher vernichtet, Hefte mit Notizen aller Art, wie sie die Arbeit des Schreibens begleiten. Ebenso die unvollendeten Entwürfe, sobald sich der ins Auge gefaßte Plan als unrealisierbar erwies oder der Wunsch, ihn zu realisieren, schwand. Es wäre mir zuwider, die formlosen Spuren einer Suche, eines Tastens hinter mir zu lassen, das wäre fast unanständig. Allein die fertige Arbeit zählt, gleich welchen realen Wert sie haben mag, deren intimster Kenner zweifellos der Autor ist, ohne deshalb auch ihr bester Richter zu sein.

Wollte man diese Haltung verallgemeinern – zweifellos ungebührlicherweise: auf diesem Gebiet hat jeder das Recht, individuell zu reagieren –, so müßte man sagen, daß Testamente nicht von den Erben verraten werden, sondern von den Erblassern selbst. Franz Kafka trägt selbst die Verantwortung für die Veröffentlichung seiner unvollendeten Werke, und nicht Max Brod. Er hätte sie selber vernichten müssen, wenn er wirklich mit ihnen unzufrieden war!

Mit achtzehn Jahren jedenfalls führte ich eine Art Tagebuch, im übrigen eher ein philosophisches und literarisches als ein wirklich persönliches: mit meiner Intimität bin ich immer behutsam umgegangen. In dem dicken Heft aus schwarzem Moleskin hatte ich den Ausspruch aus dem *Tractatus* von Wittgenstein sowie die Seiten von

Martin Heidegger über das Sein-zum-Tode aus *Sein und Zeit* kommentiert.

»La mort n'est pas un événement de la vie. La mort ne peut être vécue«: so lautet die übliche Übersetzung des Satzes von Wittgenstein, in der Fassung von Pierre Klossowski. Ich hatte ihn in meinem jugendlichen Leichtsinn etwas anders wiedergegeben, zumindest was den letzten Teil des Ausspruchs angeht (der erste wirft kein Problem auf: jeder übersetzt ihn auf dieselbe Weise). »On ne peut vivre la mort« hatte ich geschrieben. Später, Jahre später, habe ich in einem kurzen Roman mit dem Titel *L'éva-nouissement* – den ich in dem vorliegenden Bericht bisweilen zitiere, weil er genau die Zeit betrifft, von der hier die Rede ist, die Zeit der Rückkehr, der Repatriierung im Exil – den zweiten Teil von Wittgensteins Satz noch anders übersetzt: »La mort n'est pas une expérience vécue.« Aber das rührt von der Schwierigkeit her, das deutsche Verb *erleben* und das entsprechende Substantiv *Erlebnis* auf französisch wiederzugeben, eine Schwierigkeit, die nicht aufgetreten wäre, hätte ich diese Worte ins Spanische übersetzen müssen.

Zweifellos, so hatte ich vor drei Jahren in das Heft aus schwarzem Moleskin geschrieben, zweifellos kann der Tod keine gelebte Erfahrung sein – *vivencia* auf spanisch –, wie man spätestens seit Epikur weiß. Auch keine Erfahrung des reinen Bewußtseins, des *cogito*. Er wird stets eine vermittelte, begriffliche Erfahrung sein; Erfahrung einer gesellschaftlichen, praktischen Tatsache. Aber dies ist eine Evidenz von extremer geistiger Armut. Streng genommen müßte Wittgensteins Aussage lauten: »*Mein Tod ist kein Ereignis meines Lebens. Meinen Tod erlebe ich nicht.*«

Das ist alles, weiter geht es nicht.

– Übrigens, habe ich gesagt, wo ist das Moleskinheft? Sie haben es mir nie zurückgegeben …

Claude-Edmonde errötet leicht, macht eine Geste des Bedauerns. Oder der Ohnmacht.

– Verloren! ruft sie aus. Ihr Text erschien mir interessant, ich habe das Heft Jean geliehen, damit er es liest ...

Jahre später, als ich *Die große Reise* schrieb, habe ich mich in Madrid, in einer illegalen Wohnung in der Calle Concepción Bahamonde, an dieses Detail erinnert. Ich habe mich an dieses Gespräch mit Claude-Edmonde Magny erinnert. In gewisser Weise war mein Buch eine Antwort auf ihren *Brief*. Es war unmöglich, mich nicht an dieses Gespräch vom August 1945 zu erinnern, daran, daß sie ihn mir vorgelesen hatte. In dem Augenblick, da das Vermögen zu schreiben mir wiedergegeben war, war es undenkbar, daß ich mich nicht an den *Brief* erinnerte, den sie mir einst geschrieben hatte. In dem Augenblick, da ich das Unterfangen, das früher gescheitert war, zu Ende führte – ob gut oder schlecht –, erinnerte ich mich an das Moleskinheft, an die Antwort, die sie mir auf meine Frage danach gegeben hatte.

In Madrid, in der Calle Concepción Bahamonde, habe ich mich gefragt, wer Jean war. Oder vielmehr: auf wen von beiden sie anspielte, auf Jean Gosset oder auf Jean Cavaillès? Ich wußte, daß sie beide gelegentlich sah. Gosset häufiger als Cavaillès. Sie hatte mir einige Texte von letzterem zu lesen gegeben. Unzugängliche Texte, zumindest für mich: Philosophie der Mathematik und der Logik waren nicht meine bevorzugten Gebiete. Aber beeindruckend in ihrem Anspruch auf Methode und Kohärenz. Einmal hatte ich beide zusammen gesehen, als sie aus einem Restaurant kamen. Ich wußte, daß sie in der illegalen Welt des Widerstands lebten. Ich meine des wahren, des einzigen meiner Ansicht nach: des bewaffneten Widerstands.

Jean Gosset ist in der Deportation umgekommen. Jean Cavaillès ist erschossen worden.

Ich kannte ihr Schicksal natürlich, als Claude-Edmonde Magny auf das Verschwinden meines Moleskinhefts anspielte. Ich begriff, daß mein Text mit ihnen, mit einem von ihnen verloren gegangen war. Ein Verlust, der mich nicht sonderlich beschäftigte: der meines Hefts, versteht sich. Ich habe an jenem Morgen nicht gefragt, um welchen der beiden es sich handelte. Aber in Madrid, fünfzehn Jahre später, als ich *Die große Reise* schrieb, habe ich meine mangelnde Neugier bedauert, die wahrscheinlich der Müdigkeit der durchwachten Nacht geschuldet war. Ich habe mir plötzlich gewünscht, Jean Cavaillès möge derjenige gewesen sein, dem Claude-Edmonde mein Tagebuch geliehen hatte. Sicher hätte Cavaillès nur lächeln können, bestenfalls wohlwollend, bei der Lektüre eines so aufbrausenden, so jugendlichen Textes, wie ich ihn dunkel im Gedächtnis habe. Nichtsdestoweniger hätte ich mir gewünscht, daß der letzte Leser dieses fieberhaften, linkischen Texts über die Erfahrung des Todes, bevor er dem Vergessen anheimfiel, Jean Cavaillès gewesen wäre.

Am letzten Tag hatte ich mich auch an Wittgenstein erinnert.

Er hatte im übrigen nicht wie ein letzter Tag ausgesehen, mein letzter Tag in Buchenwald. Nichts wies mich darauf hin, daß es der letzte wäre. Er hatte begonnen wie alle Tage seit dem 12. April, dem Tag nach der Befreiung des Lagers. Er hätte zu Ende gehen können wie alle anderen. Der Morgen jenes Tages – von dem sich herausstellen sollte, daß es der letzte war – hatte nichts von der Feierlichkeit, der mit Besorgnis durchzogenen Erregung, wie sie die letzten Stunden einer entscheidenden Periode deines Lebens üblicherweise prägen. Tatsächlich wies nichts mich darauf hin, daß Yves Darriet auf die

Idee kommen würde, mich in einen Konvoi der Mission Rodhain einzubeziehen, der am nächsten Tag von Eisenach nach Paris fahren sollte.

Das Problem, das die Spanier von Buchenwald aufwarfen, war noch nicht endgültig geregelt. Zwar wußte man, daß man uns, weil wir in der Résistance verhaftet worden waren, eines Tages nach Frankreich zurückbringen würde. Ich wage nicht zu sagen »repatriieren« würde, darüber habe ich mich bereits ziemlich weitschweifig geäußert. Rein persönlich im übrigen. Die meisten Spanier von Buchenwald – Überlebende des Maquis, der Stoßtruppen der MOI oder der Guerillabrigaden im Südosten Frankreichs – hätten den Terminus »repatriiert« wohl akzeptiert. Ich will sagen: ihr Vaterland war der Kampf, der antifaschistische Krieg, und zwar seit 1936. Da Frankreich das zweite Territorium dieses Vaterlandes war, hätten sie sich gegen das Wort »Repatriierung« nicht gesträubt. Jedenfalls wären sie weniger geneigt gewesen als ich, seine konkrete Bedeutung zu analysieren, das Für und Wider, das Positive und das Negative, das »ja aber« und das »nein trotzdem« gegeneinander abzuwägen: die meisten spanischen Deportierten hätten in dieser Hinsicht nicht wie ich Haare gespalten.

Wir wußten also, daß die alliierten Militärbehörden beschlossen hatten, uns nach Frankreich zurückzubringen, aber wir wußten nicht, zu welchem Zeitpunkt. Irgendwann also. Wir lebten in dieser Ungewißheit.

Mein letzter Tag in Buchenwald – jener, an dem ich mich von neuem an Wittgenstein erinnerte – hatte wie ein ungewisser Tag begonnen. Ein weiterer Tag der verworrenen Periode zwischen Tod und Leben, Wirklichkeit und Traum, die mit der Befreiung des Lagers eingesetzt hatte. Ich erinnere mich nicht einmal an das Datum dieses letzten Tages, ich muß es ausrechnen. Und dazu kann ich nicht mit dem Tag der Befreiung beginnen, dem

11. April, denn ich würde mich bald in den Mäandern des Gedächtnisses verirren. Zudem vernebelten Mäandern. Von all diesen langen Tagen bleiben nur wenige Augenblicke spontan im Licht der Erinnerung haften, ich sagte es wohl schon. Augenblicke, die zu datieren, ja in irgendeine chronologische Perspektive zu rücken mir oft unmöglich ist. Andere dagegen fügen sich leicht in eine zeitliche Folge.

Doch ungeachtet dieser Trübung des Gedächtnisses weiß ich, daß die Spuren jener Tage nicht unwiderbringlich getilgt sind. Gewiß, die Erinnerung kommt nicht auf natürliche Weise, ganz von selbst zurück. Ich muß mich auf die Suche machen, sie systematisch und mühsam aufstöbern. Aber die Erinnerung existiert, irgendwo, hinter dem scheinbaren Vergessen. Ich muß mir nur Mühe geben, die Nebensächlichkeiten der Gegenwart in mir ausräumen, mich aus der Umgebung oder der Umwelt zurückziehen, den Lichtstrahl eines inneren, geduldigen und konzentrierten Blicks auf jene fernen Tage richten. Dann tauchen Gesichter auf, Episoden und Begegnungen steigen wieder an die Oberfläche des Lebens. Vom Strudel der vergangenen Zeit weggeschwemmte Wörter sind wieder zu hören. Als wäre, gewissermaßen, der einst von einer aufmerksamen Kamera belichtete Film nie entwickelt worden: niemand wird diese Bilder je gesehen haben, aber sie existieren. Und so habe ich einen Schatz unveröffentlichter Erinnerungen im Hinterhalt, deren ich mich eines Tages bedienen könnte, sollte dieser Tag denn kommen und seine Notwendigkeit sich aufdrängen.

Wie dem auch sei, wenn ich das Datum meines letzten Tags in Buchenwald – jenes Tages, an dem ich mich von neuem an Wittgenstein und den schroffen und hohlen Ausspruch aus seinem *Tractatus* erinnert habe –, herausfinden will, beginne ich besser mit dem Ende der Ge-

schichte, um mit Hilfe einiger unstrittiger Anhaltspunkte die Zeit zurückzuspulen. Und das Ende ist der
1. Mai.

Ich war in Paris an jenem Tag, auf der Place de la Na-
tion, an der Ecke der Avenue Bel-Air, als ein jähes
Schneegestöber über den roten Fahnen des traditionellen
Umzugs wirbelte.

Den Tag davor, den 30. April also, hatte ich in Saint-
Prix verbracht, in dem Haus, in dem meine Familie während der Besatzung gelebt hatte, auf dem Hügel, der
Montlignon mit Saint-Leu verbindet und den Victor
Hugo in einem berühmten Gedicht erwähnt. Zwei Tage
vorher, also unweigerlich am 29. April, war ich in Paris
angekommen. Ich hatte die Nacht in der Rue du Dragon
verbracht, bei Pierre-Aimé Touchard. Und am Tag davor, am 28., war der Lastwagenkonvoi der Mission Rodhain im Repatriierungslager von Longuyon angekommen. Dort habe ich feststellen können, wie recht ich
hatte, wie sehr ich nicht repatriiert worden war: denn in
Longuyon habe ich meine Identität als Staatenloser wiedergefunden, die ich seither nicht mehr abgelegt habe,
allen administrativen Äußerlichkeiten und offiziellen
Ämtern zum Trotz. Und so gelange ich haarscharf zu
dem Schluß, daß der 27. April, der Tag vor meiner Rückkehr nach Frankreich über Longuyon und der Bestätigung meiner grundlegenden Untauglichkeit, als Repa-
triierter zu gelten, der Tag ist, an dem wir die Strecke
zwischen Eisenach, dem Abfahrtsort des Konvois, und
Frankfurt zurücklegten, wo wir anhielten und die Nacht
in der Baracke eines Lagers für Displaced persons verbrachten. Infolgedessen komme ich zu dem Schluß, daß
der 26. April der Tag war, an dem Yves Darriet mich
abgeholt hat, um mich nach Eisenach zu bringen: mein
letzter Tag in Buchenwald.

An jenem Tag bin ich, Mitte des Vormittags, zum Block 34 gegangen, um Boris Taslitzky zu treffen.

Seit dem 12. April begleitete mich *Es bleiben aber*, der Gedichtband von René Char, überallhin. Wieder einmal trat ein Dichter im richtigen Augenblick in mein Leben. Ich las den Kumpeln daraus vor. Bald konnte ich die Gedichte auswendig.

Yves Darriet liebte sie genauso wie ich, auch André Verdet. Letzteren sah ich häufig, er bereitete eine Anthologie der Dichter von Buchenwald vor. Ich hatte ihm einen Text aus meiner fernen Jugend gegeben, der sich noch in meinem Gedächtnis herumtrieb. Aber Verdet kannte Char, und das kränkte mich ein wenig. Er erinnerte sich an *Ralentir travaux*, eine in Zusammenarbeit mit Breton und Eluard geschriebene Gedichtsammlung. Ich verübelte ihm seinen Vorsprung nicht allzusehr: wichtig war, daß er Char rückhaltlos verehrte.

Boris Taslitzky dagegen war zurückhaltender, aber das lag daran, daß er voreingenommen war. Das heißt, daß ich zweifellos dafür gesorgt hatte, daß er es war. Denn ich hatte ihm rundheraus erklärt, den Band von Char vor seiner Nase schwenkend: »Das ist ein wirklicher Dichter, besser als dein Aragon!« Was etwas provozierend war. Auch ein wenig zu kurz gegriffen, wie ich gestehen muß. Aber ich neckte ihn ständig mit willentlich übertriebener Verachtung für Aragons Gedichte: es war ein Spiel unter uns.

An jenem Tag haben wir uns in den Speisesaal des Flügels B gesetzt, im Erdgeschoß von Block 34 – einer Holzbaracke ohne Stockwerk –, und wir haben die Gedichte von Char und Aragon miteinander verglichen.

Ich las ihm Gedichte aus *Es bleiben aber* vor, und Boris sagte mir Verse von Aragon auf. Verse aus *Crève-Cœur*, an die ich mich sehr gut erinnerte. Ich zweifelte nicht an ihrer Virtuosität, aber an ihrer wirklichen Tiefe.

Entschlossen, mich zu überzeugen oder zu verführen, hat mir Boris sodann Gelegenheits- und Widerstandsgedichte vorgelesen, aber auch ältere Verse, hauptsächlich aus *Hourra l'Oural!* Ich war beeindruckt von der semantischen und moralischen Gewalt der letzteren, von ihrem Hang zur gesellschaftlichen Apokalypse.

In den letzten Jahren ist mir bisweilen die Idee gekommen, Aragons Gedichte aus jener Zeit durch Vergleiche mit den zeitgenössischen Gedichten des Deutschen Bertolt Brecht und des Spaniers Rafael Alberti zu analysieren. Die ihnen gemeinsame sprachliche und politische Gewalt zu untersuchen, unabhängig von den offenkundigen Besonderheiten, die sie kulturell voneinander unterscheiden.

Gewiß sind es nicht die einzigen literarischen Texte in jener Zeit der Krise Ende der zwanziger, Anfang der dreißiger Jahre, die von Gewalt geprägt sind. Gewalt gegen die scheinheilige oder zynische sittliche Ordnung der bürgerlichen Gesellschaft, die nach der Katastrophe von 14-18 wie eine Flutwelle in die Literatur, die Kunst und das Denken hereinbrach. Wie mir scheint, hat noch keine Gesamtstudie eine Bestandsaufnahme der geistigen Verheerungen vorgenommen, die dieser Krieg verursacht hat. Von den politischen ganz zu schweigen.

Aber der expressionistischen, surrealistischen, dadaistischen, libertären Gewalt wird der Kommunismus letzten Endes – vor allem nach der Krise von 1929, die sowohl in der UdSSR wie in der kapitalistischen Welt zu Erschütterungen geführt hat: verschiedene, häufig widersprüchliche Erschütterungen, die sich jedoch in einem wesentlichen Punkt trafen, dem des Anwachsens der Rolle des Staates, als Wohlfahrtsinstanz oder Gefängniswärter –, wird also der Kommunismus die kalte, aufgeklärte, rechthaberische Gewalt hinzugefügt haben, mit einem Wort die totalitäre Gewalt eines Parteigeists, der überzeugt ist, im Sinne der Geschichte zu handeln, wie Hegels *Weltgeist*˙. Und diese drei Dichter werden die begabtesten Wortführer dieser kommunistischen Gewalt gewesen sein.

Ich kannte das Werk von Rafael Alberti: seine politischen Gedichte der dreißiger Jahre, die des Bürgerkriegs. Aber ihre Gewalt schockierte mich damals nicht, nicht mehr als die von Aragon. Ich lebte noch in derselben Welt von Wahrheiten und Werten, die so scharf waren wie das Schwert der Würgeengel. Außerdem gelang es Rafael Alberti in jener Zeit, als sein Talent voll ausgereift war, die formale Strenge und den prosodischen Reichtum eines Werks beizubehalten, das seither allzu oft ausgeufert ist, indem es sich den wechselnden Imperativen der politischen Strategie des Kommunismus beugte.

Was Bertolt Brecht angeht – den ich dank einer jungen Wienerin entdeckt hatte, die den Decknamen Julia trug –, so ist er unbestreitbar der größte der drei: derjenige, der das umfangreichste Register beherrscht hat, von der Elegie bis zum Epos. Er ist auch – paradoxerweise, da er der einzige der drei gewesen sein wird, der kein aktives Mitglied der KP war – derjenige gewesen, der auf beispielhafte Weise die positive Illusion, die Listen und Niederträchtigkeiten jedes marxistischen Intellektuellen zur Zeit der perversen revolutionären Tugend verkörpert.

Im April 1945, im Speisesaal einer französischen Baracke in Buchenwald, Block 34, haben wir, mein Kumpel Taslitzky und ich, Char und Aragon deklamiert.

Plötzlich, in dem Augenblick, als Boris aus vollem Halse ein Gedicht von Aragon zum Ruhm der GPU aufsagte, unterbrach ihn ein Gebrüll. Wir haben den Kopf gedreht.

Ein alter französischer Deportierter saß am Ende des Tischs. In der Hitze unserer Deklamation hatten wir nicht auf ihn geachtet. Er aß. Er hatte seinen Proviant sorgfältig vor sich ausgebreitet. Er aß ernsthaft: akribisch.

Seit einigen Tagen sorgte die amerikanische Armee für die Verpflegung. Die Arbeit in den Küchen war neu organisiert worden. Die Verköstigung der Deportierten war jetzt völlig ausreichend. Oft sogar zu üppig für entwöhnte, geschwächte Organismen. In den letzten Tagen forderte der Überfluß ebenso viele Opfer wie die Folgeerscheinungen des vorherigen Hungers.

Aber der alte Franzose mochte es wohl nicht glauben, er traute der Sache wohl nicht. Es war zu schön, um zu dauern, dachte er wohl. Also hatte er all seinen Proviant sorgfältig auf den Tisch gelegt und aß akribisch. Man kann nie wissen: er stärkte sich für den Fall, daß es erneut schlecht ginge. Er ernährte sich, für alle Fälle, auch wenn er keinen wirklichen Hunger mehr hatte. Er bestrich die Schwarzbrotscheibe dick mit Margarine, er zerschnitt sie in winzige Vierecke, die er langsam kaute, zusammen mit Wurst. Wahrscheinlich aß er schon seit einer Weile so. Wahrscheinlich hatte er nicht die Absicht, aufzuhören, bevor er alles verzehrt hätte. Er kaute langsam, um das Vergnügen in die Länge zu ziehen. Aber das Wort »Vergnügen« war sicherlich unpassend: es liegt Mutwillen darin. Es liegt Leichtsinn darin, Unvorhersehbares. Es ist ein zu unbefangenes Wort, als daß es den Ernst bezeichnen könnte, mit dem der alte Franzose, ein wenig hysterisch, den Ritus seiner Ernährung vollzog.

Er hatte also gebrüllt, um unsere Aufmerksamkeit zu erregen. Und es war ihm gelungen.

– Unverständlich, eure Dichter! schrie er lauthals. Aufschneider, Sprachverdreher!

Aber er wollte sich durch eine heilige Empörung nicht von seiner Hauptbeschäftigung ablenken lassen. Er hat sich erneut ein Stück Schwarzbrot in den Mund geschoben, hat es langsam gekaut.

Wir warteten auf die Fortsetzung, gerührt von seinem hohen Alter und der zornigen Niedergeschlagenheit seiner durchsichtigen Augen. Die Fortsetzung ist urplötzlich gekommen. Mit einer Stimme, die er anschwellen ließ, die im leeren Raum des Speisesaals widerhallte, hat er uns *La légende des siècles* aufgesagt. Genauer, die Stelle über Waterloo, die düstere Ebene. Am Ende ist er aufgestanden, hat Blüchers Ankunft auf dem Schlachtfeld gemimt, an der Stelle von Grouchy. Mit ausholender Armbewegung hat er den Aufbruch der kaiserlichen Garde befohlen, »die aus Friedland und die aus Rivoli, die den schwarzen Kolpak tragen oder den blanken Helm«, die sich in die Hölle von Waterloo begab.

Wir hörten ihm zu, bemüht, ernst zu bleiben. Es war übrigens nicht ohne Reiz: ich mag *La légende des siècles.*

Aber nicht an jenem Tag, dem 26. April, im Speisesaal von Block 34, ist es Louis Aragon gelungen, mich zu bezaubern, trotz der überzeugenden Diktion von Boris Taslitzky. Erst einige Wochen später bin ich von Aragon bezaubert worden. Von ihm selbst in Person, von dem unbestreitbaren Charme seines Gesprächs, auch wenn er mitunter eine etwas verstiegene Affektiertheit an den Tag legte.

Im Sommer der Rückkehr – ich verwende dieses Wort allen Einwänden zum Trotz, die man dagegen erheben könnte, der bequemeren Lesbarkeit halber – suchte ich Boris ziemlich häufig auf, in seinem Atelier in der Rue Campagne-Première (oder war es die Rue Boissonade? Es kommen mir Zweifel). Während ich allen ehemaligen Kameraden aus Buchenwald aus dem Weg ging, da ich bereits die Kur des Schweigens und der bewußten Amnesie begonnen hatte, die einige Monate später radikal werden sollte, in Ascona im Tessin, am Tag, an dem ich das Buch aufgab, das ich zu schreiben versuchte – womit ich für unbestimmte Zeit jeden Plan aufgab, etwas zu schreiben –, besuchte ich weiterhin Boris Taslitzky.

Ich fragte mich damals nicht nach dieser Ausnahme von der Regel. Es war instinktiv: ich hatte plötzlich Lust, zum Montparnasse zu gehen, unverhofft an die Tür von Boris' Atelier zu klopfen, ihm beim Malen oder Zeichnen zuzuschauen. Unsere Eindrücke auszutauschen: die Verzückungen, die Sarkasmen, die Wirren unserer Rückkehr ins Leben.

Wenn ich heute darüber nachdenke, dieses instinktive Verhalten zu verstehen suche, das mich alle anderen Gefährten von Buchenwald meiden ließ – außer wenn ich ihnen zufällig oder versehentlich begegnete –, außer Taslitzky, glaube ich zu wissen, warum. Weil er zwei Eigenschaften besaß, die ihn mir zum Bruder machten. Zu allererst einen unermüdlichen und erfrischenden Lebenshunger, offen für alle Erstaunlichkeiten des Daseins. Und außerdem, gleichsam als finsteren Kontrapunkt dieser strahlenden Vitalität, einen scharfen Sinn für die erlebte Erfahrung: den bis zur äußersten blendenden Grenze durchlaufenen Tod.

Ich kam in die Rue Boissonade oder die Rue Campagne-Première, gleichviel: Boris arbeitete an einem der grausam realistischen Gemälde, mit denen er verzweifelt versuchte, die Bilder zu vertreiben, die ihn heimsuchten. Aber die Realität des Lagers, die diese Bilder hervorgebracht hatte, war zu nah, auch zu unglaublich, brutal jedes traditionellen Bezugs auf Mythen oder historische Allegorien beraubt, die ihre Darstellung erleichtert hätten. Überdies ist die Farbe – und Boris' Palette war überreich an Farben – für die Wiedergabe dieser Realität nicht geeignet. Kurz, der Realismus verrät diese Art Realität, ihrem Wesen nach sträubt sie sich gegen ihn.

In Boris' Atelier traf ich manchmal Louis Aragon. Ich erinnere mich an seine Gesprächigkeit, an sein Bedürfnis zu bezaubern und zu glänzen, an die beredten Bewegungen seiner Hände, an seine unerträgliche Angewohnheit, unentwegt im Atelier hin und her zu gehen, wobei er, weiter schwadronierend, seinen Widerschein in allen reflektierenden Flächen beobachtete, sich in allen Spiegeln bewunderte. Aber ich erinnere mich auch an sein aufmerksames Schweigen, an seine Fähigkeit zuzuhören und Fragen zu stellen, wenn Taslitzky, selten, von der Erfahrung in Buchenwald sprach, deren Kern herauszuschälen versuchte.

An einem dieser Tage hat sich Aragon plötzlich mir zugewandt.

– Unser Held ist ziemlich schweigsam! hat er ausgerufen.

Ich bin zusammengezuckt.

Boris ist unruhig geworden, ihn mit Blicken und Gesten beschwörend, kein weiteres Wort zu sagen. Aber Aragon fuhr fort, ungerührt.

– Aber ja, aber ja! Boris behauptet, daß Sie heldenhaft gewesen sind ... Manchmal war ich direkt eifersüchtig auf seine Freundschaft zu Ihnen. Aber Sie selbst sagen nie etwas, wenn vom Lager die Rede ist.

Taslitzky ist hinausgegangen, bedrückt, auf diese Weise einbezogen und vorgeschoben zu werden. Er hat sich lange in der Küche zu schaffen gemacht.

Ich habe Aragon zu erklären versucht, warum ich schwieg, sobald von Buchenwald die Rede war. Ich habe ihm gesagt, daß ich zu schreiben versuchte, daß ich es vorzöge, nicht zuviel darüber zu sprechen, um dem Schreiben die Frische zu bewahren, indem ich die Routine und die Listen zu oft wiederholter Berichte vermied.

Das stimmte zwar nicht ganz. Zumindest war es nur ein Teil der Wahrheit. Sogar nur ein winziger Teil der

Wahrheit. Aber es hat ein wirkliches Gespräch unter uns ermöglicht, zum erstenmal. Eine Diskussion über die literarische Aufrichtigkeit oder, was auf dasselbe hinausläuft, über das Romanhafte, das wahre Lügen der Literatur, eine Diskussion, die ich für immer in Erinnerung behalten werde.

Zwanzig Jahre später, als ich *Die große Reise* veröffentlicht hatte und gerade aus der Kommunistischen Partei Spaniens ausgeschlossen worden war, hat es an meiner Tür geläutet. Louis Aragon stand auf dem Flur. Er brachte mir ein Exemplar seines Romans *La mise à mort*. Und es stand eine Widmung darin: »Gegen den Strom«.

Aber nicht wegen dieser Widmung, zumindest nicht nur, werde ich Louis Aragon vieles verziehen haben. Auch nicht nur wegen seines erschütternden Aussehens in den letzten Monaten: ein weißhaariges Phantom, Clown im großen Zirkus der Trugbilder, in dessen Blick indes eine lange verdrängte tiefe Wahrheit flammte. Sondern vor allem wegen eines Gedichts, in dem ich die Spur der Gespräche in Boris' Atelier erkenne, in der Rue Campagne-Première – oder Boissonade: was macht das schon! –, und das 1948 im *Nouveau Crève-Cœur* veröffentlicht worden ist.

Es ist eine Sammlung von Gelegenheitsversen, »Almanachversen«, wie der Titel eines der Gedichte lautet – während ein anderes folgenden Titel trägt, der keines Kommentars bedarf: »Eine politische Wende in Frankreich ist möglich« –, poetische Stücke von recht armseligem Gehalt. Aber plötzlich, beim Umblättern, stößt man auf das *Chanson pour oublier Dachau*.

Weckt heute nacht die Schlafenden nicht auf...

Ich habe das Ende des Gedichts von Aragon geflüstert, Jahre später. Ich saß in einem Lokal in der Rue Saint-Benoît. Eine junge Deutsche saß am selben Tisch wie ich, und ich fand sie schön: blond, glatt, unschuldig. Aber genau in jener Nacht hatte ich den Eindruck gehabt, aus einem Traum zu erwachen. Das passierte mir immer noch, manchmal, trotz dem Entschluß absichtlichen Vergessens, das mir recht gut geglückt war. Aber in jener Nacht war es mir plötzlich – oder lag es an der Gegenwart dieser jungen deutschen Schönheit? – von neuem so vorgekommen, als sei das Leben seit der Rückkehr aus Buchenwald vor ein paar Jahren nur ein Traum gewesen. Vielleicht hatte ich in jener Nacht zuviel getrunken, als ich aus dem Traum erwachte, der das Leben war. Vielleicht hatte ich noch nicht genug getrunken, als ich die junge Deutsche bemerkt habe, die am selben Tisch saß, aber zweifellos würde ich zuviel trinken. Doch vielleicht hatte das Trinken nichts mit dieser Geschichte zu tun, und man brauchte nach keinem äußeren, zufälligen Grund für die Beklemmung zu suchen, die ich vergessen, gezähmt zu haben glaubte und die plötzlich wieder auftauchte.

Die junge Deutsche war blond, glatt, unschuldig. Ich ertrug die Unschuld nicht, an jenem Abend.

Niemand wird heute nacht die Schlafenden wecken
Keiner muß barfuß durch den Schnee laufen ...

Ich sagte mir im stillen das Gedicht von Aragon auf, während ich die junge Deutsche anschaute, die ich schön fand. Auch begehrenswert, zweifellos. Ich erinnere mich nicht an das Begehren, aber es ist nicht ausgeschlossen. Das Wesentliche war, daß ich ihre mutmaßliche Unschuld nicht ertrug. Vor allem, da ich mich selber schuldig gefühlt habe in jener Nacht: einmal ist keinmal. Als ich aus diesem Traum erwachte, der das Leben war, fühlte ich mich schuldig, weil ich vorsätzlich den Tod vergessen hatte. Weil ich ihn hatte vergessen wollen, weil es mir gelungen war. Hatte ich das Recht, im Vergessen zu leben? Dank diesem Vergessen zu leben, auf seine Kosten? Die blauen Augen, der unschuldige Blick der jungen Deutschen machten mir dieses Vergessen unerträglich. Nicht nur das meine: das allgemeine, massive Vergessen all dieses einstigen Todes.

Dein Körper ist nicht länger diese Abtrift auf den
Wassern Europas
Dein Körper ist nicht länger diese Stagnation dieser
Groll
Dein Körper ist nicht länger die Promiskuität der
anderen
Nicht länger sein eigener Gestank ...

Zweifellos gab es in Aragons Text rhetorische Schlacken, prosodische Virtuositäten, die er sich nicht hatte verkneifen können. Zweifellos bedürfte sein Gedicht noch einer Arbeit des Schleifens, des besessenen Reibens, bis das Skelett der Sprache selbst bloßliegt, frei von jeder verbalen Fettsucht. Eine Arbeit, wie sie die Gedichte von Paul Celan immer kennzeichnet. Die von René Char häufig.

Dennoch lassen sich in dem *Chanson pour oublier Dachau* ein paar Diamanten reinen Wassers finden, einige erstaunlich richtige Streifzüge in die Erfahrung der Deportation, die doch von außen unfaßbar ist.

Wenn deine Augen geschlossen sind siehst du sieht
man erneut
Sterben wäre so süß gewesen in diesem Augenblick
Im Entsetzen wo das Gleichgewicht eine List ist
Den stehenden Leichnam im Schatten des
Waggons ...

Ich sagte mir Aragons Gedicht auf, die Verse wählend, die mein Gedächtnis besonders aufwühlten. Ich sagte es ohne Stimme auf, mit geschlossenem Mund, in jener Nacht in einem Lokal in der Rue Saint-Benoît. Ich betrachtete die unschuldige, notgedrungen vergeßliche junge Deutsche, und ich sagte mir dieses Gedicht aus dem Gedächtnis auf. Aber ich habe mir dieses Gedicht auch mit lauter Stimme aufgesagt. Gelegentlich, in den Straßen der großen Städte, auf die Gefahr hin, mir einen mitleidigen Blick der Passanten zuzuziehen. Ich habe es mir mit voller Stimme gegenüber dem Lärm des wogenden Ozeans am spanischen Strand von Oyambre aufgesagt. Gegenüber dem schillernden Nebel der Küste von Little Deer Isle im Bundesstaat Maine.

Mein Leben lang werde ich mir dieses Gedicht von Aragon aufgesagt haben, mein Leben lang wird es mich begleitet haben. Noch vor kurzem, am 8. März 1992 auf dem Appellplatz von Buchenwald, habe ich mir das Ende dieses Gedichts aufgesagt.

Ich kam zum erstenmal hierher zurück, siebenundvierzig Jahre nach der Zeit, von der in diesem Bericht die Rede ist. Bisher hatte ich mich stets geweigert, an diesen Ort zurückzukommen. Ich hatte weder das Bedürfnis noch den Wunsch danach verspürt, aus allen möglichen Gründen. Aber dieser Bericht war praktisch abgeschlossen – zumindest war das mein trügerischer Eindruck –, und die Idee, seine Kohärenz, seine innere Wahrheit zu überprüfen, hatte mich plötzlich bestürmt. Außerdem hatten sich seit der demokratischen Wiedervereinigung Deutschlands die historischen Umstände verändert. Ich habe beschlossen, eine Gelegenheit zu ergreifen, dorthin zurückzukehren: eine deutsche Fernsehanstalt schlug mir vor, an einer Sendung über Weimar mitzuwirken, einer Stadt der Kultur und des Konzentrationslagers.

Auf dem Appellplatz von Buchenwald, an einem Tag

im März 1992, habe ich mir mit leiser Stimme das Gedicht von Aragon aufgesagt. Ich hatte soeben entdeckt, daß ich einen guten Teil meines Berichts würde neuschreiben müssen. Daß ich von neuem in jene lange Trauerarbeit des Gedächtnisses eintauchen mußte. Endlos, wieder einmal. Aber seltsamerweise war ich darüber nicht traurig.

Ich wurde von Thomas und Mathieu Landman begleitet, meinen Enkeln durch die Bande des Herzens: eine Verwandtschaft, die so gut ist wie jede andere. Ich hatte sie ausgewählt, mich nach Deutschland zu begleiten, und sie haben mir wirklich Gesellschaft geleistet. Auf dieser ganzen Reise spürte ich die erregte, lachende, herzliche Gegenwart ihres jungen Blicks auf meinen alten Erinnerungen: der Asche meiner Vergangenheit. Und sie waren bei mir auf dem Appellplatz von Buchenwald. Mathieu machte Fotos, Thomas betrachtete den Horizont meiner zwanzig Jahre, am Fuß des Ettersbergs. Zu unserer Rechten befand sich der gedrungene Schornstein des Krematoriums. Da war das Geräusch des Windes, der seit aller Ewigkeit über den Ettersberg bläst. Da war das Lärmen der wiedergekehrten Vögel: ich habe mich an Leutnant Rosenfeld erinnert. Ein Wald ohne Vögel, einst, ein Buchenwald, aus dem die Vögel vom ekelerregenden Geruch des Verbrennungsofens vertrieben worden waren.

Und da habe ich mir das Ende des Gedichts aufgesagt:

Es gibt in dieser neuen Welt viele Menschen
Für die Sanftmut nie wieder natürlich sein wird
Es gibt in dieser alten Welt viele Menschen
Denen jegliche Sanftmut fortan fremd ist
Es gibt in dieser alten und neuen Welt viele
Die ihre eigenen Kinder nicht werden verstehen
können

O die ihr vorübergeht
Weckt heute nacht die Schlafenden nicht auf . . .

– *No hay derecho* . . ., flüstert Morales, mir zugewandt.
Das weiße Laken bedeckt seinen Leib wie ein
Schweißtuch auf der Pritsche des *Reviers*, auf der er liegt.
Sein Gesicht ist hohl, von einer Blässe, die ein mehrere
Tage alter, dichter, blauschwarzer Bart noch unter-
streicht.

Ich hatte Boris Taslitzky kurze Zeit vorher verlassen.
Nach dem Rezitieren von René Char, Louis Aragon und
der *Légende des siècles* war ich wieder in meinen Block,
den Block 40, gegangen, um auf das Mittagessen zu warten. Denn wir hatten nunmehr Anrecht auf zwei Mahlzeiten, mittags und abends. Ich wußte noch immer nicht,
daß dieser 26. April mein letzter Tag in Buchenwald sein
würde. Ich hatte mich noch nicht an Ludwig Wittgenstein erinnert.

Jahre später, als ich *L'évanouissement* veröffentlicht
hatte, in dem von Wittgenstein und seinem *Tractatus* die
Rede war, hatte ein schätzenswerter Kritiker geglaubt,
ich hätte diese Philosophengestalt erfunden. Er hatte gemeint, es sei eine schöne Romanerfindung. Dazu muß
man sagen, daß Wittgenstein damals, Mitte der sechziger
Jahre, in Frankreich kaum bekannt war. Als ich den Ar-
tikel las, war ich hin- und hergerissen zwischen einer etwas traurigen Verwunderung über die Ignoranz des Kri-
tikers und literarischer Befriedigung. Mich für fähig zu
halten, eine so faszinierende und unerträgliche Gestalt
wie Wittgenstein erfunden zu haben, war in der Tat kein
kleines Kompliment.

Aber in Buchenwald, am 26. April 1945, hatte ich zu
dieser Tageszeit Wittgenstein noch nicht erfunden. Ich
hatte nicht einmal an ihn gedacht. Ich hatte mich nicht

einmal an den Ausspruch seines *Tractatus* erinnert, den ich drei Jahre zuvor ausführlich kommentiert hatte in dem Heft aus schwarzem Moleskin, das Claude-Edmonde Magny einem ihrer beiden Jeans, Gosset oder Cavaillès, geliehen hatte. Ich stand in der Sonne, vor der Tür von Block 40, untätig, verträumt, und wartete auf die Ausgabe des Mittagessens. Ich fragte mich, was ich an diesem Nachmittag tun würde.

Ich habe Bolados im Laufschritt kommen sehen.

Er war der Hauptverantwortliche für die illegale Organisation der KP Spaniens in Buchenwald. Also die Nummer eins der Führungstroika. Ihm zur Seite standen Palazón, der für den militärischen Apparat verantwortlich war, und Falcó, der Sekretär der Organisation. Alle diese Namen waren übrigens Pseudonyme. Sie waren in Frankreich, in der Résistance, unter diesen falschen Namen verhaftet worden, und sie hatten sie beibehalten. Erst am 12. April, nach der Befreiung des Lagers, habe ich ihre richtigen Namen erfahren. Palazón hieß Lacalle, Falcó hieß Lucas. Und Bolados hieß Nieto, Jaime Nieto.

Eine Woche zuvor, am 19. April, hatten sich die Delegierten aller kommunistischen Parteien von Buchenwald versammelt, um eine politische Erklärung zu verfassen. Auf dieser Versammlung waren elf Parteien vertreten: die von Frankreich, der UdSSR, Italien, Polen, Belgien, Jugoslawien, der Niederlande, der Tschechoslowakei, Spanien, Österreich und Deutschland. Der spanische Vertreter hatte mit seinen beiden Namen unterschrieben: in Klammern hatte er das Pseudonym Bolados, unter dem er in Buchenwald bekannt war, seinem richtigen Namen, Jaime Nieto, hinzugefügt.

Er kam im Laufschritt angerannt.

– Du bist da, das trifft sich gut, sagte er außer Atem. Morales stirbt, er will dich sehen!

Wir rennen zum Krankenbau, der sich am anderen Ende des Stacheldrahtbereichs befindet.

– *No hay derecho* . . ., hat Morales soeben geflüstert, mir zugewandt.

Er hat recht: es ist ungerecht.

Diego Morales ist Ende des Sommers 1944 im Lager eingetroffen, nach einem kurzen Aufenthalt in Auschwitz. Der jedoch lang genug war, um ihm das Wesentliche der Selektionsmechanismen des Vernichtungskomplexes von Auschwitz-Birkenau begreiflich zu machen. Noch vor dem entscheidenden Zeugnis des Überlebenden des *Sonderkommandos* hatte ich durch Morales eine erste Vorstellung von dem absoluten Grauen des Lebens in Auschwitz erhalten.

Bei uns hatte Morales sofort einen qualifizierten Arbeitsplatz in der Gustloff-Fabrik gefunden: er war ein wirklich unvergleichbarer Monteur – oder Fräser: ich kenne mich in den metallurgischen Fachausdrücken nicht aus. So geschickt und präzise, daß ihm von der illegalen Organisation schließlich eine Schlüsselposition am Montageband der automatischen Gewehre anvertraut worden war: am Ende des Bandes, wo es darauf ankam, auf intelligente Weise ein entscheidendes Teil des Mechanismus zu sabotieren, um die Waffe unbrauchbar zu machen.

In Block 40 untergebracht, im selben Schlafsaal wie ich, nach der Quarantänezeit, hatte mich Morales durch seine erzählerische Begabung verblüfft. Ich konnte ihm stundenlang zuhören. Freilich war seine Geschichte in hohem Maße romanhaft.

Er pflegte zu sagen, daß ein Buch für den abenteuerlichen Charakter seines Daseins verantwortlich sei. »Ein verflixtes kleines Buch«, sagte er lachend. *Un jodico li-*

brito ... Ein Buch, das sein Leben umgewälzt hatte, indem es ihn buchstäblich kopfüber in den Strudel der politischen Schlachten warf. Im Alter von sechzehn Jahren hatte er nämlich das *Kommunistische Manifest* gelesen, und sein Leben hatte sich schlagartig verändert. Noch in Buchenwald sprach er mit existentieller Erregung davon. So wie andere von den *Gesängen des Maldoror* oder *Eine Zeit in der Hölle* sprechen.

Mit neunzehn Jahren hatte Morales am spanischen Bürgerkrieg teilgenommen, in einer Guerillaeinheit, die jenseits der Front, in feindlichem Gelände operierte. Nach der Niederlage der spanischen Republik hatte er, in Prades, seinen zweiten literarischen Schock bekommen. Er war aufgelesen und bei einer französischen Familie versteckt worden, nach seiner Flucht aus dem Flüchtlingslager in Argelès. Dort hatte er *Rot und Schwarz* gelesen. Sicherlich wird die Tatsache, daß ihm dieses Buch von einer jungen Frau empfohlen worden war, an die er eine sowohl fleischliche wie sublimierte Erinnerung bewahrte, bei der von dem Buch hervorgerufenen Faszination mitgespielt haben. Doch welchen Anteil die Glut der einstigen Liebesflamme auch gehabt haben mag, dem Roman von Stendhal schrieb er in seinem Bericht ähnliche Wirkungen zu wie dem Pamphlet von Marx, wenn auch auf anderem Gebiet. Wenn das *Manifest* ihm das Verständnis für die unausweichlichen Massenbewegungen der Geschichte geöffnet hatte, so hatte ihn *Rot und Schwarz* in die Geheimnisse der menschlichen Seele eingeweiht: er sprach unerschöpflich davon, mit ergriffener und nuancierter Genauigkeit, sobald man ihn auf dieses Thema brachte, und das tat ich mit Vergnügen.

– Es ist nicht gerecht, hat Morales soeben geflüstert, kaum hatte ich mich an sein Strohlager gesetzt, seine Hand in die meine genommen.

Er hat recht, es ist nicht gerecht, jetzt zu sterben.

Morales hat den spanischen Krieg überlebt, die Kämpfe auf dem Plateau der Glières überlebt – das sei seine furchtbarste Erinnerung, hat er mir gesagt: der lange Marsch im tiefen Schnee, im Kreuzfeuer der Maschinengewehre, um dem Kessel der deutschen Truppen und der Einheiten der französischen Gendarmerie und Miliz zu entkommen. Er hat Auschwitz überlebt. Und Buchenwald, die tägliche Gefahr, von einem zivilen *Meister* oder einem SS-*Sturmführer* am Fließband der Gustloff bei einer Sabotage erwischt zu werden, was ihn direkt an den Galgen gebracht hätte. Er hat tausend andere Gefahren überlebt, um nun so zu enden, auf so idiotische Weise.

– *Morirse así, de cagalera, no hay derecho . . .*, flüstert er in mein Ohr.

Ich habe mich neben sein Strohlager gekniet, damit er sich nicht anzustrengen braucht, um zu mir zu sprechen.

Er hat recht: es ist nicht gerecht, blödsinnig an Durchfall zu sterben, wenn man so viele Gelegenheiten hatte, mit der Waffe in der Hand zu sterben. Noch dazu nach der Befreiung des Lagers, als das Wichtigste erreicht, die Freiheit wiedererlangt zu sein schien. Jetzt, wo sich ihm erneut Gelegenheit bot, geradezu als Unterpfand der Freiheit, in Spanien, in der antifranquistischen Guerilla mit der Waffe in der Hand zu sterben, war es idiotisch, an einer tödlichen Ruhr zu sterben, verursacht von einer für seinen geschwächten Organismus zu üppig gewordenen Nahrung.

Ich sage ihm nicht, daß der Tod der Definition nach idiotisch ist. Zumindest ebenso idiotisch wie die Geburt. Auch ebenso verblüffend. Es wäre kein Trost. Außerdem hat er keinen Grund, in diesem Augenblick blasierte metaphysische Betrachtungen zu würdigen.

Ich drücke ihm stumm die Hand. Ich denke daran, daß

ich schon den sterbenden Leib von Maurice Halbwachs in den Armen gehalten habe. Es war der gleiche Zerfall, der gleiche Gestank, der gleiche viszerale Schiffbruch, der eine betrübte, aber bis zur letzten Sekunde hellsichtige Seele sich selbst überließ: eine flackernde kleine Flamme, die der Körper nicht mehr mit dem lebensnotwendigen Sauerstoff versorgte.

> O Tod, alter Kapitän, es ist Zeit, lichten wir
> die Anker...

Ich hatte Halbwachs statt eines Sterbegebets ein paar Verse von Baudelaire zugeflüstert. Er hatte mich gehört, er hatte mich verstanden: in seinem Blick leuchtete ein schrecklicher Stolz.

Doch was konnte ich Diego Morales sagen? Welche Worte ihm zuflüstern, die ein Trost wären? Konnte ich ihn überhaupt trösten? Wäre es nicht besser, von Mitgefühl zu sprechen?

Ich kann ihm doch nicht das *Manifest* von Marx aufsagen! Nein, mir fiel nur ein einziger Text ein, den ich ihm aufsagen konnte. Ein Gedicht von César Vallejo. Eines der schönsten Gedichte spanischer Zunge. Ein Gedicht aus seinem Buch über den spanischen Bürgerkrieg, *España, aparte de mi este cáliz.*

> *Al fin de la batalla,*
> *y muerto el combatiente, vino hacia él un hombre*
> *y le dijo: »¡No mueras; te amo tanto!«*
> *Pero el cadáver ¡ay! siguió muriendo...*

Ich habe nicht die Zeit gehabt, den Anfang dieses herzzerreißenden Gedichts zu flüstern. Ein krampfhaftes Zucken durchfährt Morales, eine Art stinkende Explosion. Er entleert sich buchstäblich, das Laken besudelnd, das ihn umhüllt. Er klammert sich an meine Hand, mit all seinen in einer letzten Anstrengung versammelten Kräften. Sein Blick drückt gräßlichste Verzweiflung aus. Tränen rinnen über sein kriegerisches Gesicht.

– *Qué vergüenza*, sagt er in einem letzten Hauch.

Höre ich dieses Flüstern? Errate ich auf seinen Lippen die Wörter, die seine Scham sagen?

Seine Augen verdrehen sich, er ist tot.

No mueras, te amo tanto, will ich schreien, wie in dem Gedicht von Vallejo. »›Stirb nicht, denn du bist mir lieb!‹ Ach, der Leichnam starb weiter.«

Er stirbt weiter, er dringt weiter ein in die Ewigkeit des Todes. Und da erinnere ich mich an Ludwig Wittgenstein. »Der Tod ist kein Ereignis des Lebens. Den Tod erlebt man nicht«, hat dieser Idiot Wittgenstein geschrieben. Aber ich hatte den Tod von Morales erlebt, ich war im Begriff, ihn zu erleben. So wie ich vor einem Jahr den Tod von Halbwachs erlebt hatte. Und hatte ich nicht ebenso den Tod des jungen deutschen Soldaten erlebt, der *La Paloma* sang? Den Tod, den ich ihm gegeben hatte? Hatte ich nicht das Grauen, das Erbarmen all dieser Tode erlebt? Allen Todes? Auch die Brüderlichkeit, die er ins Spiel brachte?

Ich schließe Morales' Augen.

Es ist eine Geste, die ich nie habe tun sehen, die niemand mir beigebracht hat. Eine natürliche Geste, natürlich wie die Gesten der Liebe. Gesten, die sich im einen wie im andern Fall ganz natürlich einstellen, aus der Tiefe der ältesten Weisheit kommen. Dem fernsten Wissen.

Ich stehe auf, ich drehe mich um. Die Kumpel sind da: Nieto, Lucas, Lacalle, Palomares ... Auch sie haben den Tod von Morales erlebt.

»Mir scheint, man hat nicht oft genug auf den Schrecken
hingewiesen, der in Keats ist, zum Beispiel im Anfang
von *Hyperion:*

> *There was a listening fear in her regard*
> *As if calamity had but begun* ...«

Claude-Edmonde Magny hatte die Lektüre ihrer *Lettre*
sur le pouvoir d'écrire wieder aufgenommen.

»Keats hat den Wurm im Herzen jeder Frucht gesehen, den Riß im Herzen jeder Existenz, er weiß, daß es
auf der Welt kein Heil für den Menschen gibt, und er ist
entsetzt. Aber dieses Entsetzen ist jetzt kosmisch, nicht
mehr psychologisch. Es gelingt ihm, die heitere Trans-
position einer Erfahrung zu sein, die zwar grauenvoll
war, jetzt aber überwunden ist ...«

Sie bricht ab, sieht mich an.

Aber ich habe keine Lust zu reden. Ich bin erschöpft,
jedes möglichen Worts entleert.

Zwei Jahre nach diesem Augustmorgen in der Rue
Schœlcher hatte ich ein Exemplar der *Lettre sur le pou-*
voir d'écrire erhalten. Die Originalausgabe, bei Seghers
erschienen, umfaßte dreihundert Exemplare, auf La-
fuma-Velin: das meinige trug die Nummer 130.

1947, zum Zeitpunkt dieser Veröffentlichung, traf ich
Claude-Edmonde Magny nicht mehr so regelmäßig wie
früher. Ich glaube sogar, daß ich sie nur noch zufällig
traf, bei der, sehr seltenen, Gelegenheit einer Vernissage,
eines Theaterabends. Bei irgend etwas in dieser Art. Irgend etwas so Zufälligem, so Flüchtigem.

Jedenfalls bin ich mir sicher, daß ich sie nie wieder in
ihrem Atelier in der Rue Schœlcher aufgesucht habe.
Weder um sechs Uhr morgens noch zu sonst einer an-
nehmbareren, das heißt gewöhnlicheren Uhrzeit. Zum
letzten Mal werde ich am frühen Morgen eines Tages im

August 1945 bei ihr geläutet haben, einen Tag vor Hiroshima.

Tatsächlich hatte ich 1947 den Plan zu schreiben aufgegeben. Ich war ein anderer geworden, um am Leben zu bleiben.

In Ascona im Tessin war ich, an einem sonnigen Wintertag im Dezember 1945, aufgefordert worden, zwischen dem Schreiben und dem Leben zu wählen. Gewiß, ich selber hatte mich aufgefordert, diese Wahl zu treffen. Ich selber mußte die Wahl treffen, ich allein.

Gleich einem gleißenden Krebs zerfraß der Bericht, den ich Brocken für Brocken, Satz für Satz meinem Gedächtnis entriß, mein Leben. Zumindest meine Lebenslust, mein Verlangen, in dieser armseligen Freude zu verharren. Ich wußte mit Sicherheit, daß ich an einen Punkt kommen würde, wo ich mein Scheitern zur Kenntnis nehmen müßte. Nicht, weil es mir nicht gelang zu schreiben: vielmehr weil es mir nicht gelang, das Schreiben zu überleben. Nur ein Selbstmord könnte diese unvollendete endlose Trauerarbeit besiegeln, ihr willentlich ein Ende setzen. Oder aber das Unvollendete selbst würde ihr, willkürlich, ein Ende setzen, durch den Verzicht auf das Buch, an dem ich schrieb.

Eine junge Frau hat mich, ohne es zu wissen, ohne es beabsichtigt zu haben, am Leben gehalten. Sie hieß Lorène, sie wird sich zu gegebener Zeit bekannt machen, bald: ihre Stunde naht. Sie hat mich gerettet – oder verloren: es ist nicht an mir, das zu beurteilen; ich lehne im voraus jedes Urteil darüber ab –, sie hat mich am Leben gehalten, wie dem auch sei.

Ich wohnte in jenem Winter in Solduno, in der Nähe von Locarno. Meine Schwester Maribel hatte ein Haus im Tal der Maggia gemietet, in der Sonne des Tessins, damit ich mich dort erhole. Auch damit ich schreibe. Dort hatte ich den Herbst meiner Rückkehr verbracht, dann den Winter, mit ihr und einem dreijährigen Neffen. Jean-Marie Soutou, mein Schwager, eröffnete in Belgrad die französische Botschaft, zusammen mit Jean Payart. Manchmal besuchte uns ein anderer Bruder, Gonzalo, der in Genf lebte. Alles war friedlich, voller Lachen, Erzählungen, Erinnerungen: eine aus Einverständnis gesponnene Freude. Man umsorgte den Wiedergänger, der ich war. Ich ließ mich lieben, und ich versuchte zu schreiben. Vielmehr: ich versuchte, das Schreiben zu überleben, das meine Seele zerfraß.

Ich sah Lorène in Ascona wieder, einem benachbarten Dorf am Ufer des Sees. Lorène wußte nichts von mir, nichts Wesentliches: woher ich kam, wer ich wirklich war. Was ich hier machte. Sie hatte keinen anderen Grund, sich für mich zu interessieren, als mich selbst: genau das war erschütternd. Mich selbst in der Gegenwart, in der scheinbaren Sorglosigkeit eines Winters in Ascona, wo wir uns beide erholten. Sie von einem düster gescheiterten Eheabenteuer. Wovon ich mich erholte, weiß ich nicht mehr. Ich hatte einen Grund erfunden, warum ich mich hier befand, in dem Familienhaus, ich habe ihn vergessen.

Lorène, die nichts davon wußte, die nie irgend etwas davon gewußt hat, verdanke ich es, daß ich ins Leben zurückgekehrt bin. Das heißt ins Vergessen: das Leben hatte diesen Preis. Ein vorsätzliches, systematisches Vergessen der Lagererfahrung. Auch ein Vergessen des Schreibens. Denn es kam nicht in Frage, irgend etwas anderes zu schreiben. Es wäre lachhaft, sogar schändlich gewesen, irgend etwas zu schreiben und damit diese Erfahrung zu umgehen.

Ich mußte zwischen dem Schreiben und dem Leben wählen, ich habe letzteres gewählt. Ich hatte eine lange Kur der Aphasie, der bewußten Amnesie gewählt, um zu überleben. Und während dieser Arbeit der Rückkehr ins

Leben, dieser Trauer über den Verlust des Schreibens, hatte ich mich von Claude-Edmonde Magny entfernt, was leicht zu begreifen ist. Ihr Brief über das Vermögen zu schreiben, der mich seit 1947 überall begleitete, sogar auf meinen illegalen Reisen, war das einzige, rätselhafte, zarte Bindeglied, das mich mit demjenigen verband, der ich gern gewesen wäre, ein Schriftsteller. Kurz, mit mir selbst, dem authentischsten, wenn auch frustrierten Teil von mir.

Aber davon wußte ich noch nichts an jenem Morgen, unter dem Augusthimmel über dem Friedhof Montparnasse, dem Grab von César Vallejo.

– Welche Dichter haben wir gemeinsam gelesen? hat Claude-Edmonde Magny gefragt. Keats, natürlich ... Und Coleridge, Rainer Maria Rilke, ich erinnere mich ...

Sie hat soeben noch mal Kaffee gekocht, gießt uns eine Tasse ein.

– César Vallejo, sage ich. Ich hatte einige seiner Gedichte für Sie übersetzt ...

– César Vallejo, ja natürlich, sagt sie mit tonloser Stimme. Ich habe regelmäßig Blumen auf sein Grab gestellt, während Sie weg waren.

Bin ich wirklich zurückgekommen?

7

Bakunins Regenschirm

Die Zeit war vergangen, es war Dezember, Lorène wartete vor einem Kino in Locarno auf mich.

Ich hatte eine Vormittagsvorstellung besucht, um mir einen amerikanischen Film nach einem Theaterstück von Eugene O'Neill anzusehen. Eine eher rauhe Seefahrergeschichte.

– Soll ich Ihnen den Regenschirm von Michail Alexandrowitsch Bakunin zeigen? rief sie.

Lorène saß am Steuer eines Mercedes-Kabrioletts, eines zwar recht alten, aber prachtvollen Modells. Sie parkte vor dem Kino, in der Sonne. Ungeachtet der traditionellen helvetischen Zurückhaltung – vielleicht war sie im Tessin, in der Nähe Italiens, weniger verbreitet –, musterten mich eifersüchtige Blicke.

Sofort hatte mein Blut schneller gepocht.

Nicht Bakunin rief diese Verwirrung hervor, nicht wirklich. Weder er noch sein Regenschirm. Sie hätte mir irgend etwas anderes sagen können, es hätte dieselbe Wirkung auf mich gehabt. Verwirrend war ihre Gegenwart, die Tatsache, daß sie da war und auf mich wartete.

Ich war auf sie zugegangen, ich stand neben ihr, beide Hände auf die Randleiste der Tür gestützt. Sie hob ihre Augen zu mir, ich sah sie glänzen in einem beschwingten, goldbraunen Licht.

– Ja, hatte ich gesagt, zeigen Sie mir den berühmten Regenschirm.

Jeder Vorwand war mir recht, um in ihrer Nähe zu bleiben, mich in die voraussichtliche Zärtlichkeit ihrer Arme zu flüchten.

Ich hatte den Film von O'Neill – das heißt nach einem Stück von O'Neill – gleichsam in einem Zustand der Betäubung gesehen. Die Bilder reihten sich aneinander, abgehackt, ohne inneren Zusammenhalt, trotz ihrer unbestreitbaren Kraft. Ohne daß ich immer in der Lage war, sie in die Kontinuität einer Erzählung, den Fluß eines zeitlichen Ablaufs einzuordnen. Manchmal entgingen sie mir, ihre Bedeutung verschwamm: es blieb von ihnen nur eine aggressive formale Schönheit.

Ich war wie mit Stumpfsinn geschlagen, gleichsam weggetreten. Jedoch ohne Bangigkeit: ich versank in der Heiterkeit der süßesten, flauschigen Verzweiflung.

Nicht der Film an sich – hatte ihn John Ford gedreht? – hatte diese Betäubung hervorgerufen, natürlich nicht. Es war vorher gewesen, die Wochenschau, die vor ihm gezeigt worden war.

Plötzlich, nach dem Bericht über einen Sportwettkampf sowie irgendeine internationale Zusammenkunft in New York, hatte ich, eine Sekunde lang geblendet, die Augen schließen müssen. Ich hatte sie wieder geöffnet, ich hatte nicht geträumt, die Bilder waren noch immer da, auf der Leinwand, unausweichlich.

Ich habe vergessen, welcher Vorwand oder Anlaß dazu bestand, aber die an jenem Tag im Kino von Locarno gezeigte Wochenschau erinnerte an die Entdeckung der Nazi-Konzentrationslager durch die Armeen der Alliierten vor wenigen Monaten.

Das Auge der Kamera drang ins Innere einer Baracke: Deportierte am Ende ihrer Kräfte, auf den Pritschen zusammengesunken, bis auf die Knochen abgemagert, starrten mit weit aufgerissenen Augen auf die Eindringlinge, die ihnen – für viele zu spät – die Freiheit brachten. Das Auge der Kamera fing die Bewegung der Bulldozer der amerikanischen Armee ein, die Hunderte ausgemergelter Leichen in Massengräber schoben. Das Auge der

Kamera erfaßte die Geste dreier junger Deportierter mit kahlgeschorenem Schädel, in gestreiftem Anzug, die am Eingang einer Baracke eine Kippe unter sich kreisen ließen ... Das Auge der Kamera folgte den langsamen Schritten einer Gruppe von Deportierten, die über das Gelände eines Appellplatzes, in der Sonne, zu einer Essensverteilungsstelle humpelten ...

Die Bilder waren in verschiedenen Lagern gefilmt worden, die die vorrückenden Alliierten vor ein paar Monaten befreit hatten. In Bergen-Belsen, in Mauthausen, in Dachau. Es gab auch Bilder aus Buchenwald, die ich wiedererkannte.

Oder vielmehr: von denen ich mit Bestimmtheit wußte, daß sie aus Buchenwald stammten, ohne sicher zu sein, sie wiederzuerkennen. Oder vielmehr: ohne mit Sicherheit zu wissen, daß ich sie selbst gesehen hatte. Dennoch hatte ich sie gesehen. Oder vielmehr: ich hatte sie erlebt. Verwirrend war der Unterschied zwischen dem Gesehenen und dem Erlebten.

Denn es war das erste Mal, daß ich derartige Bilder sah. Bis zu jenem Wintertag war es mir gelungen, ein wenig durch Zufall, vor allem aber mit Hilfe einer spontanen Strategie der Selbstverteidigung, den kinematographischen Bildern der Nazi-Lager auszuweichen. Ich besaß diejenigen meines Gedächtnisses, die mitunter brutal auftauchten. Die ich auch willentlich abrufen konnte, wobei ich ihnen sogar eine mehr oder weniger strukturierte Form gab, sie in einer Anamnese, einer Art Bericht oder innerem Exorzismus anordnete. Es waren innere Bilder, das ist es. Erinnerungen, die ebenso zu mir gehörten, ebenso natürlich waren – trotz ihrer Unerträglichkeit – wie die Bilder der Kindheit. Oder wie die des jugendlichen Glücks aller möglichen Initiationen: in die Brüderlichkeit, die Lektüre, die Schönheit der Frauen.

Plötzlich jedoch, in der Stille jenes Kinosaals von Locarno – in dem das Getuschel und Geflüster verstummte, in dem eine Stille des Grauens und Mitgefühls eintrat: vermutlich auch eine empörte Stille –, wurden diese Bilder meiner Intimität mir fremd, als sie sich auf der Leinwand vergegenständlichten. Auf diese Weise entgingen sie meinen persönlichen Verfahren des Wiedererinnerns und der Zensur. Sie hörten auf, mein Eigentum und meine Qual zu sein: tödliche Reichtümer meines Lebens. Sie waren nur noch, oder endlich, die radikale, veräußerlichte Realität des Bösen: sein eisiger und dennoch brennender Widerschein.

Die grauen, manchmal verschwommenen Bilder, im Hüpfen einer Handkamera gedreht, bekamen eine Dimension maßloser, erschütternder Realität, an die meine Erinnerungen nicht heranreichten.

Als ich auf der Leinwand des Kinos unter einer so nahen und so fernen Aprilsonne den Appellplatz von Buchenwald auftauchen sah, auf dem Scharen von Deportierten in der Bestürzung der wiedergefundenen Freiheit umherirrten, sah ich mich in die Wirklichkeit zurückversetzt, wieder eingebettet in die Wahrhaftigkeit einer unanfechtbaren Tatsache. Alles war also wahr gewesen, alles blieb wahr: nichts war ein Traum gewesen.

Indem ich dank den Kameraleuten der Filmstellen der alliierten Armeen zum Zuschauer meines eigenen Lebens, zum Betrachter meiner eigenen Erlebnisse wurde, war mir, als entginge ich den zerreißenden Ungewißheiten des Gedächtnisses. Als belüden, paradoxerweise auf den ersten Blick, die Dimension des Irrealen und der Teil an Fiktion, wie sie jedem kinematographischen Bild, auch dem dokumentarischsten, eignen, meine intimsten Erinnerungen mit einem unumstößlichen Gewicht an Realität. Zwar sah ich mich auf der einen Seite ihrer beraubt; auf der anderen jedoch sah ich ihre Realität bestätigt: ich hatte Buchenwald nicht geträumt.

Mein Leben war also nicht nur ein Traum.

Doch wenn die Bilder der Wochenschau die Wahrheit der erlebten Erfahrung bestätigten – die ich mitunter nur schwer zu fassen und in meinen Erinnerungen zu fixieren vermochte –, so verschärften sie gleichzeitig, bis zur Verbitterung, die Schwierigkeit, sie zu vermitteln und wenn nicht transparent, so doch mitteilbar zu machen.

Denn die Bilder, auch wenn sie das blanke Entsetzen, den körperlichen Verfall, die Arbeit des Todes zeigten, waren stumm. Nicht nur weil sie, gemäß den damaligen Mitteln, ohne Ton gedreht worden waren. Stumm vor allem deshalb, weil sie nichts Genaues über die gezeigte Wirklichkeit sagten, weil sie nur wenige Splitter davon mitteilten, wirre Botschaften. Es wäre nötig gewesen, den Film im Ganzen, in seinem filmischen Material selbst zu bearbeiten, in seinem Ablauf mitunter anzuhalten: das Bild zu fixieren, um bestimmte Einzelheiten zu vergrößern; in einigen Fällen die Projektion in Zeitlupe wieder aufzunehmen, andere Male ihren Rhythmus zu beschleunigen. Vor allem hätte man die Bilder kommentieren müssen, um sie zu entschlüsseln, sie nicht nur in einen historischen Kontext, sondern in eine Kontinuität von Gefühlen und Erregungen einzufügen. Und damit dieser Kommentar so nahe wie möglich an die erlebte Wahrheit herankäme, hätte er von den Überlebenden selbst gesprochen werden müssen: den Wiedergängern dieser langen Abwesenheit, den Lazarussen dieses langen Todes.

Man hätte die dokumentarische Wirklichkeit letztlich wie einen fiktiven Stoff behandeln müssen.

Die Wochenschausequenz hatte höchstens drei oder vier Minuten gedauert. Das hatte ausgereicht, mich in einen Wirbel von Gedanken und Emotionen zu stürzen. Ich war derart verwirrt, daß ich dem darauf folgenden Film nur noch sporadische, von angstvollen Träumen unterbrochene Aufmerksamkeit hatte schenken können.

Aber da war Lorène, am Ausgang des Kinos. Sie hatte mich hineingehen sehen, anscheinend zufällig, hatte sich nach der Dauer der Vorführung erkundigt, war zurückgekommen, um auf mich zu warten.

Eine Art glühende Dankbarkeit trug mich ihr entgegen.

– Locarno! hatte ich ausgerufen, zwei Tage zuvor. Dann müssen Sie Bakunin kennen!

Ich wollte sie aus der Fassung bringen, natürlich. Ihre Neugier erregen, ihre Aufmerksamkeit. Schließlich ihre entzückte Verwunderung, wenn sie mich mit ungezwungenen und spöttischen Kenntnissen über Bakunin in Locarno hätte brillieren sehen.

Es war danebengegangen. Lorène hatte genickt, unbeeindruckt.

– In der Tat, antwortete sie, als verstünde es sich von selbst. Wir haben sogar seinen Regenschirm im Haus.

Ich war baff.

Das spielte sich am Ende einer Mahlzeit ab, die vergnüglich gewesen war, trotz meinen anfänglichen Befürchtungen. Der Speisewagen war zu Dreiviertel leer, aber sie hatte sich absichtlich gegenüber von mir hingesetzt. Sie brauchte Gesellschaft, wollte plaudern, hatte sie mir später gesagt.

Ich wäre lieber allein an meinem Tisch geblieben.

Ich hatte beschlossen, ein ausgiebiges Mittagessen zu mir zu nehmen, es in Ruhe auszukosten. Ich hatte die Absicht, mich satt zu essen und zu trinken, mit der Ehrfurcht und dem Genuß, wie die helvetischen Speisen sie verdienten.

Vorher hatte die Nahrung immer ein Ende gehabt.

Man konnte die Scheibe Schwarzbrot, in winzige Stücke zerschnitten, noch so langsam kauen, immer kam der Augenblick, wo es zu Ende war. Es war fast so, als hätte nichts stattgefunden: kein Schwarzbrot mehr, ein leerer Mund, ein knurrender Magen. Nichts anderes als der sich sofort wieder einstellende Hunger. Im Speisewagen der helvetischen Eisenbahn würde es anders sein: hier gab es keine vorstellbare Grenze für die angebotene Nahrung. Eine Grenze gab es nur für den Hunger. Das Wort war im übrigen ungehörig, kaum angebracht: aus dem Hunger war banaler Appetit geworden.

An jenem Tag jedoch war die alte Zwangsvorstellung erneut aufgetaucht. Übrigens eher in geistiger denn in körperlicher Form. Es war die Idee des Hungers, die aufreibende Erinnerung an ihn, die mir plötzlich zu schaffen machte. In einem ganz anderen Zusammenhang: ich wußte, daß ich ihn stillen konnte. Der Hunger wurde wieder appetitlich.

Ich hatte also einen Gin-Fizz als Aperitiv bestellt, in der festen Absicht, danach eine Flasche Pontet-Canet 1929 zu trinken, meine Mahlzeit um diesen wunderbaren Wein zu inszenieren.

Ich hatte die Existenz des Pontet-Canet auf meiner ersten Reise zwischen Locarno und Bern – Hin- und Rückfahrt am selben Tag – in einem Speisewagen der helvetischen Eisenbahn entdeckt. Einmal im Monat nämlich – es war das dritte Mal, im Dezember, am Tag, an dem Lorène erschienen ist – mußte ich meine Aufenthaltserlaubnis bei der Fremdenpolizei in Bern beglaubigen lassen. Es war unmöglich gewesen, besagte Polizei dazu zu bewegen, meine Schweizer Aufenthaltserlaubnis in Locarno kontrollieren zu lassen, der Stadt, die meinem Winterquartier am nächsten lag. Ich weiß nicht, welch obskurer und stumpfsinniger bürokratischer Grund mich zwang, mich nach Bern zu begeben. Statt einfach die Straßenbahn zu nehmen, die von Solduno nach Locarno fuhr, stieg ich daher in dieser Stadt in einen Schnellzug – einen »leichten« Zug in der französischen Terminologie der Schweizerischen Bundesbahn – und fuhr an einem Tag hin und zurück.

Dieses Mal also, auf meiner dritten und letzten Reise – meine Aufenthaltserlaubnis lief im Januar 1946 ab –, bereitete ich mir das Fest eines einsamen Mahls: eine Flasche Pontet-Canet, ein um die Blume dieses herrlichen Weins zusammengestelltes Menü.

Unter diesen Umständen ist es verständlich, daß die unerwartete Nähe dieser jungen Frau mich eher störte. Ein Minimum an Konversation wäre vonnöten. Und vor allem ißt man vor einem fremden Blick nicht auf dieselbe Weise. Nicht mit derselben Lockerheit, derselben Zwanglosigkeit. Man hält sich zurück vor einem fremden, überdies weiblichen Blick. Man beherrscht sich, man mäßigt sich und man hält sich gerade. Aber ich hatte ja gerade Lust, mich gehen zu lassen, notfalls gierig und gefräßig zu sein, lüstern die ausgewählten Speisen zu genießen.

Sie störte mich, gewiß, aber sie war betörend. Unbefangen in einer glatten, gebräunten, lieblich anzusehenden Haut. Unbefangen in ihren Kleidern von unaufdringlicher, aber urväterlicher Qualität. Eben dies war das Beeindruckendste: die Tradition, die hinter soviel Unbefangenheit, soviel unbeschwerten Auftretens zutage trat. Das Gewicht des angestammten Erbes, die lange Reihe der Vorfahren hinter soviel augenfälliger Ungezwungenheit. Sie war sichtlich das nahezu vollkommene Produkt mehrerer Generationen von Palmolive, Kaschmirs und Klavierstunden.

Dieser Schein trügte nicht. Es stellte sich heraus, daß Lorène die Erbin einer Patrizierfamilie war, mit einem Namen, der sich sowohl in der Schweizer chemischen

Industrie wie im künstlerischen Mäzenatentum einiger Berühmtheit erfreute.

– Was feiern Sie? hatte sie gesagt, als sie sich an meinen Tisch setzte und die Weinflasche sah, die der Kellner gerade geöffnet und mir mit salbungsvollen Gesten zu kosten gegeben hatte.

– Nichts, hatte ich geantwortet. Das Leben.

Sie bestellte ein leichtes Mahl, Mineralwasser.

– Und was machen Sie im Leben? fügte sie hinzu.

– Noch nichts ... leben.

Meine Wortkargheit hatte sie nicht aus der Fassung gebracht, noch weniger entmutigt. Sie setzte ihre Befragung fort, ohne großen Erfolg. Die meisten Informationen, die sie mir entlocken konnte, waren falsch, angefangen mit meinem Vornamen: Manuel, hatte ich ihr gesagt. Des Fragens müde, erzählte sie nun von sich selbst. Es war ergreifend, aber banal. Im übrigen ist es immer ergreifend banal, wenn Unbekannte in Eisenbahnzügen ihr Leben erzählen. Lorène hatte gerade eine heillose Eheerfahrung hinter sich. Einen sechsmonatigen Alptraum, ihr zufolge. Eine kostspielige Scheidung hatte soeben der ehelichen Hölle ein Ende gesetzt.

Ich hörte ihr zerstreut zu, betrachtete sie jedoch mit Entzücken. Ihre Bewegungen waren anmutig, ihre Stimme wohlklingend, ihre Haltung bei Tisch vollendet, ohne Geziertheit. Eine Wohltat für die Augen, während ich mich an subtilen oder konsistenten Speisen labte.

Irgendwann, ich weiß nicht mehr warum, sprach sie von dem Haus ihrer Familie in Locarno.

– Dann müssen Sie Bakunin kennen! hatte ich gesagt.

Ihre Antwort verblüffte mich.

– In der Tat, wir haben sogar seinen Regenschirm im Haus.

Es stellte sich heraus, daß eine Kusine von Teresa Pedrazzini, der Vermieterin des russischen Revolutio-

närs, bei Lorènes Urgroßeltern gearbeitet hatte, in dem
Patrizierhaus, das ihre Familie in Locarno seit einer
Ewigkeit besaß, der Ewigkeit von Patrimonien, Majora-
ten und die Grundstücke zusammenhaltenden Ehever-
trägen.

An einem Regentag in den siebziger Jahren des letzten
Jahrhunderts hatte sich diese Hausangestellte – die ebenfalls Teresa hieß, wie ihre Kusine Pedrazzini, was die
weitschweifigen Berichte ihrer Enkelinnen kompli-
zierte, sagte Lorène –, die Teresa ihrer Urgroßeltern also
hatte sich, als sie von einer Besorgung bei ihrer Kusine
zurückkam, zum Schutz vor einem Wolkenbruch einen
großen schwarzen Regenschirm mit einem bemerkens-
wert verzierten Griff ausgeliehen, von dem sie nicht
wußte, daß er Michail Alexandrowitsch gehörte, jenem
bärtigen, mehrsprachigen, in die italienische Schweiz ge-
flüchteten Russen, der bei der Pedrazzini eine möblierte
Wohnung gemietet hatte. Im Vestibül von Lorènes Vorfahren stehengelassen, wahrte der Regenschirm eine
Zeitlang seine Anonymität. Er war ein stehengelassener
Regenschirm, sonst nichts. Er war einfach da, weder Interesse noch Zwietracht weckend. Bis zu dem Tag, an
dem Bakunin persönlich vorsprach und ihn zurückerbat.
Die Familienlegende verlieh diesem Ereignis einen besonderen Glanz: alle seine Einzelheiten, zweifellos im
Laufe vieler Jahrzehnte mündlicher Überlieferung von
einer Generation zur andern mit Verzierungen, Hinzu-
fügungen, Schnörkeln und Übertreibungen ausgeschmückt, waren bewahrt, festgeschrieben worden.
Doch in allen Varianten war das Ende der Erzählung dasselbe: Lorènes Urgroßvater soll sich geweigert haben,
Michail Alexandrowitsch den Regenschirm zurückzugeben, unter dem moralisch lächerlichen, obzwar juristisch
einwandfreien Vorwand, daß er nicht nachweisen
könne, der Besitzer zu sein. Und außerdem, wie könne

er als so entschiedener Gegner des Privateigentums, als wohlbekannter Anarchist und Gesetzloser es wagen, sich in einer ebenso dubiosen wie gewöhnlichen persönlichen Angelegenheit auf dieses heilige Recht zu berufen? Dieses letzte Argument schien bei Bakunin dröhnendes Gelächter hervorgerufen zu haben. Woraufhin er dem Patrizierstammsitz von Lorènes Urgroßeltern den Rükken kehrte und seinen Regenschirm gleich einer Fahne auf dem Schlachtfeld dem Feind überließ.

Die Geschichte von Bakunins Regenschirm, das Gelächter, das sie hervorrief, hatten uns einander nähergebracht. Eine Art verschwörerische Vertrautheit schien Gestalt anzunehmen. Die Möglichkeit einer neuerlichen Begegnung hatte sich in unseren Worten angedeutet, ohne weitere Präzisierung. Aber schließlich waren wir höflich aus dem Speisewagen vertrieben worden, in dem sich unser Gespräch in die Länge zog. Die Tische für das Abendessen eines Nachtschnellzugs Lugano-Genf mußten gedeckt werden, hatte man uns erklärt.

Lorène blickte zu mir auf, vor dem Kino von Locarno.

– Einverstanden, hatte ich gesagt. Sehen wir uns Bakunins Regenschirm an.

Aber ich dachte nicht an Michail Alexandrowitsch, ich hatte nichts mit ihm zu schaffen.

Ich dachte an Paul Ludwig Landsberg. Vielmehr an die Frau von P. L. Landsberg. Ich hatte gerade herausgefunden, wem Lorène ähnelte. Schon vor zwei Tagen, im Speisewagen, als ich sie mit bewunderndem Interesse ansah, hatte mich Lorène an jemanden erinnert: an eine Frau, von früher. Ich wußte nicht, an wen sie mich erinnerte, aber ich war mir der Ähnlichkeit sicher. Ich war mir auch sicher, daß es sich um eine Frau von früher handelte: aus meiner Jugend. Aber so sehr ich in meinem

Gedächtnis die Bilder der Frauen meiner Jugend heraufzubeschwören suchte, ich kam nicht darauf. Die Erinnerung, die Ähnlichkeit, die Beschwörung waren rätselhaft
geblieben, so augenfällig wie unentzifferbar.

Mit einemmal begann es sich aufzuklären. Es war das
Kabriolett, das es mir ermöglicht hatte, diese dunkle
Ähnlichkeit zu entziffern, sie zu strahlender Gewißheit
hatte werden lassen.

Lorène ähnelte der jungen Frau von P. L. Landsberg.

Im Frühjahr 1939, während des *Esprit*-Kongresses,
von dem ich wohl bereits gesprochen habe, hatte Landsbergs Frau uns manchmal herumkutschiert, Jean-Marie
Soutou und mich. Sie besaß ein Kabriolett, und ich fuhr
in dem Spider, der Wind peitschte mein Gesicht. Einmal,
in der Nähe von Ville-d'Avray hatte ich ihr die Wagentür
aufgehalten, damit sie aus dem Wagen stiege. Sonnen-
strahlen blinkten im Schatten des Laubs einer Avenue.
Sie hatte ihren Körper ruckartig bewegt, so daß sich ihre
Beine in dem Augenblick entblößten, als sie die Füße auf
die Erde setzte. Ihre bis zum Strumpfband und der mil-
chigen Haut der Schenkel entblößten Beine. Meine Verwirrung wurde durch die Erinnerung an ein kürzlich
gelesenes Buch noch verstärkt: es war wie in der *Ver-
schwörung* von Nizan. Das bei einer ähnlichen Gelegenheit entblößte Knie von Catherine Rosenthal: die Kraft
des Romanbildes vertiefte meine Erregung.

Was dagegen Bakunins Regenschirm betraf, so war er
in einer nach Maß angefertigten Vitrine ausgestellt, in
dem geräumigen Vorzimmer von Lorènes Elternhaus in
Locarno.

Ich hatte ihn mit einer Art Seligkeit betrachtet. Genau
in diesem Augenblick, als ich mit gerührter Belustigung
Bakunins großen schwarzen Regenschirm betrachtete,
hatte ich den Entschluß gefaßt, der mein Leben verändern sollte.

Im übrigen auch meinen Tod.

Oder vielmehr: dort hatte ich begonnen, ihn zu fassen. Noch besser: dort hatte er begonnen, gefaßt zu werden, ohne daß ich einzugreifen brauchte, um den Lauf der Dinge zu verändern. Fest zu werden also, so wie man vom Eis sagt, daß es fest wird; sich zu kristallisieren, so wie man von einem Gefühl sagt, daß es sich kristallisiert.

Lorène lehnte an meiner Schulter, aber ich hatte ihr nichts gesagt. Jedenfalls konnte ich ihr nichts sagen, höchstens die Schmerzen wieder wecken, die mein Entschluß mir ja gerade ersparen sollte.

In dem Augenblick, da ich das Familienhaus verlassen wollte, wo eine alte Dienerin – ich hatte vergessen zu fragen, ob es die Nachfahrin von Teresa war, der Kusine der anderen, der Pedrazzini, die Bakunins Vermieterin gewesen war – uns aromatischen Tee gebracht hatte, bevor sie sich füglich zurückzog, hatte mir Lorène die Vitrine gezeigt, die eigens entworfen worden war, die triumphale Beute zu konservieren, das heißt den schwarzen bäuerlichen Regenschirm von Bakunin.

Wir waren soeben durch die Biliothek gegangen, um wieder ins Vorzimmer zu gelangen. Es war ein riesiger, mit Büchern angefüllter Raum mit hoher Decke – eine Galerie lief an den Wänden entlang, die es erlaubte, die oberen Regale zu erreichen. In meiner Erinnerung gibt es nicht viele Privatbibliotheken, die so schön sind wie diese. Vielleicht war es sogar die schönste von allen, die ich gekannt habe. Die einzige, zweifellos bescheidenere, die sich mit ihr vergleichen ließe, wäre die der Banfi in Mailand in der Via Bigli, die ich sehr viel später entdeckt habe. Vielleicht wäre es tatsächlich die einzige, die denselben hellen Frieden, dieselbe Aura lebhafter Andacht ausstrahlte. Dort, in der Via Bigli, ein ganzes Leben später, hat mir Rossana Rossanda die ersten Bücher von Primo Levi zu lesen gegeben.

Wahrscheinlich wäre ich außerstande gewesen, mich der Betrachtung und Erkundung der Bibliothek des Hauses in Locarno, seinen voraussichtlichen Schätzen zu entreißen, wenn wir die Besichtigung des Hauses hier begonnen hätten. In diesem Fall wäre es unmöglich gewesen, mich zu irgend etwas zu bewegen. Aber Lorène, von einer Vorahnung oder ganz einfach von ihrer Ungeduld geleitet, hatte mich direkt in ihr Schlafzimmer geführt.

Ich betrachtete Bakunins Regenschirm, danach, in einem Zustand der Seligkeit. Ich spürte Lorènes Gewicht auf meiner Schulter. Plötzlich, in der sowohl geschärften wie ermatteten Nähe unserer beiden Körper, unserer Gefühle und unserer Sinne, begann eine heftige Illusion zu keimen.

Das Leben war noch lebbar. Es genügte zu vergessen, es mit Bestimmtheit, brutal zu beschließen. Die Wahl war einfach: schreiben oder leben. Würde ich den Mut haben – die Grausamkeit gegen mich selbst –, diesen Preis zu zahlen?

– Achtung, das ist mein schlechtes Ohr! sagte ich vierzehn Tage später zu Lorène.

Sie rückte von mir ab.

– Du hast ein gutes und ein schlechtes Ohr?

Sie schien zu denken, daß ich sie auf den Arm nahm. Ich nickte.

– Laß sehen, sagte sie.

Sie beugte sich zu mir, schob meine nunmehr zu langen Haare beiseite, entdeckte die bläuliche Narbe, die den oberen Teil meines rechten Ohrs umgab, am Schädelansatz.

– Das stimmt ja! rief sie aus.

– In kleinen Dingen lüge ich nie.

Wir zündeten Zigaretten an.

– Was ist das? fragte Lorène.

– Ich hatte beschlossen, mir das rechte Ohr abzuschneiden, um es einer Dame zu schenken, aber ich hatte nicht den Mut, es durchzustehen.

Sie lachte, liebkoste von neuem das Innere meines Ohrs, das Haar, den Nacken. Ich wußte es nicht zu würdigen, ich betrachtete die Landschaft des Lago Maggiore.

In Wirklichkeit war ich aus einem Zug gefallen.

Sogar aus einem ziemlich kurzatmigen Vorortzug: es hatte nichts Abenteuerliches, nichts Aufregendes an sich. Aber war ich aus diesem banalen, überfüllten Vorortzug gefallen, oder hatte ich mich absichtlich auf das Gleis gestürzt? Die Meinungen darüber gingen auseinander, ich selbst hatte keine endgültige. Eine junge Frau hatte nach dem Unfall behauptet, ich hätte mich aus der offenen Tür gestürzt. Der Zug war überfüllt, ich stand am Rand der Plattform zwischen den beiden Abteilen eines Wagens. Es war sehr heiß am Ende jenes Augusttags, dem Tag vor Hiroshima. Die Tür war offen geblieben, es standen sogar ein paar Reisende auf dem Trittbrett. Das kam zu jener Zeit der unzulänglichen Transporte häufig, wenn nicht immer vor. Wie dem auch sei, die junge Frau achtete, vielleicht bis zum Exzeß, die Freiheit der anderen. In diesem Fall die meine. Sie hatte gedacht, daß ich mich umbringen wollte, hat sie danach erklärt, sie ist zur Seite getreten, um mir die Aufgabe zu erleichtern. Sie hat mich ins Leere springen sehen.

Ich hatte keine endgültige Meinung zu dieser Frage.

Ich erinnerte mich an meine Müdigkeit nach der durchwachten Nacht. Ich erinnerte mich an meine Fiebrigkeit nach dem Gespräch mit Claude-Edmonde Magny, an all die Tassen Kaffee, die wir getrunken hatten. An den Tag mit Laurence danach. Ich erinnerte mich an das Schwindelgefühl am Rand der Plattform, zwischen mürrische Fahrgäste gezwängt.

Aber vielleicht ist der freiwillige Tod ja eine Art Schwindelgefühl, sonst nichts. Ich könnte nicht genau sagen, was mir widerfahren war. Später, als ich aus einigen köstlichen Minuten des Nichts emportauchte, hatte ich mich für die Hypothese der Ohnmacht entschieden. Es gibt nichts Törichteres als einen mißlungenen Selbstmord. Eine Ohnmacht ist zwar auch nicht eben rühmlich, aber es läßt sich besser damit umgehen.

Ich war also auf das Gleis gefallen, auf die eine oder andere Art, und das Transmissionskabel aus schneidendem Stahl, das am Bahndamm entlangläuft, hatte mir buchstäblich das rechte Ohr abgeschnitten. Zumindest zur Hälfte. Man hatte es wieder annähen müssen. Aber anscheinend gibt es nichts Einfacheres, als ein halb abgerissenes Ohr wieder anzunähen.

Das war im August, nun ist es Dezember, wir sitzen in der Wintersonne, in Ascona, auf der Terrasse eines Cafés vor der Landschaft des Lago Maggiore.

– Manu, sagt Lorène.

– Nein, sage ich.

– Was nein?

– Ich hasse rührselige, zu vertrauliche Verkleinerungsformen, habe ich so schroff wie möglich gesagt.

Sie schiebt ihre Sonnenbrille hoch, sieht mich an.

– Heute verabscheust du mich, sagt sie.

Das stimmte nicht, das Gegenteil war richtig. Jedenfalls ging es nicht darum. Ich wollte allein sein, sonst nichts. Ich brauchte das.

– Manuel ist nicht mein richtiger Vorname ... »Manu« ergibt also keinen Sinn.

Sie zuckt die Achseln.

– Ich weiß ... Ich habe eine kleine Untersuchung in Solduno gemacht, stell dir vor. Hat das eine Bedeutung?

– Keine, in der Tat.

– Warum verabscheust du mich heute?

Ich antworte nicht, ich betrachte die Landschaft. Ich denke natürlich nicht an die Landschaft, ich denke an etwas ganz anderes. Im übrigen gibt es über diese Landschaft nichts zu denken. Es ist eine sehr schöne Landschaft, es genügt, sie anzuschauen, sich betrachtend ihrer Schönheit zu erfreuen. Eine augenfällige Schönheit regt nicht zum Denken an, sondern zum Glück: einer Art Seligkeit, das ist alles. Ich bin selig vor dieser Landschaft von Ascona in der Dezembersonne, und ich denke an etwas ganz anderes.

Auf der Straße nach Brissago fängt die Windschutzscheibe eines Wagens in voller Fahrt einen Sonnenstrahl ein und schickt ihn zurück, blendend. Ich schließe die Augen: glitzernde weiße Pailletten wirbeln hinter meinen geschlossenen Lidern. Wie so häufig, bei jeder beliebigen Gelegenheit.

– Der Schnee, habe ich geflüstert, die Augen öffnend.

Der nächtliche Schnee im Lichtbündel der Scheinwerfer.

Ich lache, ich kann nicht umhin zu lachen. Denn das ist ein Abschiedszeichen, ich ahne es. Abschied vom Schnee von gestern.

Sie hat sich ganz zu mir umgedreht, die Ellbogen auf den Tisch gestützt. Noch nicht in Sorge, aber beunruhigt.

– Welcher Schnee?

Der Wagen da drüben hat den Punkt der Straße nach Brissago hinter sich gelassen, am Ende einer Kurve, wo die Sonne ihn mit ihren Strahlen erfaßt hat, die von der Windschutzscheibe zurückgeworfen wurden. Alles kehrte in die durchsichtige Ordnung des Nachmittags zurück: der See, der Himmel, die Bäume, die Berge ringsum.

Sie läßt sich durch mein Schweigen nicht beirren.

– Warum Schnee? Welcher Schnee?

Aber sie ist die einzige Person, der ich es nicht erklären kann, nicht erklären darf. Nur ihre Unwissenheit kann mich retten, nur ihre Unschuld bringt mich auf die Wege des Lebens zurück. Kein Wort also über den Schnee von gestern, um keinen Preis. Ich wende mich ihr zu, ich halte sie mit einer entschlossenen Geste von mir fern, mit einem Blick ohne jede Zärtlichkeit, sogar ohne jede Neugier. Das braucht Zeit, schließlich kapituliert sie. Sie hebt die Hand zu ihrem Gesicht, niedergeschlagen.

– Soll ich gehen? fragt Lorène.

Mit einem Finger streichle ich die Augenbraue, den Wangenknochen, den Mundwinkel.

– So ist es, sage ich.

Sie steht auf.

Mit der ausgestreckten rechten Hand streiche ich über die Bewegung ihres sich aufrichtenden Körpers. Die bezaubernde Brust, den flachen Bauch, die sanfte Rundung der Hüfte. Meine Hand preßt sich um ein rundes Knie.

Sie steht dicht neben mir. Ich betrachte die Landschaft.

Meine Hand gleitet leicht ihren Schenkel hinauf, mit einem leisen Knistern des Fingernagels auf der Seide, bis zur Kühle ihrer nackten Haut oberhalb des Strumpfbands.

– Du mogelst, sagt sie.

Sie weicht zurück, sammelt ihre Sachen auf dem Tisch ein: die Sonnenbrille, die Zigaretten, ein goldenes Feuerzeug, ihren Schal, einen Brief, den sie nicht geöffnet, nur den Namen des Absenders gelesen hatte. Sie steckt alles in ihre Handtasche.

Ich sehe, wie sie sich entfernt.

– Lorène!

Sie stolpert, lächelt, geht weiter.

Am 5. August 1945, am Tag vor dem Tag, an dem Hiroshima im atomaren Feuer unterging, war ich aus einem Vorortzug gefallen. Als ich aus meiner Ohnmacht erwachte, gab es Gegenstände auf Regalen: das ist alles, was ich darüber hätte sagen können. Ich hätte es nicht einmal sagen können, ich wußte nicht, daß die Sprache existierte. Ich wußte nur, daß es Gegenstände gab und daß ich diese Gegenstände sah. Obwohl es mir, bei näherem Nachdenken, schwergefallen wäre, »ich« zu sagen, denn in dieser Situation gab es keinerlei Selbstbewußtsein. Kein Bewußtsein meiner selbst als gesonderter Identität. Es gab Gegenstände, das ist alles, eine Welt sichtbarer Gegenstände, zu denen das Sehen gehörte, und ich wußte noch nicht, daß man diese Gegenstände benennen konnte, um sie zu unterscheiden. Es waren Dinge, die da waren, und auf diese Weise hat alles angefangen.

Ich hatte nicht das Gefühl, das man beim Erwachen aus dem Schlaf empfindet, wenn die Dinge in der Zeit und im Raum wieder ihren Platz einnehmen. Sehr schnell, wenn man in einem gewöhnlichen Zimmer aufgewacht ist. Nach einem kurzen Moment der Gewöhnung an die Realität, wenn es an einem unbekannten Ort geschieht.

Im einen wie im anderen Fall jedoch öffnet sich der Blick auf eine Welt, in der die Gegenstände einen Nutzen, eine entzifferbare Bedeutung haben. Eine Welt, in der sich sofort Spuren zeigen, die auf das Dasein vor dem Traum verweisen; in der sich filigranartig eine bestimmte Gestalt der Zukunft abzeichnet, durch das spontan wiedergekehrte Bewußtsein all dessen, was man zu tun haben wird, oder, ganz im Gegenteil, durch die erahnte Verfügbarkeit, die in diesem Augenblick total erscheinen mag, voll möglicher Freuden, wenn es Sonntag ist, zum Beispiel, oder wenn Ferien sind und das Meer da ist: man kann sogar mit der Gewißheit von Sand und Sonne später wieder einschlafen.

Aber ich erwachte nicht aus dem Schlaf, ich erwachte aus dem Nichts.

Plötzlich waren also Gegenstände da. Vorher hatte es nie etwas gegeben. Danach würde es vielleicht nichts anderes geben: die Frage stellte sich jedenfalls nicht. Es gab einfach nicht identifizierte, noch nicht benannte, vielleicht unbenennbare Gegenstände. Deren Sinn und Funktion nicht einmal dunkel, nicht einmal undurchdringlich, sondern ganz einfach inexistent waren. Deren Realität lediglich in ihrer leicht unterscheidbaren Form und Farbe bestand.

Es gab in jenem Augenblick keine Möglichkeit, »ich« zu sagen. Ich existierte nicht: er, dieses »ich«, dieses Subjekt, das gesehen haben würde, existierte noch nicht. Es gab die Welt, einen winzigen Bruchteil der Welt, die sichtbar wurde, sonst nichts. Mein Blick hat sich erst danach eingestellt. Die Sichtbarkeit der Welt hat mich wieder sehend gemacht. Sicher auch zum Zuschauer.

– Geht es besser? hatte man mich gefragt.

Ein körperliches Glück hat mich durchströmt, ein unerhörtes Glück, als ich dieses Geräusch einer Stimme hörte, entdeckte, daß diese Stimme einen Sinn hatte, daß ich vollkommen verstand, worum es ging. Die realen Gründe dieser Frage waren dunkel, es war eine Frage, die über einem Nebel an Unwissenheit schwebte. Aber sie hatte einen präzisen Sinn, den man präzise erfassen konnte.

– Fühlen Sie sich wirklich ganz wohl? beharrte man.

Eine Sekunde lang hatte ich befürchtet, die ersten Worte könnten gewissermaßen nur ein jäher Blitz in einer Nacht des Schweigens gewesen sein. Ein paar Wörter und dann nichts mehr: ein dunkler Ozean stummer Gegenstände. Aber nein, andere Worte waren gefolgt, die ebenfalls einen Sinn hatten. Weitere, ebenso leicht verständliche Wörter. Es war also kein Zufall, daß ich die ersten verstanden hatte. Es gab keinen Grund dafür, daß der Sprache Grenzen gesetzt wären. Vielleicht konnte man alles sagen.

– Es geht, habe ich gesagt.

Das war ganz von selbst gekommen, ohne Anstrengung. Ich hatte die Wörter nicht gesucht.

Ich hatte versucht, mich aufzurichten, aber der Kopf tat mir weh. Ein heftiger, stechender Schmerz auf der rechten Seite meines Schädels.

– Bewegen Sie sich nicht, hatte man mir gesagt. Sie sind verletzt.

Dennoch richtete ich mich auf, unter Schmerzen. Ich sah einen Mann in weißem Kittel, der mich aufmerksam beobachtete.

Genau in diesem Augenblick hatte ich zu existieren begonnen. Hatte ich von neuem begonnen zu wissen, daß es mein Blick war, der die Welt ringsum betrachtete: diesen winzigen Bruchteil eines Universums, in dem es farbige Gegenstände und eine Person in weißem Kittel gab. Ich bin wieder »ich« geworden in eben diesem Augenblick, unter dem aufmerksamen Blick dieses Mannes. Vorher gab es sichtbare Gegenstände: nunmehr waren sie sichtbar für mein Auge, für mich. Das Universum war mir sichtbar, in den winzigen Bruchteilen, die mich umgaben. Die Welt und mein Blick standen sich gegenüber, sie koexistierten. Mehr noch: sie waren nichts ohne einander. Die Welt verlieh meinem Blick Konsistenz, und mein Blick gab ihr Glanz.

Trotz der Freude über diese Entdeckung überkam mich eine dumpfe Gereiztheit. Ein Gefühl des Unwohlseins, des Unbehagens, als ich hörte, daß ich verletzt war. Ich hatte soeben begriffen, daß ich existierte, gelernt, mich zu identifizieren – zumindest als jemand von der Welt Unterschiedenen, wenn nicht als mich selbst: ich wußte, daß ich war, ohne zu wissen, wer –, und außerdem mußte ich diese kategorische Behauptung auf mich nehmen, der zufolge ich verletzt wäre. Das war irritierend, es durchflutete meinen ganzen Körper, das Unbehagen, gleich einem Symptom der Verletzung, über die ich noch nichts Genaues wußte.

Aber es entstand ein Sog, ein Luftzug, ein Schwall neuer Geräusche drang an meine Ohren. Zuerst eine Musik, über allem anderen Getöse. Eine schmächtige, säuerliche Musik, die einer Drehorgel zweifellos. Oder eine Musik, wie sie das Kreisen der primitiven kleinen Karussells begleitet, die man auf den Dorfplätzen manchmal mit der Hand drehen läßt. Und im Innern des luftigen Gebäudes dieser Musik eine ganze Skala verschiedener Geräusche: Stimmen, einige davon kindlich und lachend; Hammerschläge; eine Fahrradklingel; und, diese dichte und zugleich poröse Klangmasse durchbohrend, das Pfeifen einer Lokomotive, ganz nah, und das Husten eines abfahrenden Dampfzugs.

Ich versuchte, die Gereiztheit zu vergessen, die die Ankündigung einer Verletzung hervorgerufen hatte, um mich in den erfrischenden Schwall aus Gemurmel, Musik, Lokomotivpfiffen gleiten zu lassen: Geräuschen der Welt hinter einer Tür, die ich hatte öffnen müssen. Ich versuchte, mich auf diese Ahnung einer beseelten, lebendigen Welt zu konzentrieren, einer Welt mit Kindern auf Fahrrädern und Menschen, die mit Hammerschlägen festes Material bearbeiten, Holz, Metall, und Zügen, die abfuhren, die sich in einen Raum entfernten, der sich irgendwo erstrecken konnte, hinter einer Tür, die sich geöffnet hatte: einer Welt, die ebenso unbekannt war wie das Wesen, das ich für mich selbst war, von nirgendwo gekommen, aber existierend.

Die Geräusche verstummten plötzlich – man hatte

wohl die Außentür geschlossen –, und eine neue Stimme ließ sich vernehmen.

– Der Krankenwagen ist da!

Die Unruhe lebte wieder auf. Ich mußte wirklich mehr erfahren.

– Sagen Sie ...

Aber die Ungeheuerlichkeit dessen, wonach ich fragen mußte, ließ mich zögern. »Wer bin ich?« hätte ich fragen müssen. Dennoch fuhr ich fort, diese Ungeheuerlichkeit umgehend:

– Wundern Sie sich nicht über meine Frage ... Welcher Tag ist heute?

Der Mann in weißem Kittel beobachtete mich, interessiert, aber sichtlich besorgt.

– Wie bitte? rief er aus. Welcher Tag, sagen Sie?

Mir war plötzlich zum Lachen zumute. Ich hätte gelächelt, hätte mir nicht mein ganzer Körper so wehgetan, der im Schmerz gegenwärtig wurde, mich mit dieser Gegenwart störte. Ich hätte gelächelt, denn ich hatte soeben das Wort gefunden, diesen Mann in weißem Kittel zu benennen. Gleichzeitig auch das Wort, den Ort zu benennen, an dem ich mich befand: diese Regale, diese Schachteln, diese bunten Fläschchen.

Der Apotheker, also, sah mich an.

– Es ist Montag, sagte er.

Ich fand es wunderbar, daß es Montag war, aber das wollte ich überhaupt nicht wissen.

– Nein, ich meine welcher Tag des Monats ... und welches Jahr...

Die Augen des Apothekers leuchteten freundschaftlich, aber mitleidig auf. Er begriff, daß ich nicht mehr wußte, wo ich war, wer ich war, was los war.

Er sprach langsam, jede Silbe betonend.

– Es ist Montag, der fünfte August, neunzehnhundertfünfundvierzig...

Nicht diese Genauigkeit hatte mich zuerst frappiert. Sie hatte nichts in mir geweckt. Zumindest nichts Erhellendes über mich selbst. Frappiert, ins Herz getroffen hatte mich jenes kleine, scharfe Wort, das Wort »août«, das in mir zerplatzt war und sich augenblicklich verdoppelt hatte, zum Wort *agosto* geworden war.

Ich habe dieses Wort im stillen wiederholt: *agosto*. Mir lief das Wasser im Mund zusammen, als ich dieses Wort auf meiner Zunge wendete. Vielleicht gab es ja zwei Wörter für jede Realität dieser Welt. Ich habe es in einer Art Fieber versucht. Tatsächlich gab es »August« und *agosto*, »Verletzung« und *herida*, »Montag« und *lunes*. Ich hatte Mut gefaßt, ich hatte Wörter gesucht, die von der unmittelbaren Erfahrung weiter entfernt waren: es klappte immer. Immer gab es zwei Wörter für jeden Gegenstand, jede Farbe, jedes Gefühl. Ein anderes Wort für »Himmel«, für »Wolke«, für »Traurigkeit«: *cielo, nube, tristeza.*

Die Wörter traten paarweise auf, endlos.

– Und wir befinden uns in der Apotheke von Gros-Noyer-Saint-Prix, neben dem Bahnhof, sagte der Apotheker.

Das war eine Information, die wegen ihrer Genauigkeit hätte beruhigend wirken müssen. Auch wegen ihrer Harmlosigkeit, ihrer Banalität. Eine Apotheke, ein Bahnhof, ein traditioneller Ortsname, das alles hätte beruhigend wirken müssen.

Aber eine neue Sorge befiel mich.

Die Wörter tauchten nach wie vor in meinem Geist auf, in doppelten Leuchtraketen. Dieselbe Freude erfüllte mich nach wie vor: das Glück, am Leben zu sein. Das reinste, bedrückendste Glück, am Leben zu sein. Denn es beruhte nicht auf der Erinnerung an ein früheres Glück, auch nicht auf der Vorahnung, noch weniger auf der Gewißheit künftigen Glücks. Es beruhte auf nichts.

Auf nichts anderem als auf der Tatsache, daß ich existierte, daß ich wußte, daß ich am Leben war, sogar ohne Gedächtnis, ohne Plan, ohne vorhersehbare Zukunft. Vielleicht gerade wegen dieser Abwesenheit von Erinnerung und Zukunft. Gewissermaßen ein irrsinniges, nicht auf Vernunft gegründetes Glück: grundlos, wild, unerschöpflich in seiner Leere.

Doch in dieser übergroßen, radikalen, völlig nackten, irrationalen Lebensfreude hatte sich eine neue Sorge zu regen, dumpf zu keimen begonnen. Getragen von der Flut der Wörter, die in verdoppelten Raketen heranflogen.

Denn plötzlich war das Wort *nieve* aufgetaucht. Diesmal nicht zuerst das Wort »Schnee«, das sich sodann verdoppelt und die Form *nieve* angenommen hätte. Nein, zuerst diese letztere Form, deren Sinn ich kannte: eben Schnee. Von dem ich auch argwöhnte, daß er ursprünglich war, daß er nicht nur die Übersetzung des Wortes »Schnee« war, sondern seine älteste Bedeutung. Vielleicht seine ursprünglichste. War das Wort *nieve* aus diesem Grunde besorgniserregend? Weil es ursprünglich war?

Ich wußte es nicht, aber die Unruhe, die dieses Wort hervorgerufen hatte, begann, die irrationale Klarheit meines Glücks zu trüben, das keine andere Bindung oder Grundlage kannte als das Leben selbst.

– Sie haben einen Unfall gehabt, fuhr der Apotheker fort. Sie sind aus dem Zug aus Paris gefallen, genau in dem Augenblick, als er in den Bahnhof einfuhr ... Sie sind verletzt.

Das Gedächtnis ist schlagartig wiedergekehrt.

Ich habe brutal gewußt, wer ich war, wo ich war, und warum.

Ich befand mich in einem Zug, der soeben angehalten hatte. Es hatte einen Ruck gegeben, im Quietschen angezogener Bremsen. Es hatte Schreie gegeben, Schreie des Entsetzens und Schreie der Wut. Ich war in einer Masse zusammengepferchter Leiber eingeklemmt, die schwankten, eng aneinander gepreßt. Ich sah ein mir zugewandtes Gesicht mit offenem Mund, das zu atmen versuchte. Der junge Mann mit dem mir zugewandten leidenden Gesicht flehte mich an: »Verlaß mich nicht, Gérard, verlaß mich nicht!« Die Schiebetür des Waggons öffnete sich, man hörte deutlich das wütende Bellen von Hunden. Wir standen im grellen Licht der Scheinwerfer, die einen Bahnsteig beleuchteten. Wir standen vor einer nächtlichen, verschneiten Landschaft. Es gab Schreie, kurze, gutturale Befehle. Und immer die Hunde: ein nächtlicher Horizont von brüllenden Hunden vor einem Baumvorhang unter Schnee. Wir sprangen auf den Bahnsteig, ineinander verkrallt, ungeschickt. Wir liefen barfuß durch den Schnee. Helme, Uniformen, Schläge mit dem Gewehrkolben. Und immer die Hunde, rauh, geifernd vor mörderischer Wut. Wir verließen den Bahnhof, in Fünferreihen, im Laufschritt. Wir befanden uns auf einer breiten, von hohen Lampen beleuchteten Straße. Säulen, auf denen in regelmäßigen Abständen Hitler-Adler hockten.

Und so kam es, daß ich im Licht dieser brutal emporgetauchten Erinnerung wieder wußte, wer ich war, woher ich kam, wohin ich wirklich ging. Genau aus dieser Erinnerung speiste sich mein wiedergefundenes Leben, als es aus dem Nichts erwachte. Aus der vorläufigen, aber absoluten Amnesie, die mein Sturz auf den Schotter des Bahngleises verursacht hatte. So, durch die Wiederkehr dieser Erinnerung, des Unglücks zu leben, war ich aus dem irrsinnigen Glück des Vergessens vertrieben worden. War ich vom köstlichen Nichts zur Lebensangst übergegangen.

– Jemand im Zug hat Sie erkannt, schloß der Apotheker. Sie haben Angehörige oben in Saint-Prix. Wir werden Sie im Krankenwagen hinfahren.

– Ja, Rue Auguste-Rey siebenundvierzig, sagte ich, um zu zeigen, daß ich wirklich wieder bei mir war.

Jedenfalls gab ich mir den Anschein, um den braven Apotheker nicht länger zu beunruhigen. Denn ich war im Bahnhof von Gros-Noyer-Saint-Prix, einem Vorort im Norden von Paris, nicht nur auf den Kopf gefallen. Zumindest war das nicht das Wesentliche. Das Wesentliche war, daß ich in einem Getöse von bellenden Hunden und brüllenden SS-Männern auf den Bahnsteig von Buchenwald gesprungen war.

Dort hatte alles angefangen. Dort fing alles immer wieder von neuem an.

– Du verläßt mich, nicht wahr? sagte Lorène.

Sie hatte gerade, mit einer heftigen Geste, das Bett aufgedeckt in dem Zimmer, das sie in Ascona gemietet hatte, um unsere Begegnungen zu erleichtern. Das Weiß der Laken hob sich jetzt vom Halbdunkel ab, bei über der untergehenden Sonne zugezogenen Vorhängen.

– Ich verlasse die Schweiz, habe ich geantwortet, das ist nicht dasselbe ... Aber du wußtest es.

Lorène nickte, sie wußte es. Sie hatte es immer gewußt.

Sie streckte mir die Hand hin, zog mich an sich.

– Von welchem Schnee hast du gesprochen? flüsterte sie später in mein Ohr.

Es war eine hartnäckige junge Schweizerin. Zärtlich, ihrer Leidenschaft hingegeben, erfinderisch, aber hartnäckig. Unmöglich, den präzisen Fragen, dem Forschen nach dem Detail auszuweichen. Ich hatte vorhin den Schnee – welchen Schnee? – erwähnt. Sie wollte es wissen.

Doch es kam nicht in Frage, daß ich ihr die Wahrheit sagte.

– Die Glières, habe ich geantwortet.

Sie hat nicht verstanden, ich auch nicht. Das heißt: sie hat nicht verstanden, wovon ich sprach. Und ich habe nicht verstanden, warum ich davon sprach. Nun gut. Ich habe weitergesprochen. Ich habe von der Schlacht auf der Hochebene der Glières berichtet, so wie sie sich ins Gedächtnis von Morales eingeschrieben hatte. Der Schnee, die Flucht durch den tiefen Schnee in der eisigen Kälte des Winters, unter dem Kreuzfeuer der Maschinengewehre.

Der Abend hat sich über meinen Bericht gesenkt, in Ascona. Über den Bericht von Morales, um die Wahrheit zu sagen. Lorène hörte mir fasziniert zu. Sie lauschte dem Bericht eines unbekannten Toten mit dem Eindruck, daß sie, endlich, etwas von mir erfuhr. Etwas, was wirklich zu mir gehörte, das mir wesentlich war.

Der Schnee in Ascona also, der Schnee aus dem Epos der Glières im erstarrten Gedächtnis von Morales. Der Schnee von einst, als Abschiedsgeschenk für Lorène, die unvergeßliche Geliebte des Vergessens.

Dritter Teil

8

Der Tag, an dem Primo Levi starb

Jahre später – ein ganzes Leben, mehrere Leben später –, an einem Samstag im April 1987, am Nachmittag (ganz genau um siebzehn Uhr fünfzehn), wurde mir klar, daß ich die an diesem Tag geschriebenen Seiten nicht aufbewahren würde. Daß ich sie zumindest nicht in dem Roman aufbewahren würde, an dem ich gerade schrieb.

Dabei waren sie in verwirrendem Glück geschrieben worden – ich will sagen: ich hatte ein verwirrendes Glück empfunden, als ich sie schrieb –, wie es jedesmal geschah, wenn von dieser Vergangenheit die Rede war. Als würde das Gedächtnis paradoxerweise wieder lebhaft, belebend und das Schreiben fließend (auf die Gefahr hin, danach den sehr hohen, vielleicht übermäßigen Preis dafür zu zahlen), die Wörter ungezwungener und passender, sobald der einstige Tod wieder in seine unantastbaren Rechte eintrat und die banalste Gegenwart überflutete, bei jedweder Gelegenheit.

In dem Entwurf zu dem Buch, an dem ich schrieb – dessen vorläufiger Titel *Un homme perdu*, Ein verlorener Mensch, lautete und das schließlich den Titel *Netschajew kehrt zurück* trug –, in der bereits ausgearbeiteten Erzählstruktur sollte nicht ausführlich von Buchenwald die Rede sein. Drei oder vier Seiten müßten genügen, so schien mir, um die Reise von Roger Marroux durch das besiegte Deutschland im April 1945 auf der Suche nach Michel Laurençon zu schildern, seinem deportierten Kameraden aus der Résistance.

Das las sich am Anfang so:

»Am Morgen des 12. April 1945 stieg Marroux aus dem Wagen, vor den Büros der Politischen Abteilung, der Abteilung der Gestapo des Lagers Buchenwald. Das monumentale Eingangstor mit seinem schmiedeeisernen Gitter befand sich etwa zehn Meter entfernt, am Ende der langen Allee – begrenzt von Säulen, auf denen Nazi-Adler thronten –, die den Bahnhof von Buchenwald mit dem eigentlichen Lager verband.«

Ich las den Satz noch einmal, er sagte mir nichts.

Er enthielt lediglich Informationen, zweifellos notwendige. Aber bloße Informationen, mögen sie für die Transparenz eines Berichts noch so notwendig sein, haben mich nie begeistert.

Es begeisterte mich nicht, wie ich Roger Marroux, eine Romanfigur, auf dieses Territorium der Wirklichkeit gelangen ließ.

Ein kurzes, undeutliches und dumpfes, im übrigen gewohntes Unbehagen stürzte mich in desillusionierte Betrachtungen. Man kann nicht wirklich schreiben, wenn man solche Augenblicke der Bestürzung nicht kennt. Die Distanz, die man dabei, manchmal mit einem Anflug von Ekel, zumindest von Unzufriedenheit, zu seiner eigenen Schreibweise gewinnt, reproduziert gewissermaßen die unüberwindliche Distanz, die das Imaginäre von seiner erzählerischen Verwirklichung trennt.

Die Zeit verging: eine Minute, eine Stunde, eine Ewigkeit, in einer verletzlichen, aber hoffärtigen Einsamkeit. Im Gedächtnis begann es sich zu regen. In meinem Gedächtnis, versteht sich, nicht nur in dem von Roger Marroux.

Ich schrieb in Paris, an einem Sonntag, früh am Morgen, im ersten Stock eines Hauses der Jahrhundertwende im 7. Arrondissement, gegenüber einem großen privaten Garten. Oder der zu einem Ministerium gehörte, jedenfalls dem Publikum verschlossen war.

Plötzlich, als ich den fraglichen Satz noch einmal las, um zu versuchen, seine informative Plattheit abzuwenden oder zu umgehen, fiel mir das Datum auf, das ich hingeschrieben hatte: 12. April 1945. Natürlich hatte ich es mir nicht ausgesucht. Ich hatte es hingeschrieben, ohne daran zu denken, da es sich durch seine historische Wahrheit aufdrängte. Die Ankunft von Roger Marroux, einer Romanfigur, vor dem realen Eingangstor des Konzentrationslagers von Buchenwald konnte nur an diesem Datum oder nach diesem Datum, nach der Befreiung durch die amerikanischen Truppen der 3. Armee von General Patton stattfinden.

Eine Strategie des Unbewußten indes, süß und listig in ihrer Form, brutal in ihrer Forderung, hatte mich veranlaßt, diese Ankunft am Jahrestag eben dieses Ereignisses zu beschreiben, zweiundvierzig Jahre später, auf den Tag genau.

In der Tat, wir schrieben Samstag, den 11. April 1987.

Eine düstere Beschwingtheit ergriff mich.

Wieder einmal, ohne es beabsichtigt zu haben, zumindest dem Anschein nach, war ich dem Stelldichein des Monats April treu. Oder vielmehr: ein herber und tiefer Teil von mir war gegen meinen Willen dem Stelldichein treu, das das Gedächtnis und der Tod sich gaben.

In Ascona, in der Wintersonne des Tessins, am Ende jener Monate der Rückkehr, von der ich hier einen eher unvollständigen Bericht gegeben habe, hatte ich den Entschluß gefaßt, das Buch aufzugeben, das ich vergeblich zu schreiben versuchte. *Vergeblich* soll nicht heißen, daß es mir nicht gelang: es soll heißen, daß es mir nur zu einem übertrieben hohen Preis gelang. Zum Preis meines eigenen Überlebens gewissermaßen, da mich das Schreiben unaufhörlich in die Wüste einer tödlichen Erfahrung zurückschickte.

Ich hatte meine Kräfte überschätzt. Ich hatte gedacht, daß ich ins Leben zurückkehren, im Alltag des Lebens die Jahre in Buchenwald vergessen könnte, sie in meinen Gesprächen, meinen Freundschaften nicht mehr zu berücksichtigen bräuchte und dennoch den Plan zu schreiben ausführen könnte, der mir am Herzen lag. Ich war hochmütig genug gewesen zu meinen, daß ich mit dieser Schizophrenie umgehen könnte. Aber es stellte sich heraus, daß das Schreiben in gewisser Weise bedeutete, das Leben zu verweigern.

In Ascona also, in der Wintersonne, hatte ich beschlossen, das rauschende Schweigen des Lebens gegen die mörderische Sprache des Schreibens zu wählen. Ich habe diese radikale Wahl getroffen, es war die einzige Möglichkeit. Ich habe das Vergessen gewählt, ich habe, ohne Schonung meiner Identität, die wesentlich auf dem Grauen – und zweifellos dem Mut – der Lagererfahrung beruhte, alle Finten eingesetzt, die grausam systematische Strategie der bewußten Amnesie.

Ich bin ein anderer geworden, um ich selbst bleiben zu können.

Und so habe ich ab dem Frühjahr 1946, indem ich freiwillig in die kollektive Anonymität einer verlockend schillernden, vielen Zukunftsmöglichkeiten offenstehenden Nachkriegszeit zurückkehrte, mehr als fünfzehn Jahre lang, die historische Zeit einer Generation, in der umnachteten Seligkeit des Vergessens gelebt. Nur wenige Male wird die jähe Erinnerung an Buchenwald meine hart erkämpfte Seelenruhe gestört haben: die vorläufige, unaufhörlich erneuerte Herrschaft über den Teil der Finsternis, die mein Erbteil war.

Doch mit der Veröffentlichung meines ersten Buchs, *Die große Reise*, ist alles anders geworden. Die frühere Beklemmung hat mich erneut heimgesucht, besonders im April. Eine Reihe von Umständen trägt dazu bei, Umstände, die es schwer machen, ihn unbeschadet zu überstehen: das verwirrende Wiedererwachen der Natur, der Jahrestag der Befreiung von Buchenwald, die Gedenkfeier zum Tag der Deportation.

Wenn es mir 1961 also gelungen war, das sechzehn Jahre zuvor aufgegebene Buch zu schreiben – zumindest einen der möglichen Berichte über die einstige, dem Wesen nach unerschöpfliche Erfahrung zu schreiben –, so bezahlte ich diesen Erfolg, der mein Leben verändern sollte, mit der massiven Wiederkehr der alten Ängste.

Jedenfalls ließ nichts in dem Roman, an dem ich im April 1987 arbeitete, ein Abgleiten in den tödlichen Schatten voraussehen, in dem, gleich was ich tue, welche List oder Vernunft ich anwende, mich davon abzukehren, mein Wunsch zu leben wurzelt. Und meine ständige Unfähigkeit, es wirklich zu schaffen.

Das Thema von *Netschajew kehrt zurück* betraf nämlich ein ganz anderes Gebiet: den Übergang einer militanten Aktion zu ihrer militaristischen, terroristischen Perversion. Diese Themen waren im Keim bereits in einer Szene des 1965 geschriebenen Films *Der Krieg ist aus* vorhanden. In einer Wohnung auf dem Boulevard Edgar-Quinet mit Blick auf den Friedhof Montparnasse fiel eine Gruppe junger Leninisten, die im Begriff stand, sich dem bewaffneten Kampf zuzuwenden, über Diego her, einen spanischen Kommunisten, dessen Rolle Yves Montand spielte und der die Strategie eines friedlichen Massenkampfs verfocht.

Auf demselben Boulevard Edgar-Quinet, vor dem Ort der Filmfiktion, sollten später die Killer der Action directe Georges Besse, den Generaldirektor der Régie Renault, ermorden und sich öffentlich, schändlich, dieses Aktes als einer revolutionären Tat rühmen, im verbalen Delirium einer autistischen und blutrünstigen theoretischen Arroganz.

Als ich *Netschajew kehrt zurück* schrieb, war ich mir seiner fernen Ursprünge voll bewußt. Ich wußte, wie die Szene des Films, nachdem sie lange durch den Nebel meiner Pläne geirrt war, schließlich weitere Themen, andere Splitter und Bruchstücke aus Träumen oder der Wirklichkeit nach sich gezogen hatte, bis sich endlich der Kern eines neuen Buchs herauskristallisierte.

Ich war mir dessen so sehr bewußt, daß ich in diesen Roman die Stadtlandschaften aus dem Drehbuch von *Der Krieg ist aus* im Viertel von Montparnasse aufgenommen hatte. Landschaften, die auch bevorzugte Orte meiner Jugend gewesen waren.

Ich habe den Kopf gehoben, ich habe den Garten betrachtet, der vor meinen Augen lag, menschenleer um diese morgendliche Stunde, unter einem Aprilhimmel mit Schäfchenwolken.

Inzwischen hatte ich die Machenschaften des literarischen Unbewußten durchschaut. Ich hatte geahnt, wem Roger Marroux am Eingangstor von Buchenwald begegnen würde: mir selbst. Die reale Erinnerung an die drei Offiziere einer Mission der Alliierten, die hinter der Fiktion ans Licht kam, begann Form und Kontur anzunehmen, gleich den Bildern, die aus der ursprünglichen Unschärfe eines Polaroidfotos zum Vorschein kommen.

Mit einer gewissen Erregung machte ich mich wieder ans Schreiben:

»Ein junger Mann – aber es war schwierig, sein genaues Alter zu beurteilen: etwa zwanzig, schätzte er – stand an der Tür der Gestapobaracke auf Wache. Er trug russische Stiefel aus weichem Leder, nicht zusammenpassende Kleidungsstücke. Sein Haar war kurzgeschoren. Aber über seiner Brust hing eine deutsche Maschinenpistole, offenkundiges Zeichen von Autorität. Die amerikanischen Verbindungsoffiziere hatten ihnen am frühen Morgen gesagt, daß es dem antifaschistischen Widerstand von Buchenwald gelungen sei, ein paar Dutzend Männer zu bewaffnen, die an der Befreiung des Lagers teilgenommen hatten, nachdem Pattons motorisierte Vorhut durchgebrochen war. Zweifellos war dieser junge Mann einer von ihnen. Der zusah, wie sie aus dem Jeep stiegen, sich in der Frühlingssonne streckten, in der dichten befremdlichen Stille des Buchenwalds, der den Stacheldrahtzaun des Lagers säumte. Marroux fühlte sich in der verwüsteten Kälte dieses Blicks gefangen, eines glänzenden Blicks in einem knochigen, abgezehrten Gesicht. Er hatte den Eindruck, von Augen jenseits oder diesseits des Lebens beobachtet, abgeschätzt zu werden. Als käme der neutrale, flache Strahl dieses Blicks von einem toten Stern, einer verschwundenen Existenz zu ihm. Als wäre dieser Blick durch die Steppen einer düsteren, mineralischen Landschaft gereist, um mit barbarischer Kälte, unheilbarer Einsamkeit durchtränkt zu ihm zu gelangen ...«

So war ich mir am 11. April 1987, dem Jahrestag der Befreiung von Buchenwald, schließlich wiederbegegnet. Um einen wesentlichen Teil meiner selbst, meines Gedächtnisses wiederzufinden, den ich immer hatte verdrängen, gängeln müssen, um weiterleben zu können. Um ganz einfach atmen zu können. Klammheimlich, durch den Zufall einer Seite der Fiktion, die anfangs meine Anwesenheit nicht zu erfordern schien, tauchte ich in der Romanerzählung auf, mit dem verwüsteten Schatten dieses Gedächtnisses als einzigem Gepäck.

Ich überwucherte den Bericht sogar.

Denn in eben diesem Augenblick war er in die erste Person Singular umgeschlagen. In die äußerste Singularität einer nur schwer zu teilenden Erfahrung. Ich schrieb lange, voller Ungeduld. In der Ungezwungenheit der richtigen Wörter, die mir zuflogen, wie mir schien. Im belebenden Schmerz eines unerschöpflichen Gedächtnisses, dessen verschüttete, entwertete Reichtümer mir jede neue Zeile enthüllte.

Am Nachmittag indes, genau um siebzehn Uhr fünfzehn, begriff ich, daß ich die an diesem Tag aufgrund meines plötzlichen, hinterrücks abgekarteten Auftauchens geschriebenen Seiten nicht beibehalten würde in einem Bericht, der sich nicht darum scherte, der auf diese Anwesenheit hätte verzichten können, darauf verzichten mußte.

Ich habe diese Seiten beiseitegelegt. Ich vertrieb mich aus dem Bericht. Ich nahm die vorgesehene Ordnung, die Erzählstruktur wieder auf, deren Fortschreiten ich vordem festgelegt hatte. Ich kehrte zur universalen dritten Person zurück: zum »er« des Gottes der Romane und Mythologien.

Also:

»Der junge Mann hatte das Abzeichen mit der Trikolore und dem Wort ›France‹ auf Maurroux' Militärjacke bemerkt. Er sprach ihn auf französisch an:

– Sie sehen verblüfft aus ... Woran liegt es? An der Stille des Orts? Es gibt keine Vögel in diesem Wald ... Der Rauch des Krematoriums hat sie anscheinend vertrieben ...

Er lachte kurz auf.

– Aber das Krematorium hat gestern aufgehört zu arbeiten ...

Es wird nie mehr Rauch geben ... Nie mehr den Geruch verbrannten Fleischs über der Landschaft.

Er hatte von neuem gelacht.«

Auch ich lachte, so viele Jahre später.

Trotz den Umwegen, den Listen des Unbewußten, der vorsätzlichen oder unfreiwilligen Zensur, der Strategie des Vergessens; trotz aller Flucht nach vorn und der Trübung der Erinnerung; trotz den vielen Seiten, die bereits geschrieben waren, um diese Erfahrung auszutreiben, sie zumindest teilweise bewohnbar zu machen; trotz alledem bewahrte die Vergangenheit ihren Glanz aus Schnee und Rauch, wie am ersten Tag.

Ich lachte freudlos, aber von Herzen, in einer Art unsinnigem Stolz.

Niemand kann deinen Platz einnehmen, dachte ich, sich deinen Platz auch nur vorstellen, deine Verwurzelung im Nichts, dein Leichentuch im Himmel, deine tödliche Singularität. Niemand kann sich vorstellen, wie sehr diese Singularität insgeheim dein Leben beherrscht: deinen Lebensüberdruß, deinen Lebenshunger; deine immer wieder neue Überraschung angesichts der Sinnlosigkeit des Daseins; deine unbändige Freude, vom Tod zurückgekehrt zu sein, um die jodhaltige Luft mancher ozeanischer Morgenstunden zu atmen, um in Büchern zu blättern, um sanft über die Hüfte der Frauen, ihre schlafenden Lider zu streichen, um die Unermeßlichkeit der Zukunft zu entdecken.

Es gab wirklich Grund zu lachen. Ich lachte also, erneut in den finsteren Hochmut meiner Einsamkeit versunken.

Ich hatte die an jenem Tag geschriebenen Seiten beiseite gelegt. Ich las die ersten Zeilen noch einmal:

»Sie stehen vor mir, mit aufgerissenen Augen, und ich sehe mich plötzlich in diesem schreckensstarren Blick: ihrem Entsetzen.

Seit zwei Jahren lebte ich ohne Gesicht. Kein Spiegel in Buchenwald. Ich sah meinen Körper, seine zunehmende Magerkeit, einmal in der Woche, beim Duschen. Kein Gesicht auf diesem lachhaften Körper. Manchmal strich ich mit der Hand über eine Augenbraue, über hervortretende Backenknochen, eine hohle Wange...«

Ein anderes Buch war soeben entstanden, ich wußte

es. Begann zumindest zu entstehen. Vielleicht würde es noch Jahre brauchen, um zu reifen, das war schon vorgekommen. Das heißt, ich hatte schon gesehen, daß Bücher Jahre brauchen, um zu reifen. Im übrigen niemals bis zu ihrem Ende. Ihre Veröffentlichung, von äußeren Umständen veranlaßt, schien mir immer verfrüht zu sein. Ich spreche natürlich von den Büchern, die unmittelbar die Lagererfahrung betreffen. Die anderen, selbst wenn in ihnen darauf angespielt wird, weil diese Erfahrung zur Biographie einer Romanfigur gehört, reifen nicht mit dieser Langsamkeit: dieser schmerzhaften Langsamkeit. Nach der *Großen Reise*, die ich in einem Zug, in ein paar Wochen geschrieben habe, unter Umständen, von denen ich zu gegebener Zeit berichten werde, schweifen die anderen Bücher über die Lagererfahrung lange in meinen Gedanken. In meiner konkreten Arbeit des Schreibens. Ich versteife mich darauf, sie liegenzulassen, sie neu zu schreiben. Und sie versteifen sich darauf, zu mir zurückzukehren, um bis ans Ende der Qual, die sie bereiten, geschrieben zu werden.

So war es bei *Was für ein schöner Sonntag!* gewesen. So würde es wieder sein, ich fühlte es.

Was auch immer damit geschehen mochte, ich legte diese Blätter beiseite, in einen hellblauen, verblaßten Schnellhefter. Sofort schrieb ich den Titel des neuen Buchs darauf. Was nicht meine Gewohnheit war. Gewöhnlich dauert es eine Weile, bis meine Bücher einen zufriedenstellenden Titel finden. Ich schrieb ihn mit Filzstift: L'ECRITURE OU LA MORT, Schreiben oder der Tod ... Den etwa fünfzehn an jenem Samstag, dem 11. April 1987, geschriebenen Blättern, die zusammengeklammert für unbestimmte Zeit in diesem Dossier darauf warten würden, daß ich sie wieder aufnehme, fügte ich eine Anmerkung hinzu. Vielmehr einen Vornamen. Einen einzigen Vornamen in Großbuchstaben, mehrmals unterstrichen: LAURENCE, auf eine weiße Karteikarte geschrieben.

Laurence?

Ich hatte sie vergessen. An jenem Morgen, als ich angefangen hatte, Roger Marroux' Ankunft am Eingangstor von Buchenwald zu beschreiben, in einem Roman, der schließlich den Titel *Netschajew kehrt zurück* erhielt, hatte ich nicht an Laurence gedacht. Ich wußte – eher dunkel: ich unternahm während des Schreibens keinerlei Anstrengung, diese Erinnerung aufzuhellen, sie ans Licht zu bringen, ich verspürte kein Bedürfnis danach –, daß Marroux' Ankunft am Eingangstor von Buchenwald, am Ende der Straße mit den Adlern, ihren Ursprung in meinem eigenen Gedächtnis hatte.

In *Was für ein schöner Sonntag!* habe ich bereits auf meine Begegnung mit den Offizieren in britischer Uniform wenige Stunden nach der Befreiung des Lagers angespielt. Eine flüchtige Anspielung, bei der ich das Wesentliche weggelassen hatte, weil es nicht zu meinem damaligen Vorhaben gehörte. Ich hatte den französischen Offizier weggelassen und das Buch mit den Gedichten von René Char, *Es bleiben aber.*

Doch am Morgen des 11. April 1987, als ich Roger Marroux' Ankunft am Eingangstor von Buchenwald, seine Begegnung mit einem jungen spanischen Deportierten beschrieb, waren mir unbewußt die Worte des französischen Offiziers – sein Vorname war Marc – wieder eingefallen, mit denen er mich beschrieben hatte. Die Worte, die er in dem langen Brief verwendet hatte, den er Laurence am Tag nach dieser Begegnung schickte. Die selben Wörter, Wort für Wort.

Ich hatte geschrieben:

»Marroux fühlte sich in der verwüsteten Kälte dieses Blicks gefangen, eines glänzenden Blicks in einem knochigen, abgezehrten Gesicht. Er hatte den Eindruck, von

Augen jenseits oder diesseits des Lebens beobachtet, abgeschätzt zu werden. Als käme der neutrale, flache Strahl dieses Blicks von einem toten Stern, einer verschwundenen Existenz zu ihm ...«

Das waren die Worte, die der französische Offizier in seinem langen Brief an Laurence verwendet hatte. Er beschrieb darin unsere Begegnung, erzählte von dem Gespräch über Char, schilderte ihr den Besuch des Lagers.

Laurence hatte mir diesen Brief am 8. Mai 1945 vorgelesen, als ich mich in der Rue de Varenne eingefunden hatte, um dem französischen Offizier das Exemplar von *Es bleiben aber* zurückzugeben.

Schönheit, zur Begegnung mit dir, hatte ich zu mir selbst gesagt, als ich sie an der Tür auftauchen sah. Sie hatte mir den Band von Char aus der Hand gerissen.

Laurence war bei dieser ersten Begegnung wechselnden Stimmungen unterworfen gewesen. Manchmal abweisend, fast feindselig, als werfe sie mir vor, am Leben zu sein, während Marc tot war.

– Sie haben nicht den Blick, den Marc beschrieben hat, überhaupt nicht, er hat sich geirrt, sagte sie schneidend. Eher einen Blick voller Lebenshunger.

Ich gab ihr zu bedenken, daß dies kein Widerspruch sei.

Aber sie beharrte.

– Einen begehrlichen Blick, sagte sie.

Ich brach in Lachen aus, ich machte mich über sie lustig.

– Seien Sie nicht anmaßend!

Sie wurde wütend, errötete vor Zorn.

– Jedenfalls, fügte ich hinzu, haben Sie recht, die Begehrlichkeit ist etwas sehr Häßliches, wenn ich Augustin glauben soll.

Sie riß die Augen auf.

– Sie haben Augustin gelesen?

– Ich habe fast alles gelesen, sagte ich, eine herablassende Miene aufsetzend. Im übrigen kann ich Ihnen gar nicht genug empfehlen, seine Abhandlung *De bono conjugali* zu lesen. Es ist ideal für ein junges Mädchen in Ihrer Lage. Man erfährt darin, daß die Zeugung die Grundlage der Ehe ist, ihre einzige Daseinsberechtigung. Aber man erfährt darin auch alle Arten, wie man seine Begehrlichkeit stillen kann, ohne die Zeugung zu riskieren. Natürlich ist es auf lateinisch … Aber wenn ich mir die Wohnung ansehe, in der Sie leben, hat Ihre Familie zweifellos die Mittel gehabt, Ihnen eine anständige klassische Bildung angedeihen zu lassen.

Ihr blieb der Mund offen, sie schwankte zwischen kalter Wut und irrem Gelächter.

Und dann, in anderen Augenblicken, war sie hilflos gewesen, zart, sie hatte sich in meine Arme geflüchtet. Aber an jenem ersten Tag hatte sie mich weggeschickt, in Tränen aufgelöst, voller Zorn.

Es hatte anderer Begegnungen bedurft, Gelächter, gemeinsam gelesener Bücher, in der Wärme des Luxembourg, in kühlen Nächten an den Ufern der Seine geflüsterter Gedichte, gemeinsam gehörter Musik – Mozart und Armstrong, in jenem Sommer hatte ich ihr meine Vorlieben aufgenötigt –, bis sie an einem sonnigen Nachmittag die Fensterläden ihres Zimmers schloß. Sie hatte sich hingegeben, so wie man sich ins Wasser wirft, mit geschlossenen Augen, mit Bewegungen von wild entschlossener Präzision, der weder Erfahrung noch Durchtriebenheit zugrunde lag, sondern eine verzweifelte Hast, sich ein weiteres Mal ihre Unfähigkeit zur Lust zu beweisen, die sie zwar manchmal gestreift, aber nie wirklich empfunden hatte.

Trotz allem, trotz der frustrierenden Seite unserer episodischen Beziehungen, einer unterbrochenen Folge von herzlichen Regungen und Brüchen, geistigem Einverständnis und scharfen Gegensätzen, wird es mir mit Laurence und nur mit ihr in jenem Sommer der Rückkehr gelungen sein, über meine Jahre in Buchenwald zu sprechen. Zweifellos wegen Marc, des französischen Offiziers. Wegen des langen Briefs, den er ihr über unsere Begegnung geschrieben hatte. Die Worte eines Toten hatten uns im Leben vereint, Laurence und mich, flüchtig.

Der Abend des Samstags, des 11. Aprils 1987, war wie alle Abende, wenn diese Erinnerungen sich aufdrängen, wuchern, das Reale wie mit blitzartigen Metastasen zerfressend. Zumindest seit das Schreiben mich von neuem verwundbar gemacht hat für die Schrecken des Gedächtnisses. Ich war hin- und hergerissen zwischen einem oberflächlichen Glück – ich aß an diesem Abend mit lieben Freunden – und der tiefen Angst, die mich einmauerte. Es war ein brutal in zwei Gebiete geteilter Raum. Zwei Welten, zwei Leben. Und ich hätte nicht gleich zu sagen vermocht, welches das wirkliche war, welches ein Traum.

Zweifellos habe ich an jenem Abend mehr als sonst getrunken. Vielleicht sogar mehr als gut war. Ohne nennenswertes Resultat: der Alkohol heilt nicht die Schmerzen des Todes.

Derartige Ängste haben nichts Besonderes an sich. In der einen oder anderen Form haben wir sie alle zum Ausdruck gebracht. Alle Berichte von ehemaligen Deportierten beschreiben sie, seien sie nun in der Dringlichkeit des unmittelbaren Zeugnisses verfaßt worden, das außer Atem gerät und sich manchmal in der akribischen Rekonstruktion einer wenig glaubhaften, ja unvorstellbaren Vergangenheit erschöpft, oder aber später, mit zeitlichem Abstand, in dem endlosen Versuch, von einer

Erfahrung zu berichten, die sich zwar entfernt, von der bestimmte Umrisse jedoch immer deutlicher werden, da auf bestimmte Gebiete zwischen den Nebeln des Vergessens ein neues Licht fällt.

»È un sogno entro un altro sogno, vario nei particolari, unico nella sostanza ...«

Zweifellos: ein Traum, immer derselbe.

Ein Traum im Traum, unterschiedlich in den Details, gleichbleibend in der Substanz. Ein Traum, der dich an jedem beliebigen Ort wecken kann: in der Stille einer grünen Landschaft, bei Tisch unter Freunden. Warum nicht bei einer geliebten Frau, würde ich hinzufügen? Manchmal bei einer geliebten Frau, im Augenblick der Liebe. Kurz, an jedem beliebigen Ort, bei wem auch immer, plötzlich eine leise und tiefe Beklemmung, die angstvolle Gewißheit des Endes der Welt, jedenfalls ihrer Irrealität.

Primo Levi spricht davon auf der letzten Seite der *Atempause*. Er spricht davon, ohne die Stimme zu heben, mit der Prägnanz, mit der Nüchternheit wahrer Aussagen.

Nichts kann, sagt Levi, den Verlauf des Traumes aufhalten, nichts kann von der Beklemmung ablenken, die er dumpf weckt. Selbst wenn man sich dir zuwendet, selbst wenn man dir eine freundschaftliche oder liebende Hand reicht. »Was hast du? Woran denkst du?« Selbst wenn man erraten hat, was mit dir los ist, was dich überflutet, dich vernichtet. Nichts wird je den Verlauf dieses Traums verändern, den Fluß dieses Styx.

»Tutto è ora volto in caos: sono solo al centro di un nulla grigio e torbido, ed ecco, io so che cosa questo significa, ed anche di averlo sempre saputo: sono di nuovo in Lager, e nulla era vero all'infuori del lager. Il resto era breve vacanza, o inganno dei sensi, sogno: la famiglia, la natura in fiore, la casa ...«

Man könnte es nicht besser ausdrücken als Primo Levi.

Ja, dann ist alles ringsum Chaos, wenn diese Beklemmung auftaucht. Man ist allein im Zentrum eines wirbelnden Nichts, eines grauen trüben Nebels der Leere. Man weiß plötzlich, was es zu bedeuten hat. Man weiß, daß man es immer gewußt hat. Immer, unter der schillernden Oberfläche des Alltags, dieses entsetzliche Wissen. In Reichweite, diese Gewißheit: nichts ist wirklich außer dem Lager, alles andere seitdem wird nur ein Traum gewesen sein. Nichts ist wirklich außer dem Rauch des Krematoriums von Buchenwald, dem Geruch von verbranntem Fleisch, dem Hunger, den Appellen im Schnee, den Prügeln, dem Tod von Maurice Halbwachs und Diego Morales, dem brüderlichen Gestank der Latrinen im Kleinen Lager.

Ich habe *Die Atempause* von Primo Levi 1963 gelesen.

Bis dahin hatte ich nichts von ihm gewußt. Ich hatte sein erstes Buch, *Ist das ein Mensch?*, nicht gelesen. Allerdings hatte ich es absichtlich vermieden, Zeugnisse über die Nazi-Lager zu lesen. Das gehörte zur Strategie des Überlebens.

Ich habe *Die Atempause* von Primo Levi in Mailand gelesen, in der Via Bigli, in der Bibliothek der Banfi. Die Fenster gingen auf einen Innengarten, in dem Vögel sangen, in dem die Blätter eines hundertjährigen Baums die Farben des Herbstes anzunehmen begannen.

Es war Rossana Rossanda, die mir das vor kurzem erschienene Buch von Primo Levi zu lesen gegeben hat. Ich habe es in einem Zug gelesen, so wie man im Sommer kühles Wasser trinkt. Denn 1963, im Herbst, war die Zeit des Schweigens und des Vergessens vorbei. Auch die Zeit meiner Taubheit für mich selbst: Taubheit für den dunkelsten, aber wirklichsten Teil meiner selbst.

Es war in jener Nacht Schnee in meinem Schlaf gefallen.

Ich wohnte in der Calle Concepción Bahamonde, in Madrid, unweit der Arena von las Ventas: damals an der Peripherie der Stadt. Abends, wenn es an der Zeit war, diese illegale Wohnung aufzusuchen, stieg ich an der Metrostation Goya aus. Das war zwar nicht die nächstgelegene Station, aber ich nahm mir Zeit, achtete darauf, daß mir niemand folgte. Ich schlenderte herum, blieb vor Schaufenstern stehen, wechselte plötzlich die Straßenseite, durchquerte irgendeinen Supermarkt, trank an Kneipentheken einen Espresso oder ein kühles Bier, je nach der Jahreszeit. Jedenfalls wußte ich, wenn ich in meine Straße einbog, mit Sicherheit, daß mir niemand gefolgt war.

Aber in jener Nacht hatte es in meinem Schlaf geschneit.

Ein jähes Schneegestöber. Es war auf einem Platz, auf den Avenuen mündeten. Ein nicht sofort identifizierter, aber vertrauter Ort. Jedenfalls herrschte, verschwommen, die Gewißheit vor, daß der Träumer diese Traumlandschaft identifizieren könnte. Vielleicht hätte er es nur zu wollen brauchen. Ein Platz, Avenuen, die Menschenmenge, ein Umzug. Der Schnee wirbelte in den Strahlen einer untergehenden, bald verdunkelten Sonne. Dann, anderswo, scheinbar übergangslos, jedoch in einem anderen Traum, lag tiefer Schnee, das Geräusch der Schritte zwischen den Buchen des Waldes dämpfend.

Schnee in meinem Schlaf, nach so vielen Jahren.

In jenen Tagen hatte ich meine Wohnung in der Calle Concepción Bahamonde nicht verlassen. Es hatte viele Verhaftungen gegeben. Ganze Teile der Untergrundorganisation schienen zusammenzubrechen. Ich war der Verantwortliche für die kommunistische Organisation von Madrid, ich hatte den illegalen Kadern Anweisungen gegeben: alle Drähte zu den von der Verhaftungswelle betroffenen Sektoren kappen, sich so wenig wie möglich rühren, die Briefkästen, die Losungen, die Treffpunkte wechseln. Kurz, sich für einige Zeit totstellen. Und dann die einzelnen Fäden neu knüpfen, mit äußerster Vorsicht. Sich auf kein Terrain wagen, das nicht von möglichen spätzündenden Fallen der franquistischen Polizei geräumt worden ist.

Ich verließ in jenen Tagen die Calle Concepción Bahamonde praktisch nicht und wartete, bis ich klarer sähe.

So kam es, daß ich die Mahlzeiten von Manuel und Maria A. teilte. Es war ein Ehepaar von Aktivisten, sie hatten die Wohnung im Auftrag der Partei gekauft. Sie waren der franquistischen Polizei unbekannt, ihre einzige Arbeit bestand darin, diese Wohnung zu halten. Manuel war Chauffeur, Maria kümmerte sich um den Haushalt. Zwei Zimmer der Wohnung waren für mich bestimmt. Vielmehr waren sie für die Führer des illegalen Apparats bestimmt, einerlei für welche. Um gegenüber den Nachbarn den Schein zu wahren, taten Manuel und Maria so, als hätten sie einen Untermieter: sie setzten eine Anzeige in die Zeitung, das Ding war gelaufen. Mehrere Jahre lang habe ich diese Wohnung in der Calle Concepción benutzt, wenn ich mich illegal in Madrid aufhielt. Aber 1962, als man mich von der Tätigkeit in Spanien entbunden hat, vor meinem Ausschluß, hat Julián Grimau diese Wohnung benutzt. Er wohnte noch im folgenden Jahr bei Manuel und Maria A., als er verhaftet und erschossen worden ist.

Ich teilte also zu jener Zeit täglich ihre Mahlzeiten. Mittags war das schnell erledigt, denn Manuel hatte nicht viel Zeit zum Essen. Abends konnte es sich länger hinziehen: es entspann sich ein Gespräch. Zweifellos ist das übertrieben. Es handelte sich vor allem um einen Monolog von Manuel A., während Maria den Tisch abräumte und das Geschirr spülte. Wir rauchten, tranken zusammen ein Glas Schnaps. Manuel erzählte sein Leben, ich hörte ihm zu. Ich schwieg, ich hörte ihm zu. Zum einen habe ich den Aktiven, die ihr Leben erzählen, schon immer gern zugehört. Und zum anderen konnte ich das meine nicht erzählen. Je weniger sie wüßten, Maria und er, desto besser. Sie wußten praktisch nichts, um die Wahrheit zu sagen. Sie kannten den Namen, den ich auf meiner falschen Kennkarte trug: das mußte sein, da ich im Prinzip ihr Untermieter war. Natürlich wußten sie, daß ich ein Führungsmitglied war. Aber sie wußten nichts über meine genaue Rolle in der Untergrundorganisation. Sie kannten nicht einmal mein Pseudonym, Federico Sánchez.

Nach dem Abendessen also, zur Stunde der kleinen Kanarenzigarre und bei einem Glas Schnaps, hörte ich Manuel A. zu, der mir sein Leben erzählte. Es stellte sich heraus, daß er nach Mauthausen deportiert worden war, ein äußerst hartes Nazi-Lager in Österreich. Eines der härtesten im System der Konzentrationslager, mit Ausnahme der Lager des Komplexes von Auschwitz-Birkenau, das auf die Massenvernichtung des jüdischen Volks spezialisiert war.

Als junger Soldat der republikanischen Armee hatte Manuel A. nach der Niederlage die Flüchtlingslager von Roussillon erlebt. 1940 war er, wie Tausende anderer Spanier, in eine Arbeitskompanie unter der Fuchtel der französischen Armee eingegliedert worden. Nach Pétains Waffenstillstand fand sich Manuel – wie alle seine Landsleute – zusammen mit den französischen Kriegsgefangenen in einem deutschen Stammlager wieder. Später, als der deutsche Generalstab eine gründlichere Klassifizierung der Gefangenen vornahm, die sich in ihrer Gewalt befanden, wurden die Spanier der Arbeitskompanien – einige Tausend – aus den Stammlagern als politische Häftlinge nach Mauthausen gebracht.

Manuel A. war ein Überlebender dieses Lagers. Ein Wiedergänger wie ich. Er erzählte mir von seinem Leben in Mauthausen, abends nach dem Essen, bei dem kleinen Glas Schnaps und der Kanarenzigarre.

Aber ich erkannte nichts wieder, ich fand mich dort nicht zurecht.

Gewiß, zwischen Buchenwald und Mauthausen hatte es Unterschiede gegeben: in jedem Nazi-Lager waren die Deportierten jeweils spezifischen Bedingungen unterworfen. Das System als solches jedoch war identisch. Der Tagesablauf, der Arbeitsrhythmus, der Hunger, der Mangel an Schlaf, die ständigen Schikanen, der Sadismus der SS-Leute, der Wahnsinn der alten Häftlinge, die blutigen Kämpfe um die Kontrolle winziger Teile der inneren Macht: das Wesentliche war identisch. Dennoch fand ich mich in den Berichten von Manuel A. nicht zurecht.

Es war verworren, konfus, weitschweifig, blieb in Einzelheiten stecken, es gab keine Gesamtübersicht, alles stand in derselben Beleuchtung. Kurz, es war eine Zeugenaussage im Rohzustand: ungeordnete Bilder. Ein Wust von Fakten, Eindrücken, überflüssigen Kommentaren.

Ich verbiß mir meine Ungeduld, da ich nicht einhaken konnte, um ihm Fragen zu stellen, ihn zu zwingen, in den ungeordneten Un-Sinn seines Wortschwalls Ordnung und Sinn zu bringen. Seine unbestreitbare Aufrichtigkeit war nur noch Rhetorik, sogar seine Wahrhaftigkeit war nicht mehr wahrscheinlich. Aber ich konnte ihm nichts sagen, ich konnte ihm nicht helfen, seine Erinnerungen in die richtigen Worte zu kleiden, denn er durfte nicht wissen, daß auch ich deportiert worden war. Da es nicht in Frage kam, ihn in dieses Geheimnis einzuweihen.

Eines Nachts, plötzlich, nach einer langen Woche derartiger Berichte, war Schnee in meinem Schlaf gefallen. Der Schnee von einst: ein tiefer Schnee im Buchenwald des Lagers, glitzernd im Licht der Scheinwerfer. Schneegestöber über den Fahnen des 1. Mai, bei der Rückkehr, verwirrende Erinnerungen an das Grauen und den Mut. Der Schnee des Gedächtnisses, zum erstenmal seit fünzehn Jahren. In Ascona, am Ufer des Lago Maggiore, im Dezember 1945, hatte ich an einem klaren Wintertag die Augen geschlossen, geblendet vom Widerschein eines Sonnenstrahls auf der Windschutzscheibe eines Wagens auf der Straße nach Brissago. Ich hatte die Augen geschlossen, Schneeflocken, winzig, hartnäckig, hatten in meinem Gedächtnis geglitzert. Ich hatte die Augen wieder geöffnet, eine junge Frau war da. Lorène. Der Schnee von einst, in Ascona, zum letzten Mal. Ich hatte den Plan zu schreiben aufgegeben, Lorène hatte, ohne es zu wissen, mir geholfen, im Leben zu bleiben.

Seit fünfzehn Jahren war nie mehr Schnee in meinem Schlaf gefallen. Ich hatte ihn vergessen, verdrängt, zensiert. Ich beherrschte meine Träume, ich hatte den Schnee und den Rauch über dem Ettersberg vertrieben. Gewiß, manchmal war mir ein scharfer, kurzer Schmerz durch das Herz geschossen. Ein Augenblick der Qual, vermischt mit Wehmut. Sonderbaren Glücks, wer weiß? Wie diese Absurdität, das ungewöhnliche Glück dieser Erinnerung beschreiben? Manchmal hatte mich ein Schmerz, scharf wie die Spitze eines Stiletts, ins Herz getroffen. Vielleicht wenn ich ein Solo von Armstrong hörte. Wenn ich kräftig in ein Stück Schwarzbrot biß, unter Umständen. Wenn ich eine Gitane-Kippe rauchte, bis ich mir die Lippen verbrannte. Jemand wunderte sich, wenn er mich meine Zigarette bis zum Ende rauchen sah. Ich hatte keine Erklärung für diese Angewohnheit: es sei eben so, sagte ich. Aber manchmal, brutal, köstlich, tauchte die Erinnerung empor: die mit den Kumpeln geteilte *machorka*-Kippe, die von Hand zu Hand ging, von Mund zu Mund, sanfte Droge der Brüderlichkeit.

Aber der Schnee war aus meinem Schlaf verschwunden.

Ich bin aus dem Schlaf aufgeschreckt, nach einer Woche mit Berichten über Mauthausen von Manuel A. Es war in Madrid, in der Calle Concepción Bahamonde, 1961. Aber das Wort »aufschrecken« ist bei näherem Nachdenken unpassend. Zwar war ich mit einem Schlag aufgewacht, ich war sofort wach gewesen, hellsichtig, munter. Aber es war nicht die Angst, die Beklemmung, die mich weckte. Ich war sonderbar ruhig, heiter. Alles schien mir von nun an klar zu sein. Ich wußte, wie ich das Buch schreiben konnte, das ich vor fünfzehn Jahren hatte aufgeben müssen. Vielmehr: ich wußte, daß ich es von nun an schreiben konnte. Denn ich hatte immer gewußt, wie ich es schreiben konnte: nur der Mut hatte mir gefehlt. Der Mut, durch das Schreiben dem Tod entgegenzutreten. Aber ich brauchte diesen Mut nicht mehr.

Der Tag brach an, eine schräge Sonne streifte die Fensterscheiben des kleinen Zimmers mit den gekalkten Wänden in der Calle Concepción Bahamonde. Ich würde sofort beginnen, die Gelegenheit nutzend, die mich zwang, zu Hause zu bleiben, den Gefahren der Straße aus dem Weg zu gehen.

Ich würde für mich selbst schreiben, natürlich, für mich allein. Denn es kam nicht in Frage, irgend etwas zu veröffentlichen. Es war undenkbar, ein Buch zu veröffentlichen, solange ich ein illegales Führungsmitglied der KP Spaniens war.

Im Morgengrauen eines Frühlingstags in der Calle Concepción Bahamonde habe ich mich an meinen Tisch vor meine Schreibmaschine gesetzt. Es war eine tragbare

Olivetti mit spanischer Tastatur: macht nichts, ich würde auf Accents graves und circonflexes verzichten.

»Da ist diese zusammengepferchte Masse von Leibern im Wagen, dieser stechende Schmerz im rechten Knie. Tage, Nächte. Ich raffe mich auf und versuche, die Tage und Nächte zu zählen ...«

Bei der letzten Seite des Berichts von Primo Levi, *Die Atempause*, der mir so vertraut ist – aber seine Erfahrung war weitaus furchtbarer als die meine –, brüderlich so nahe – wie der Blick von Maurice Halbwachs, als er auf der Pritsche von Block 56 in Buchenwald im Sterben lag –, habe ich die Augen geschlossen.

»*È un sogno entro un altro sogno, vario nei particolari, unico nella sostanza* ...«

Ein Traum im Traum, zweifellos. Der Traum des Todes im Traum des Lebens. Oder vielmehr: der Traum des Todes als einzige Wirklichkeit eines Lebens, das selbst nur ein Traum war. Primo Levi formulierte diese Beklemmung, die uns mit unvergleichlicher Prägnanz gemeinsam war. Nichts war wirklich außer dem Lager, das ist es. Alles andere, die Familie, die blühende Natur, das Zuhause waren nur kurze Ferien, eine Sinnestäuschung.

An jenem Abend, dem 11. April 1987, habe ich mich an Primo Levi erinnert. Und an Rossana Rossanda, die mich mit seinen Büchern bekannt gemacht hatte. Ich habe mich auch an Juan Larrea erinnert, der sie ebenfalls gelesen hatte. Im Morgengrauen war Larrea zur Seine gegangen, in der Nähe von Freneuse. Das Wasser des Flusses war dunkel. Er war reglos stehengeblieben, nahm, um Schluß zu machen, die letzten Kräfte seines Lebens zusammen.

Auf dem Abhang des Rasens, der in sanften Wellen zum Fluß abfiel, war Juan Larrea einen Augenblick stehengeblieben. Der rosa Kastanienbaum würde in den nächsten Tagen aufblühen. Er hatte den einzeln stehenden Baum betrachtet, im ungewissen, von einem ersten Sonnenstrahl noch kaum erwärmten Licht. Er hatte traurig gelächelt: dieses Jahr würde er die kleinen rosa Blüten des Kastanienbaums von Franca Castellani nicht sehen. Sein Tod, die Abwesenheit seines Blicks würden Franca nicht davon abhalten, die Blüten des Kastanienbaums zu betrachten. Der Baum würde weiter existieren, unter dem Blick von Franca Castellani.

Dann hatte er seinen Weg zum dunklen Wasser des Flusses fortgesetzt: das Ende.

Tags zuvor, am 24. April 1982 – es ist nicht unmöglich, die Ereignisse, von denen in dem Roman die Rede ist, genau zu datieren –, tags zuvor hatte er sich an den Geruch der Verbrennungsöfen über dem Ettersberg erinnert.

Im Februar 1986, als *Der weiße Berg* erschien, hatte man mir zuweilen törichte Fragen gestellt. Oder müßige. Worin ähnelte mir Juan Larrea? Hatte ich mich mit dieser Figur identifiziert?

Es ist schon schwer genug, sich mit sich selbst zu identifizieren, habe ich ausweichend geantwortet, als daß eine Identifizierung mit den eigenen Romanfiguren plausibel ist. Oder gar schicklich. Nein, keine Identifizierung mit Juan Larrea, trotz vergleichbaren Identitätszeichen: Spanier, Schriftsteller, ehemaliger Deportierter. Dagegen ein wenig Eifersucht meinerseits. Zum Beispiel hätte ich gern Franca Castellani kennengelernt. Oder die Stücke geschrieben, die Larrea hatte aufführen lassen, wenn man dem Roman glauben durfte. Insbesondere hätte ich gern *Das Tribunal im Askanischen Hof* geschrieben.

In der ersten Szene würde Franz Kafka tatsächlich sehr gerade auf seinem Stuhl sitzen. Er würde nichts sagen, keuchend atmen, mit leicht geöffnetem Mund. Nur Grete Bloch hätte gesprochen, mit der Heftigkeit der Verzweiflung. Es wäre heiß, es war im Juli. Bald würde ein großer Krieg ausbrechen. Dann würde von links ein Kellner in weißer Jacke mit Erfrischungsgetränken auftreten.

Es wäre absurd, wenn ich mir vornähme, *Das Tribunal im Askanischen Hof* neu zu schreiben. Es würde mich das gleiche Mißgeschick ereilen wie Pierre Menard, der den *Don Quijote* neu schrieb: ich würde zu demselben Text gelangen wie Larrea, Wort für Wort.

Aber dieser hatte ein unvollendetes Stück hinterlassen, an dem er noch am Tag vor seinem Selbstmord arbeitete, man hatte Notizen, Entwürfe, Dokumente in seinem Zimmer in Freneuse gefunden. Es war ein Theaterstück, das noch keinen Titel hatte, zumindest nicht in den aufgefundenen Papieren, das sich jedoch auf das Leben von Lord Curzon bezog, einer faszinierenden britischen Gestalt der Geschichte dieses Jahrhunderts. Vom Anfang dieses Jahrhunderts und vom Ende der alten Welt.

Jedenfalls hatte ich Muße gehabt – das war das mindeste! –, Larreas Entwürfe zu lesen, ebenso die monumentale Biographie über George Nathaniel Curzon, dem ersten Marquis Curzon von Kedleston, geschrieben von Ronaldshay, über die er gearbeitet hatte. Ich hatte von der dramatischen Maschinerie träumen können, die man mit all diesen Elementen hätte in Gang setzen können.

Juan Larreas literarische Vorlieben, die Pläne, die ich ihm untergeschoben habe – aus seiner eigenen Psychologie, aus den konkreten Umständen seines imaginären Lebens abgeleitet –, diese Vorlieben und Pläne gebührten mir als etwas Persönliches: eine Zukunft, in die ich mich auf eigene Rechnung hätte einbringen können, sie mit meinen Wünschen und Ungewißheiten nährend.

Am Tag vor seinem Selbstmord, am Samstag, dem 24. April 1982, hatte sich Juan Larrea plötzlich erinnert. Dennoch hatte er geglaubt, er könnte sich auch diesmal bezwingen. Zumindest hatte er beschlossen, nichts zu sagen. Die Übelkeit erregende Beklemmung für sich zu behalten, die in ihm aufstieg, als ihn der Rauch des Kraftwerks von Porcheville im Seinetal an den Rauch des Krematoriums über dem Ettersberg, früher, erinnert hatte. Für sich zu behalten, zu verscharren, zu verdrängen, zu vergessen. Diesen Rauch in Rauch aufgehen zu lassen, niemandem etwas zu sagen, nicht darüber zu sprechen. Weiter so zu tun, als existierte er nicht, wie er es all die langen Jahre lang getan hatte: sich bewegen, gestikulieren, Schnaps trinken, schneidende oder nuancierte Reden halten, die jungen Frauen liebkosen, sogar schreiben, als wäre er wirklich am Leben.

Oder ganz im Gegenteil: als wäre er vor siebenunddreißig Jahren gestorben, in Rauch aufgegangen. Als wäre sein Leben seither nur ein Traum gewesen, in dem er alles Reale geträumt hätte: die Bäume, die Bücher, die Frauen, seine Figuren. Es sei denn, diese hätten ihn geträumt.

Ja, genau: es sei denn, Juan Larrea hätte mich geträumt. Es sei denn, Juan Larrea wäre ein Überlebender von Buchenwald, der einen Teil meines Lebens erzählt in einem Buch, das mit einem Pseudonym signiert war: meinem eigenen Namen. Hatte ich ihm nicht, was mich betrifft, den Namen Larrea gegeben, weil das, früher, einer meiner Decknamen im spanischen Untergrund gewesen war?

»Wie willst du denn diesmal heißen?« hatte mich der Kumpel gefragt, der unsere falschen Papiere herstellte. Im übrigen ein netter Kumpel, ein genialer Fälscher. Das spielte sich in einem Maleratelier ab, in der Gegend von Montparnasse, wo er eine seiner Werkstätten eingerichtet hatte. Ich hatte mich an jenem Tag an Juan Larrea erinnert, einen introvertierten und raffinierten Schriftsteller, einen der Männer aus der flammenden Generation der dreißiger Jahre, der das 20. Jahrhundert zu einem neuen goldenen Zeitalter der spanischen Literatur gemacht haben wird. Zweisprachig außerdem, dieser Juan Larrea, wie sein Freund, der Chilene Vicente Huidobro. »Larrea«, hatte ich dem fälschenden Kumpel gesagt, »mach mir Papiere auf den Namen Larrea.«

Einige Monate später, nach einer Polizeirazzia in den Universitätskreisen von Madrid, hatte jemand seinen Mund nicht halten können. Er hatte der franquistischen Polizei diesen Decknamen verraten, den ich für bestimmte Kontakte benutzt hatte. Daraufhin ließ der Innenminister in den Zeitungen eine Suchanzeige erscheinen. Ein gewisser Larrea, von dem eine völlig richtige Personenbeschreibung gegeben wurde und der erklärt haben soll, er stamme aus Santander, wurde darin aufgefordert, bei den zuständigen Behörden vorzusprechen.

Zuständig waren sie nur allzusehr, zweifellos.

Aber Juan Larrea war der franquistischen Polizei entwischt. Er hatte einige Jahre später an meiner Statt Selbstmord begangen, auf den Seiten von *Der weiße Berg*. Der Kreis der Leben und der Tode, wahrer oder mutmaßlicher, schien sich somit zu schließen.

In Mailand, in der Via Bigli, in der Bibliothek der Banfi, hatte ich *Die Atempause* von Primo Levi gelesen. Im Innengarten prangte die Farbe des Himmels, des Lichts, des Laubs, die Farbe des Herbstes.

Ich hatte bei der letzten Seite des Buchs die Augen geschlossen. Ich hatte mich an Lorène erinnert, in Locarno, an meinen Entschluß, das 1945 angefangene Manuskript liegenzulassen.

Rossana Rossanda hatte mir Levis Bericht zu lesen gegeben, ebenso sein erstes Buch, *Se questo è un uomo*. Sie
schlug mir vor, mich mit ihm bekannt zu machen, sie
könne ein Treffen arrangieren.

Aber ich hatte nicht das Bedürfnis, Primo Levi zu treffen. Will sagen: ihn *draußen* zu treffen, in der äußeren
Wirklichkeit jenes Traums, der das Leben seit unserer
Rückkehr war. Mir schien, daß zwischen uns bereits alles gesagt worden war. Oder fortan unmöglich zu sagen
war. Ich hielt es nicht für erforderlich, vielleicht nicht
einmal für schicklich, daß wir ein Gespräch unter Geretteten, einen Dialog von Überlebenden führten.

Hatten wir im übrigen wirklich überlebt?

Am 11. April 1987 jedenfalls, an jenem Samstag, als
bei irgendeinem Satz, unerwartet, das Phantom des jungen Deportierten, der ich gewesen war, in einem Roman
auftauchte, in dem er nicht vorgesehen, nicht erwartet
war, um Verwirrung darin zu stiften, einen Blick voll
Unsicherheit hineinzuwerfen, wählte Primo Levi den
Tod, indem er sich ins Treppenhaus seines Hauses in
Turin stürzte.

Das war die erste Meldung, die ich am nächsten Tag,
Sonntag, im Radio hörte.

Es war sieben Uhr, eine anonyme Stimme sprach die
Morgennachrichten. Plötzlich war von Primo Levi die
Rede. Die Stimme meldete seinen Selbstmord tags zuvor
in Turin. Ich habe mich an einen Spaziergang unter den
Arkaden im Zentrum dieser Stadt erinnert, an einem son-
nigen Tag, mit Italo Calvino, kurz nach Erscheinen der
Großen Reise. Wir hatten von Primo Levi gesprochen.
Die anonyme Radiostimme erinnerte an die Titel seiner
Bücher, die vor kurzem in Frankreich gefeiert worden
waren, mit der hierzulande üblichen Verspätung.

Die Radiostimme hat Primo Levis Alter genannt.

Und da habe ich mir, in der Seele erschauernd, gesagt,

daß mir noch fünf Jahre zu leben bleiben. Denn Primo Levi war fünf Jahre älter als ich. Ich wußte, daß es absurd war, natürlich. Ich wußte, daß diese Gewißheit, die mich niederschmetterte, unsinnig war: es gab kein Verhängnis, das mich zwang, im selben Alter zu sterben wie Primo Levi. Ich konnte genausogut früher sterben, oder später. Oder irgendwann. Aber ich habe sofort den Sinn dieser irrwitzigen Vorahnung begriffen, die Bedeutung dieser absurden Gewißheit.

Ich habe begriffen, daß der Tod von neuem in meiner Zukunft stand, am Horizont des Futurs.

Seit ich aus Buchenwald zurückgekehrt war – noch genauer: seit ich in Ascona den Plan zu schreiben aufgegeben hatte –, hatte ich gelebt, indem ich mich vom Tod entfernte. Er lag in meiner Vergangenheit, immer ferner mit jedem Tag, der verging: wie die Kindheit, die erste Liebe, die erste Lektüre. Der Tod war ein Erlebnis, dessen Erinnerung verblaßte.

Ich lebte in der zwanglosen Unsterblichkeit des Wiedergängers.

Dieses Gefühl hat sich später verändert, als ich *Die große Reise* veröffentlicht habe. Zwar lag der Tod nun immer noch in der Vergangenheit, aber diese hatte aufgehört, sich zu entfernen, sich zu verflüchtigen. Sie wurde, ganz im Gegenteil, wieder gegenwärtig. Ich begann, mein Leben bis zu dieser Quelle zurückzuverfolgen, zu diesem ursprünglichen Nichts.

Plötzlich kehrte die Meldung vom Tod Primo Levis, die Nachricht seines Selbstmords, die Perspektive radikal um. Ich wurde wieder sterblich. Vielleicht hatte ich nicht nur noch fünf Jahre zu leben, die Jahre, die mir fehlten, um Primo Levis Alter zu erreichen, aber der Tod stand von neuem in meiner Zukunft geschrieben. Ich habe mich gefragt, ob ich wieder Erinnerungen an den Tod haben würde, von jetzt an.

Wie dem auch sei, am 11. April hatte der Tod Primo Levi eingeholt.

Dabei hatte er schon im Oktober 1945, nach der langen Odyssee seiner Rückkehr aus Auschwitz, die er in *Die Atempause* schildert, sein erstes Buch zu schreiben begonnen, *Se questo è un uomo*. Er hatte es in Hast, im Fieber, in einer Art Beschwingtheit geschrieben. »Die Dinge, die ich erlebt, erlitten hatte, brannten in mir«, schrieb er später. »Ich fühlte mich den Toten näher als den Lebenden, ich fühlte mich schuldig, ein Mensch zu sein, weil die Menschen Auschwitz gebaut hatten und weil Auschwitz Millionen Menschen verschlungen hatte, viele persönliche Freunde und eine Frau, die meinem Herzen nahestand. Mir schien, daß ich mich läutern würde, wenn ich erzählte, ich fühlte mich dem alten Seeman von Coleridge verwandt...«

Tatsächlich findet sich am Anfang von Levis letztem Buch *I sommersi e i salvati* ein Zitat aus dem Gedicht von Coleridge, einem Buch, dessen Titel *(Die Untergegangenen und die Geretteten)* denjenigen eines Kapitels aus *Ist das ein Mensch?* aufgreift:

> *Since then, at an uncertain hour,*
> *That agony returns:*
> *And till my ghastly tale is told*
> *This heart within me burns.*

»Ich schrieb«, fuhr Levi fort, »knappe und blutrünstige Gedichte, ich erzählte in einer Art Taumel, mündlich oder schriftlich, bis nach und nach ein Buch daraus wurde: beim Schreiben fand ich wieder ein wenig Frieden, und ich wurde wieder ein Mensch, einer unter vielen, weder Märtyrer noch Schurke, noch Heiliger, einer jener Menschen, die eine Familie gründen und die sowohl in die Zukunft wie in die Vergangenheit blicken.«

Primo Levi hat mehrfach von seinen Gefühlen in jener Zeit gesprochen, von den herben Freuden des Schreibens. Er fühlte sich dank ihrer buchstäblich ins Leben zurückkehren.

Das fertige Buch – ein Meisterwerk an Zurückhaltung, Nüchternheit, Hellsicht und Mitgefühl –, dieses unvergleichliche Buch fand dennoch keinen Abnehmer. Alle guten Verlagshäuser lehnten es ab. Schließlich wurde es von einem kleinen Verleger herausgebracht und blieb völlig unbemerkt. Levi gab das Schreiben auf und widmete sich seinem Beruf als Chemiker.

So schien sich ein Traum zu erfüllen, den er schildert, ein Alptraum aller Deportierten: man ist nach Hause zurückgekehrt, man erzählt im Familienkreis mit Leidenschaft und vielen Einzelheiten von der erlebten Erfahrung, den vergangenen Leiden. Aber niemand glaubt dir. Deine Berichte rufen eine Art Unbehagen hevor, ein Schweigen, das immer dichter wird. Die Angesprochenen – in der grausamsten Version des Alptraums sogar die geliebte Frau – wenden sich ab, kehren dir den Rükken und gehen schweigend weg.

Die Geschichte schien ihm also recht zu geben: sein Traum war Wirklichkeit geworden. Erst viele Jahre später fand sein Buch *Ist das ein Mensch?* plötzlich Beachtung, eroberte ein großes Publikum und wurde in der ganzen Welt übersetzt.

Dieser späte Erfolg veranlaßte ihn, einen weiteren Bericht zu schreiben, *Die Atempause*.

Meine Erfahrung war anders gewesen.

Während das Schreiben Primo Levi der Vergangenheit entriß und sein Gedächtnis besänftigte (»Paradoxerweise«, schrieb er, »verwandelte sich mein Gepäck grauenvoller Erinnerungen in Reichtum, in einen Samen: mir schien, als wüchse ich beim Schreiben wie eine Pflanze«), stürzte es mich erneut in den Tod, versenkte mich darin.

Ich erstickte in der modrigen Luft meiner Entwürfe, jede geschriebene Zeile tauchte meinen Kopf unter Wasser. Als befände ich mich von neuem in der Badewanne der Villa der Gestapo in Auxerre. Ich wehrte mich, um zu überleben. Ich scheiterte bei meinem Versuch, den Tod zu schildern, um ihn zum Schweigen zu bringen: hätte ich weitergemacht, dann hätte mich wahrscheinlich der Tod verstummen lassen.

Trotz dem radikalen Unterschied des biographischen Werdegangs, der Erlebnisse, bleibt eine verwirrende Übereinstimmung. Denn der historische Zeitraum zwischen Levis erstem Buch – einem großartigen Erfolg, was das Schreiben anbelangt; einem totalen Mißerfolg, was seine Rezeption betrifft – und seinem zweiten Bericht, *Die Atempause*, entspricht genau dem Zeitraum zwischen meinem Unvermögen zu schreiben im Jahre 1945 und der *Großen Reise*. Beide Bücher wurden zur selben Zeit geschrieben, fast gleichzeitig veröffentlicht: das von Levi erschien im April 1963, das meine im Mai.

Als wäre, jenseits aller biographischen Gegebenheiten, in der nahezu unentzifferbaren Undurchdringlichkeit der historischen Entwicklung objektiv eine Fähigkeit des Zuhörens herangereift. Ein Reifen, das um so bemerkenswerter und aufregender war, als es mit den ersten Zeugenaussagen über den sowjetischen Gulag zusammenfiel, denen es gelungen ist, die traditionelle Barriere des Mißtrauens und der Verkennung im Westen zu durchbrechen: Alexander Solschenizyns Erzählung *Ein Tag im Leben des Iwan Denissowitsch* erschien im selben Frühjahr 1963.

Wie dem auch sei, am 11. April 1987 hat der Tod Primo Levi eingeholt.

Warum hatten seine Erinnerungen vierzig Jahre später aufgehört, ein Reichtum zu sein? Warum hatte er den Frieden verloren, den das Schreiben ihm wiedergegeben zu haben schien? Was war an jenem Samstag in seinem Gedächtnis geschehen, welche Katastrophe? Warum war es ihm plötzlich unmöglich geworden, das Grauen seiner Erinnerungen auszuhalten?

Ein letztes Mal hatte sich, rundheraus und unwiderruflich, ganz einfach die Angst durchgesetzt. Unausweichlich und hoffnungslos. Die Beklemmung, deren Symptome er in den letzten Zeilen von *Die Atempause* beschrieb.

»*Nulla era vero all'infuori del Lager. Il resto era breve vacanza o inganno dei sensi, sogno . . .*«

Nichts war wirklich außer dem Lager; alles andere waren kurze Ferien, oder Sinnestäuschung, Traum: so ist es.

9

O Zeiten,
O Schlösser ...

Warum hatte mich die junge Frau an Milena erinnert?

Wenn ich mir heute gelegentlich eines der Fotos ansehe, die in jenem fernen Jahr – 1964 – in Salzburg aufgenommen worden sind, erscheint mir die Ähnlichkeit nicht frappierend, das ist das mindeste, was man sagen kann.

Die junge Frau zeigt sich im Profil, an einem Tisch des Galadiners. Schwarz gekleidet, eine Strähne über der Stirn, die rechte Hand auf dem Tischtuch, zerbrechlich, das Handgelenk mit Spitzen geschmückt. In der linken, erhobenen Hand eine Zigarette.

Ein leichtes Lächeln auf den Lippen, kaum angedeutet.

Wir sitzen zu mehreren um den Tisch, auf diesem photographischen Bild. Offensichtlich ist es das Ende der Mahlzeit. Wir sind beim Kaffee, der Zigarre der Herren. Man sieht diese junge Frau, andere junge Frauen, zwei Herren, und mich selbst. Einer der Herren bleibt mir unbekannt, sein Gesicht erinnert mich an nichts. Der zweite ist George Weidenfeld.

Aber vielleicht war er, 1964, bereits Lord Weidenfeld. Ich kann es nicht genau sagen.

Die junge Frau, die mich an Milena erinnert hatte, gehörte, wie mir scheint, zum Gefolge von Weidenfeld, ob er nun Lord war oder nicht. Auf dieser alten Photographie betrachtet der Londoner Verleger sie mit einem herablassenden Lächeln. Oder vielleicht einem verschwörerischen.

Im übrigen lächeln wir alle.

Der Photograph hat einen Augenblick der Unbeschwertheit, des entspannten, geselligen Einverständnisses eingefangen. Tun wir nur so, um der Photographie willen? Wie soll man das wissen? In diesem Fall wäre der Schein die Wahrheit dieses Bildes. Es ist das Ende des offiziellen Diners, kurz vor der Überreichung des Prix Formentor. Alles läuft glatt. Die Verleger, die die Preisjury bilden, werden bald aufstehen, einer nach dem andern, um mir jeweils ein Exemplar der *Großen Reise* zu überreichen, in ihre Sprache übersetzt.

Aber nicht in diesem Augenblick hat mich die anonyme junge Frau an Milena Jesenská erinnert. Sie saß da, anscheinend gleichmütig. Weder ihr Gesicht noch ihre lächelnde, gelassene Reglosigkeit konnten bewirken, nicht einmal trügerischerweise, daß sie Milena ähnelte.

Vor dem Diner jedoch, als ich noch nicht wußte, daß sie an meinem Tisch sitzen würde, war sie durch einen der Salons des Salzburger Schlosses gegangen, wo die feierliche Preisverleihung stattfand. Ihr Gang, irgend etwas an ihrer Gestalt, ihrer Kopfhaltung hatte mich an Milena Jesenská denken lassen.

Oder vielmehr, um ganz genau zu sein: an einen Satz von Kafka letztere betreffend. Alles in allem hatte ich nicht wirklich an Milena gedacht: sie war lediglich wegen eines Satzes von Kafka aufgetaucht.

»Es fällt mir ein, daß ich mich an Ihr Gesicht eigentlich in keiner bestimmten Einzelheit erinnern kann.[*] Nur wie Sie dann zwischen den Kaffeehaustischen weggingen, Ihre Gestalt, Ihr Kleid, das sehe ich noch.«

Mit diesen Worten schließt der zweite Brief, den Franz Kafka im April 1920 an Milena geschrieben hat, als er in Merano eine Kur machte.

Es ist uns allen schon einmal passiert, daß uns zuerst die Anmut eines Gangs, eine stolze Haltung, die wallende Geschmeidigkeit der Kleider einer Frau auffallen, deren Gesicht wir nicht erkennen und die sich zwischen Kaffeehaustischen bewegt. Oder in einem Theaterfoyer. Sogar in einem Metrowagen.

1942 waren mir im »Café Flore« die Gestalt und der Gang von Simone Kaminker aufgefallen. Auch sie bewegte sich zwischen den Tischen, und ich konnte an jenem Tag ihr Gesicht nicht erkennen. Ihr Gesicht habe ich wirklich erst drei Jahre später gesehen, 1945, im Sommer meiner Rückkehr, auf der Terrasse desselben Cafés. Die kleine Kaminker trug jetzt einen anderen Namen, aber ihr Blick paßte sehr gut zu dem hoheitsvollen, tanzenden Schritt, der um ihre Gestalt herum bewegliche Räume aus Licht und Stille schuf und der mir beim ersten Mal aufgefallen war.

Kafkas Bemerkung ist also angemessen. Letztlich banal. Er erinnert sich an Milenas Bewegungen, an ihren Gang zwischen den Tischen eines Kaffeehauses in Prag. Er ruft ihr seine Erinnerung ins Gedächtnis, in einem der ersten Briefe, die er ihr geschrieben hat. Wahnwitzig ist die Fortsetzung. Wahnwitzig ist, daß Franz Kafka, ohne zu warten, bis er das Gesicht gesehen, Milenas Blick erblickt hat, ja ohne den Wunsch oder das Bedürfnis danach zu verspüren, es mit verzweifelter Beharrlichkeit, mit dem Starrsinn einer unglaublichen moralischen Aggressivität unter seiner scheinbaren Bestürzung, seinem Spiel selbstgefälliger Verlassenheit geschafft hat, eine fordernde, ausschließliche Liebe entstehen zu lassen und zu kristallisieren – eine klägliche Liebe indes wegen seiner Unfähigkeit, ihre Einsätze und noch weniger ihre Versprechen zu halten, sich ihnen zu stellen, den körperlichen Preis zu zahlen, den sie implizierten –, auf jenen einzigen Hinweis hin entstehen zu lassen, auf jenes verschwommene Zeichen einer Gestalt hin, die zwischen den Tischen eines Kaffeehauses hindurchgeht.

»*Nur wie Sie dann zwischen den Kaffeehaustischen weggingen, Ihre Gestalt, Ihr Kleid, das sehe ich noch* ...«

Eine Liebe zum Tod erblüht, gespeist allein von ihrer körperlosen Substanz, ihrer autistischen Gewalt, wo das Gesicht der Geliebten (ihr Ausdruck, ihr Blick, ihr Wimpernschlag, die plötzliche Falte ihres Mundes, der leichte Schatten eines Kummers, das hervorbrechende Licht einer Lust) keine Rolle spielt, nicht zählt. Eine Liebe, deren sterile Heftigkeit einzig auf der Erinnerung an einen sich bewegenden Körper gründet, ein Bild, an dem zweifellos das Darstellungsverbot des hebräischen Gesetzes gearbeitet hat, transzendiert von der Arroganz eines abstrakten Verführungswillens, einer geistigen Besitzergreifung.

Säße ich nicht am Tisch eines Galadiners in Salzburg, im Jahr 1964, kurz vor der Verleihung des Prix Formentor, und hätte ich mir nicht vorgenommen, die Beziehungen zwischen dem Gedächtnis des Todes und dem Schreiben zu erhellen (und das Erscheinen der *Großen Reise* ist die ideale Gelegenheit dazu), dann würde ich mir sehr gerne eine Abschweifung über Kafka und die Frauen gönnen: über seine Liebe zu den Frauen oder vielmehr seine Liebe zu sich, obwohl er verkündete, sich nicht zu lieben, anhand seiner Liebe zur Liebe zu den Frauen. Kurz, eine Abschweifung über Kafka und die Verführung. Wer verführt, wer wird verführt? Oder wer wirbt? Wer beschmutzt?

Aber ich bin in Salzburg, das offizielle Diner ist beendet.

Ledig-Rowohlt, mit seiner körperlichen Beredtheit einer Figur aus einem Jugendstück von Brecht – aus der Zeit vor der pädagogischen Vereisung des Kommunismus –, hat sich erhoben. Er ist der erste der zwölf Verleger, die mir ein Exemplar der *Großen Reise* überreichen werden, in diesem Fall seine deutsche Übersetzung.

Die junge Frau, deren Namen ich nicht erfahren werde, von der ich lediglich weiß, daß sie tschechischer Herkunft ist und zum Gefolge von Weidenfeld gehört; deren Gang mich kurz vorher an einen Satz von Kafka hat denken lassen; die junge Frau, die ich Milena nennen werde, um es kurz zu machen, sieht zu, wie Ledig-Rowohlt auf mich zugeht, nachdem er ein paar liebenswürdige Worte über mein Buch gesagt hat.

Ich erinnere mich an die *Briefe an Milena*.

Der Band lag im Schaufenster einer Buchhandlung der Bahnhofstraße in Zürich, einige Jahre zuvor.

Um mir die Zeit zu vertreiben, ging ich durch diese zentrale Geschäftsstraße, in beiden Richtungen: vom Bahnhof zum See und vice versa. Ich befand mich gerade auf dem Rückweg, zum Bahnhof, auf dem linken Gehsteig der Bahnhofstraße, wenn man dem See den Rücken kehrt.

Im Sommer oder im Frühjahr hätte ich die Zeit zweifellos mit einer Rundfahrt auf dem Zürichsee vertrieben, auf einem der weißen Ausflugschiffe. Auf dem Landesteg von Wädenswil hätte ich mich an Parvus erinnert, eine sagenhafte Gestalt wie aus einem Roman. Gefährte Trotzkis im Sowjet von Sankt Petersburg 1905, 1917 Organisator von Lenins Reise in dem plombierten deutschen Eisenbahnwaggon, der ihn nach Rußland zurückbrachte, war Parvus hierhergekommen, um zu sterben, in diesem Schweizer Dorf, das so friedlich war, wie ein Schweizer Dorf an einem See nur sein kann.

Aber es war nicht Frühling. Auch nicht Sommer. Es war der Januar des Jahres 1956. Eine trockene Kälte, eine klare und schneidende Luft, in der die ungreifbaren Kristalle des Frosts zu wirbeln schienen, hingen über der Stadt.

Am Morgen aus Paris gekommen, hatte ich meine Identität auf der Toilette eines Cafés am Paradeplatz gewechselt, den die strengen, aber stattlichen Fassaden der Schweizer Banken säumten. Ich hatte meinen uruguayischen Paß im doppelten Boden einer Reisetasche versteckt, nachdem ich ihm zuvor französische Papiere entnommen hatte. Um bei den verschiedenen Polizeikontrollen in den Flughäfen die Spuren zu verwischen.

Ich war aus Paris gekommen, ein paar Stunden später würde ich die Maschine nach Prag nehmen. Ich vertrieb mir die Zeit und achtete darauf, daß mir niemand folgte, zwischen der Landung des Flugzeugs aus Paris und dem Abflug des Flugzeugs nach Prag. Zwischen meiner Identität als Sohn einer uruguayischen Familie und eines französischen Geschäftsmannes.

Heute überkommt mich eine Art etwas angewidertes Unbehagen, wenn ich diese Vergangenheit erwähne. Die illegalen Reisen, die Illusion einer Zukunft, das politische Engagement, die wahre Brüderlichkeit der aktiven Kommunisten, das Falschgeld unserer ideologischen Reden: das alles, woraus mein Leben bestand, was auch der tragische Horizont dieses Jahrhunderts gewesen sein wird, das alles erscheint heute verstaubt: veraltet und lachhaft.

Doch ich muß diese Vergangenheit erwähnen, wenn auch nur kurz, um der Lesbarkeit dieses Berichts, seiner moralischen Klarheit willen. Im übrigen der beste Augenblick, sie zu erwähnen.

Denn es fügt sich, daß ich in meinem Gedächtnis zwischen dem Monat Mai 1964 in Salzburg und dem Monat Januar 1956 in Zürich reise: die Verbindung ist das Bild von Milena Jesenská, wie es in den Briefen erscheint, die Kafka ihr schrieb. Gleich nach diesem Januar 1956, anläßlich des XX. Parteitags der Kommunistischen Partei Rußlands, wird die Geschichte umkippen. Zumindest wird sie anfangen umzukippen. Auch in Spanien. Im Februar, bei meiner Rückkehr von meiner Reise nach Prag und Bukarest, über die ich kurz sprechen werde, wird es den illegalen kommunistischen Studentenorganisationen, zu deren Bestehen ich – zweifellos entscheidend – seit zwei Jahren beigetragen hatte, gelungen sein, die Universität von Madrid und sodann die Straße in Bewegung zu bringen, was zur ersten schweren Krise des franquistischen Regimes führte.

Ein ausgezeichneter Augenblick, wie man zugeben wird, diese politische Vorgeschichte, diese letzte Periode scheinbarer Immobilität des kalten Kriegs zu erwähnen: Packeis auf dem Ungestüm einer bereits vom Tauwetter angeschwollenen Strömung.

Andererseits kommt auch der Augenblick des Schreibens selbst, die unmittelbare Gegenwart, in die sich die Wörter, die Sätze, die Streichungen, die Wiederholungen und die Patzer des Textes einschreiben, nicht ungelegen. Das vorliegende Buch, das in einem Taumel des Gedächtnisses am 11. April 1987 unverhofft geboren wurde – wenige Stunden, bevor ich am Radio die Nachricht vom Selbstmord Primo Levis hörte –, von diesem Buch korrigiere ich gerade eine letzte Fassung, sieben Jahre später, fast auf den Tag genau: in der Unruhe, die der Monat April von neuem in mir weckt.

Der Himmel ist gewittrig über den Ebenen und Wäldern des Gâtinais. Von meinem Fenster aus sehe ich die spiegelnde Fläche eines Teichs. Zweige eines Baums bewegen sich im aufkommenden Wind. Einem Nordwestwind heute. Dem Wind, der sich endlich über dem zerfallenen Imperium des Kommunismus erhoben hat. Während eines einzigen Menschenlebens wird es möglich gewesen sein, dem Aufstieg, dem Höhepunkt und dem Niedergang der Herrschaft des Kommunismus beizuwohnen.

Nicht einmal Goethe, der aufgrund seines langen Lebens die Möglichkeit hatte, das Ende des Ancien Régime, das widersprüchliche Wuchern des nachrevolutionären Europas, den Aufstieg und den Zusammenbruch des napoleonischen Reichs zu erleben, könnte sich rühmen, eine ähnliche Erfahrung gemacht zu haben. Trotz allem Reiz seines Gesprächs werden wir uns von ihm keinen Bären aufbinden lassen: das Reich Napoleons ist mit dem sowjetischen Reich nicht zu vergleichen.

Die Geschichte dieses Jahrhunderts wird also mit Feuer und Blut von der mörderischen Illusion des kommunistischen Abenteuers geprägt worden sein, das die reinsten Gefühle, die selbstlosesten Engagements, die brüderlichsten Regungen hervorgerufen haben wird, um mit dem blutigsten Fehlschlag, der niederträchtigsten und undurchdringlichsten sozialen Ungerechtigkeit der Geschichte zu enden.

Aber ich war Ende Januar 1956 in Zürich, Überbringer einer dringenden Botschaft.

Im engeren Führungskreis der Kommunistischen Partei Spaniens, zu dem ich damals gehörte, war eine ziemlich scharfe Diskussion über eine Frage der politischen Strategie ausgebrochen. Ich werde sie nicht in Einzelheiten schildern. Aus heutiger Sicht würden sie ohnehin läppisch oder unverständlich wirken: Palimpseste einer vergessenen Schrift. So läppisch sie sein mochten, worum es dabei ging, war ernst: es ging um die Macht innerhalb der Führungsinstanzen.

Aber es geht immer um die Macht, das wird man endlich eingesehen haben.

Mit einem Wort: die Führungsgruppe, die in Paris im Kreis um Santiago Carrillo arbeitete – der die illegalen Organisationen in Spanien kontrollierte, wo sich mein hauptsächliches Wirkungsfeld befand –, stand in einem Problem strategischer Analyse in Gegensatz zur alten

Garde der Partei, die sich in Prag und Bukarest um Dolores Ibárruri, die »Pasionaria«, scharte. Carrillo schickte mich in den Osten, um den Veteranen unseren Widerspruch vorzutragen und den Versuch zu machen, sie zur Einberufung einer erweiterten Sitzung zu bewegen, mit dem Ziel, eingehender darüber zu diskutieren.

In Zürich, auf dem Gehsteig der Bahnhofstraße, denke ich im Augenblick nicht an diesen heiklen Auftrag. Ich weiß, daß Carrillo mich vielleicht in den Krieg geschickt hat, daß er bei diesem Auftrag vielleicht einen leichten Reiter opfert, einen Neuling im Führungsapparat, jemanden, der nicht zum Harem gehört. Ich weiß auch, daß diese Besonderheit mir Trümpfe liefert: ich bin uninteressiert am dunklen Spiel der Macht zwischen den verschiedenen kommunistischen Generationen. Ich interessiere mich nur für Ideen und wäre daher überzeugender, weil überzeugter, als ein alter Apparatschik. Carrillo hat seinen Emissär nicht gedankenlos ausgewählt.

Aber daran denke ich im Augenblick überhaupt nicht.

Ich stehe vor dem Schaufenster einer Buchhandlung in der Bahnhofstraße, und ich betrachte verblüfft, entzückt, den weißen Umschlag eines Buchs von Franz Kafka, *Briefe an Milena*.

Mein Herz klopft, meine Hände zittern.

Ich drücke die Tür der Buchhandlung auf. Die Dame, die sich um mich kümmert, hat ein bezauberndes Lächeln, ein glattes, von grauem Haar umstrahltes Gesicht. Sie ist sichtlich erstaunt über meinen überschwenglichen Dank, als ich das Buch an mich nehme, das sie mir reicht. »Nein, kein Päckchen, danke, ich nehme es so, nochmals vielen Dank!« Sie lächelt mir zu, als ich mich, nachdem ich bezahlt hatte, von der Kasse entferne.

Auf dem Gehsteig der Bahnhofstraße frage ich mich flüchtig, was für ein Gesicht der Kassierer wohl machen wird, wenn er auf meiner Reisespesenabrechnung den Preis für den Band von Franz Kafka sieht. Wenn er vielmehr den Namen des Autors und nicht so sehr den Preis sieht, der im übrigen kaum der Rede wert ist. Wahrscheinlich werde ich Kafkas Namen nicht erwähnen, zweifellos werde ich behaupten, diese paar Schweizer Franken seien für den Kauf eines Bandes von Marx verwendet worden.

Zweifellos ist das einfacher.

Wie dem auch sei, in Zürich bin ich Milena Jesenská begegnet, im Januar 1956. Sie hat mir auf der ganzen Reise Gesellschaft geleistet.

Aber Ledig-Rowohlt hat sich soeben erhoben.

Es wird still in dem Saal, in dem das Galadiner für den Prix Formentor stattfindet. Rowohlt sagt ein paar liebenswürdige Worte, die mir gelten, dann kommt er auf mich zu, um mir ein Exemplar der deutschen Übersetzung der *Großen Reise* zu überreichen.

Ich müßte bewegt sein, es ist ein historischer Augenblick. Ich will sagen: für mich, in meiner Geschichte ist es ein besonderer Augenblick. Aber ich bin zerstreut, ich denke an eine Menge anderer Dinge, viele Gesichter tauchen in meinem Gedächtnis auf, es drängt sich ein wenig. Es gelingt mir nicht, mich auf diesen historischen Augenblick zu konzentrieren. Nach Ledig-Rowohlt wird Claude Gallimard an der Reihe sein. Und dann Giulio Eunaudi. Und Barney Rosset. Und George Weidenfeld. Zwölf der größten Verleger der Welt werden nacheinander auf mich zukommen und mir ein Exemplar der *Großen Reise* in ihrer jeweiligen Sprache überreichen.

Trotzdem gelingt es mir nicht, mich auf diesen historischen Augenblick zu konzentrieren. Ich fühle, daß ich ihn verpassen werde, daß er vorübergehen, sich verflüchtigen wird, noch bevor ich ihn zur Kenntnis genommen habe. Bevor ich seine substantiellen und schmackhaften Säfte ausgekostet habe. Ich bin für historische Augenblicke wohl nicht begabt.

Aufs Geratewohl, damit sich mir der Kopf nicht dreht, um mich von den schmeichelhaften Worten, dem Beifall, dem strahlenden Lächeln der Freunde, die sich im Saal befinden, nicht berauschen zu lassen, sage ich mir mit leiser Stimme den Text der Lesenotiz auf, die Jean Paulhan zu dem Manuskript meines Romans geschrieben hat.

Übrigens brauche ich dazu nicht lange. Es ist eine sehr kurze Notiz. So kurz, daß ich mich genau daran erinnere, daß ich sie auswendig kenne. So knapp, daß Paulhan nicht einmal das ganze Blatt benötigte, um sie zu schreiben. Sparsam mit seiner Zeit, seinen Wörtern und seinem Papier, hat Paulhan ein Blatt von herkömmlichem Format in vier Teile zerschnitten und seine Notiz zur *Großen Reise* auf eines dieser Viertelblätter geschrieben. Es läßt sich leicht feststellen, daß es mit der Schere zerschnitten worden ist, sehr sorgsam zwar, aber mit den dabei unvermeidbaren Unregelmäßigkeiten.

Auf den oberen Teil dieses Viertelblattes hat Jean Paulhan meinen Namen und den Titel des Manuskripts geschrieben: *Die große Reise*. Er hat diese Informationen unterstrichen und dann, mit seiner gepflegten, runden, sehr leserlichen Schrift seine Meinung zu dem Buch formuliert:

»Es handelt sich um die Reise, die die zusammengepferchten Deportierten nach Deutschland bringt. Die Gespräche des Autors mit seinem Nebenmann, dem ›Jungen aus Semur‹, sind ausgezeichnet. Leider stirbt der Junge aus Semur vor der Ankunft, und das Ende der Erzählung ist blasser. Nichts Herausragendes. Auch nichts Abscheuliches in diesem ehrlichen Bericht.«

Diese Notiz ist am Ende mit einer Zahl versehen, einer

ziemlich großen 2, die zweifellos einem Verlagscode entspricht, dessen Bedeutung mir unbekannt ist. Soll diese 2 heißen, daß es sich empfiehlt, dieses Manuskript zu veröffentlichen? Oder weder ja noch nein? Soll sie bedeuten, daß man durchaus darauf verzichten kann?

Ich weiß es nicht. Aber ich wiederhole mir im stillen, inmitten des Getöses der Zeremonie, die Worte von Jean Paulhan. Nur damit sich mir der Kopf nicht dreht, damit ich mit den Füßen auf der Erde bleibe. Diese Übung in Bescheidenheit wird mich freilich nicht davon abhalten anzumerken, daß die Gespräche des Autors mit dem Jungen aus Semur ausgezeichnet sind, Paulhan *dixit*. Zu betonen, daß der Junge aus Semur erst am Ende des Buchs stirbt und daß Paulhans Bedauern (»Leider stirbt der Junge aus Semur vor der Ankunft, und das Ende der Erzählung ist blasser«) lediglich wenige Seiten betrifft.

Paulhans Komplimente sind um so tröstlicher, als der Junge aus Semur eine Romanfigur ist. Ich habe den Jungen aus Semur erfunden, damit er mir Gesellschaft leiste, als ich diese Reise in die geträumte Wirklichkeit des Schreibens noch einmal angetreten bin. Zweifellos um mir die Einsamkeit zu ersparen, die ich während der wirklichen Reise von Compiègne nach Buchenwald erlebt hatte. Ich habe den Jungen aus Semur erfunden, ich habe unsere Gespräche erfunden: die Wirklichkeit braucht oftmals die Erfindung, damit sie wahr wird. Das heißt wahrscheinlich. Damit sie den Leser überzeugt und bewegt.

Der Schauspieler, der in dem Fernsehfilm, den Jean Prat nach dem Roman gedreht hatte, die Rolle des Jungen aus Semur spielte, hätte es lieber gesehen, daß seine Figur real gewesen wäre. Er war verwirrt, fast traurig, daß dem nicht so war. »Ich hätte Ihnen auf dieser Reise gern wirklich Gesellschaft geleistet«, sagte mir Jean Le

Mouël, Fiktion und Realität durcheinanderbringend. Aber Brüderlichkeit ist nicht nur eine Gegebenheit der Realität. Sie ist auch, vielleicht vor allem, ein Bedürfnis der Seele: ein zu entdeckender, zu erfindender Kontinent. Eine zutreffende und warme Fiktion.

Doch nicht Jean Paulhan lenkt mich von diesem historischen Augenblick ab, in dem man mir die zwölf Ausgaben der *Großen Reise* überreichen wird: das fehlte gerade noch!

Was mich ablenkt, und die Schuld daran trägt indirekt eine junge Frau tschechischer Herkunft, die George Weidenfeld begleitet, ist die Erinnerung an eine Reise mit Milena, im Januar 1956. Oder vielmehr mit den *Briefen an Milena* von Franz Kafka.

In Prag hatte ich in jenem Jahr Vicente Uribe und Enrique Líster, zwei historische Chefs, zwei Dinosaurier des spanischen Kommunismus, unsere Meinungsverschiedenheiten mit der alten Garde vorgetragen. Verblüfft, daß die Pariser Gruppe einen politischen Text mißbilligte, den sie selber mit der »Pasionaria« ausgearbeitet hatten, verwirrt von meiner Beharrlichkeit, die sie wohl für einigermaßen arrogant hielten, hatten sie beschlossen, die Sache der unanfechtbaren Autorität eben dieser »Pasionaria« anheimzustellen: sie sollte in letzter Instanz entscheiden, wie mit dieser Abweichung zu verfahren sei.

Nun fügte es sich aber, daß Dolores Ibárruri, die ich weiß nicht von welchem Kongreß in Ostberlin im Sonderzug der rumänischen Delegation zurückfuhr – in jenem Jahr hatte Dolores ihr Winterquartier in Bukarest aufgeschlagen –, am nächsten Tag durch den Prager Bahnhof kommen würde. Es wurde also beschlossen, daß auch ich diesen offiziellen Zug nehmen sollte, falls

die Rumänen damit einverstanden wären, um die »Pasionaria« nach Bukarest zu begleiten, ihr unterwegs die Kritik der Carrillo-Gruppe zu unterbreiten und auf ihre
Entscheidung oder ihr Verdikt zu warten, das ich bei
meiner Rückkehr dem Pariser Kern des Politbüros der
KPS übermitteln sollte.

So geschah es.

Wenn ich am 1. Mai 1964 nicht in Salzburg auf dem
Galadiner des Prix Formentor wäre; wenn ich in diesem
Augenblick, nach Ledig-Rowohlt und Claude Gallimard, nicht Guilio Eunaudi sähe, der auf mich zu-
kommt, um mir ein Exemplar der italienischen Ausgabe
der *Großen Reise* zu überreichen, dann würde ich zweifellos die sich bietende Gelegenheit für eine Abschweifung anläßlich der Reise von Prag nach Bukarest nutzen.
Aber ich werde mir diese Abschweifung verkneifen, so
brillant sie hätte ausfallen können, ebenso wie ich mir
vorhin einen Exkurs über Kafka verkniffen habe.

Ich will nur soviel sagen, daß die Reise endlos war, da
die Durchschnittsgeschwindigkeit des Sonderzugs sech-
zig Kilometer in der Stunde nicht überschritt. Ich werde
nur soviel sagen, daß die Reise aufregend war. Das heißt,
daß sie in gewisser Hinsicht sterbenslangweilig war, aber
ich erfuhr aufregende Dinge über die Funktionsweise der
kommunistischen Nomenklatura.

In dem luxuriösen Einzelabteil des rumänischen Sonderzugs, das mir zugewiesen worden war, hatte ich Zeit,
in Muße die Briefe von Franz Kafka an Milena Jesenská
zu lesen.

Später, wenn es vorkam, daß ich die Gründe analy-
sierte, die mich davon abgehalten haben, dem kommunistischen Schwachsinn zu erliegen – zumindest ihm völlig
zu erliegen –, schien es mir immer, als wäre die Lektüre
Kafkas einer dieser Gründe, und nicht der geringste. Gewiß nicht nur die Lektüre Kafkas. Die Lektüre im allge-

meinen. Insbesondere bestimmte schädliche Lektüren. Darunter die von Franz Kafka.

Weder durch Zufall noch aus einer despotischen Laune heraus war die Lektüre Kafkas während der gesamten stalinistischen Periode in der Tschechoslowakei verboten, zumindest suspekt oder durch das Fehlen von Ausgaben seiner Werke praktisch unmöglich gemacht worden. Es ist auch kein Zufall, daß sich die ersten noch zaghaften Anzeichen des kurzen Prager Frühlings anläßlich des internationalen Kafka-Kolloquiums gezeigt haben, das nach so vielen Jahren der Verfemung 1963 in dieser Stadt veranstaltet wurde.

Denn Kafkas Schreibweise führt auf den Weg des am wenigsten emphatischen, kraft angestauter Transparenz undurchdringlichsten Imaginären unaufhörlich auf das Territorium der historischen oder gesellschaftlichen Wirklichkeit zurück, sie dabei läuternd und mit unerbittlicher Gelassenheit entschleiernd.

Im Jahre 1883 geboren, dem Todesjahr von Karl Marx, 1924 gestorben, dem Todesjahr von Lenin, wird Kafka den historischen Realitäten seiner Zeit niemals ausdrücklich Rechnung getragen haben. Sein *Tagebuch* ist in dieser Hinsicht von schwindelerregender Leere: keinerlei Widerhall von dem Schall und Wahn der Welt scheint sich darin niederzuschlagen. Dennoch führen alle seine Werke, obgleich mit dem Rücken zu den Problemen und Dringlichkeiten der historischen Umwelt geschrieben, in Splittern und Bruchstücken schmerzhaft einem Eisblock von irrealer Kohärenz entrissen, irreal zumindest in seinem Wesen und unabhängig von der trügerisch naturalistischen Form seiner äußeren Erscheinung – alle seine Texte führen zur Dichte, Undurchdringlichkeit, Unsicherheit, Grausamkeit des Jahrhunderts zurück, das sie auf entscheidende Weise erhellen. Und nicht oder nicht nur, weil Kafka in der verwirrenden Bescheidenheit seines erzählerischen Unternehmens zum Kern selbst, zum metaphysischen Kern des menschlichen Daseins vorstößt, zu seiner zeitlosen Wahrheit.

Kafkas Werk ist nicht in dem Sinn zeitlos, als es über dem Getümmel der Zeiten schwebte; es hat Ewigkeitswert, was etwas ganz anderes ist. Aber es ist sehr wohl dieser Zeit zugehörig, undenkbar außerhalb dieser Zeit, die es indes unaufhörlich und überall transzendiert.

In dem ihm eigenen Register, dem der Literatur und nicht der soziologischen Analyse, steht Kafkas Werk unleugbar gleichrangig neben dem von Max Weber und Robert Michels, um nur von den beiden Autoren zu sprechen, die bestrebt waren, die Geheimnisse des bürokratischen gesellschaftlichen Lebens zu durchleuchten.

Während dieser ganzen Zeit führten mich also Franz Kafkas Fiktionen in die Realität der Welt zurück, indes die in den theoretischen oder politischen Reden des Kommunismus ständig beschworene Realität nur eine Fiktion war, eine zweifellos zwingende, manchmal erstickende Fiktion, die sich jedoch mehr und mehr jeglicher konkreten Verankerung, jeder Wahrheit des Alltags entledigte.

Wie dem auch sei, während der endlosen Fahrt des Sonderzugs von Prag nach Bukarest habe ich einen großen Teil meiner Zeit mit Kafka und Milena verbracht, in jenem Januar 1956, wenige Wochen bevor der XX. Parteitag der KPdSU, noch bruchstückhaft und mit äußerster dialektischer Vorsicht, die kafkasche Realität des stalinistischen Universums zu enthüllen begann.

Ich verließ mein Abteil mehrmals am Tag. Zu den Mahlzeiten, wo ich in dem luxuriösen Speisewagen die »Pasionaria« und ihre rumänischen Gastgeber traf, deren ranghöchster und mächtigster ein gewisser Chivu Stoica war, ein fast kahlköpfiger und gutmütig – vielmehr bäurisch – wirkender, jedoch von einem Schwarm schleimiger Kriecher umgebener Mann. Alle Rumänen, die ihm bei Tisch Gesellschaft leisteten, lachten schallend bei jeder der traurig banalen Anekdoten, die er zum besten gab, gerieten in Verzückung beim Bericht seiner Erinnerungen eines kämpfenden Arbeiters.

Ich muß sagen, daß die »Pasionaria« das alles mit gelangweilter Miene beobachtete, mit einer Ungeduld, die sich in ihren wiederholten Gesten, ihre Frisur in Ordnung zu bringen, bemerkbar machte. Aber vermutlich verstimmte sie nicht so sehr das speichelleckerische Ritual dieser kein Ende nehmenden Mahlzeiten mit ihrer Abfolge von raffinierten Speisen und starken Getränken. Zweifellos lag es daran, daß sie nicht der Meinung war, daß Chivu Stoica soviel Wind und Lob verdiente. Sobald die Aufmerksamkeit sich nämlich ihr zuwandte, und das war häufig der Fall, sobald sie ihrerseits mit Erinnerungen aus dem spanischen Bürgerkrieg – der Zeit ihrer weltweiten Berühmtheit – aufwarten konnte, fand die »Pasionaria« Lächeln, Schwung und Beredsamkeit wieder, um uns mit bald pittoresken, bald heroischen Anekdoten zu füttern, in denen sie natürlich die Hauptrolle spielte.

Aber ich kann diese Fahrt durch Mitteleuropa im Sonderzug einer rumänischen kommunistischen Delegation im Januar 1956 nicht weitererzählen.

Im Speisesaal des Salzburger Schlosses hat sich soeben Carlos Barral erhoben, um mir ein Exemplar der spanischen Ausgabe der *Großen Reise* zu bringen. Ich mache mir die Tatsache zunutze, daß Barral an einem weit von dem meinen entfernten Tisch sitzt und daher ein paar Sekunden benötigen wird, den großen Speisesaal zu durchqueren, um einen vorläufigen Schluß zu ziehen.

Um zu sagen, daß das Wichtigste an dieser Reise, alles in allem das allein wirklich Wichtige, die Entdeckung Milenas gewesen sein wird. Oder vielmehr, genauer, die Entdeckung Milenas über Kafkas Leidenschaft für sie.

»Es fällt mir ein, daß ich mich an Ihr Gesicht eigentlich in keiner bestimmten Einzelheit erinnern kann. Nur wie Sie dann zwischen den Kaffeehaustischen weggingen, Ihre Gestalt, Ihr Kleid, das sehe ich noch.«

Anhand dieser flüchtigen undeutlichen Erscheinung einer sich im Lärm eines Prager Kaffeehauses bewegenden Gestalt hat Franz Kafka das literarische, luftige, prachtvolle und ergreifende Gebäude einer sterilen, zerstörerischen Liebe errichtet, die sich ausschließlich von der Abwesenheit, der Distanz, dem Mangel nährte; sich traurig und elend bei jeder wirklichen Bewegung, bei jedem Augenblick körperlicher Anwesenheit auflöste. Ein so prachtvolles und ergreifendes literarisches Gebäude, daß Generationen von Lesern – vor allem Leserinnen, da Frauen von Stand allzu häufig die unselige Angewohnheit haben, die Fleischeslust abzuwerten, sie für untergeordnet, ja sogar schmutzig zu halten, um dagegen die geistige Lust einer intensiven, jedoch schmerzhaften, von der Glückseligkeit des Scheiterns und der Unvollständigkeit transzendierten Beziehung zu verklären – und eine Menge ergriffener Scholiasten sich einig waren, diese Übung oder diesen literarischen Exorzismus für bare Liebe zu nehmen, sie als erhabenes Beispiel hinstellten, diese vergeistigte, irrsinnig narzißtische, dem anderen gegenüber brutal gleichgültige Leidenschaft: gleichgültig gegen den Blick, das Gesicht, die Lust, sogar das Leben des anderen ...

Aber Carlos Barral ist an meinen Tisch gekommen. Er überreicht mir ein Exemplar der spanischen Ausgabe meines Buchs, *El largo viaje*.

Ich kehre in die angenehme Gegenwart des Galadiners in Salzburg am 1. Mai 1964 anläßlich der Verleihung des Prix Formentor zurück. Ich vergesse für einen Augenblick Milena Jesenská. Ich erhebe mich, um Carlos Barral zu begrüßen, ihn in die Arme zu schließen und sodann aus seinen Händen ein Exemplar meines Buches zu empfangen.

Aber ich bin nicht fröhlich.

Das heißt, hinter der offenkundigen Freude dieses Augenblicks überfällt mich tiefe Traurigkeit. »Traurigkeit« ist vielleicht nicht das richtige Wort. Ich weiß, daß sich in diesem Augenblick mein Leben ändert: daß ich mein Leben ändere. Das ist keine theoretische Aussage, keine Schlußfolgerung einer psychologischen Introspektion. Es ist ein physischer Eindruck, eine körperliche Gewißheit. Als träte ich im Verlauf eines langen Spaziergangs plötzlich aus dem Schatten eines Waldes in die Sonne eines Sommertags. Oder umgekehrt. Kurz, ich ändere mein Leben, so wie man aus dem Schatten in die Sonne oder aus der Sonne in den Schatten tritt, in einem präzisen Augenblick, der einen physischen, hautnahen Unterschied einführt, einen winzigen, aber radikalen Unterschied zwischen dem Vorher und dem Nachher, zwischen der Vergangenheit und der Zukunft.

In dem Augenblick, in dem Barral mir das spanische Exemplar der *Großen Reise* übergeben haben wird, in dem Augenblick, in dem ich den Band in der Hand halten werde, wird sich mein Leben verändert haben. Und man ändert sein Leben nicht ungestraft, vor allem nicht, wenn die Veränderung in der Helligkeit, im scharfen Wissen um das Ereignis, um die Heraufkunft einer anderen Zukunft, im radikalen Bruch mit der Vergangenheit vonstatten geht, gleich was sie einem sonst noch vorbehält.

Denn einige Wochen vor dieser Zeremonie des Prix

Formentor, in einem anderen Schloß, das nicht wie das von Salzburg denen zu Hohenlohe gehört hatte, sondern den einstigen böhmischen Königen, hatte eine lange Sitzung der Führung der Kommunistischen Partei Spaniens stattgefunden, an deren Ende ich aus dem Exekutivkomitee ausgeschlossen worden war. Ein Verfahren, dessen Ausgang keinem Zweifel unterlag, war für meinen endgültigen Ausschluß aus der Partei eingeleitet worden. Aber ich will diese Episode hier nicht schildern.

Nicht aus Zeitmangel werde ich sie nicht schildern, auch wenn Carlos Barral bereits an meinem Tisch steht und mir ein Exemplar meines Romans reicht. Denn ich bin derjenige, der schreibt, ich bin der allmächtige Gott der Erzählung. Wenn es mir Spaß machen würde, könnte ich Carlos Barral in seiner gegenwärtigen Pose erstarren lassen, ich könnte ihn in ein Präsens bannen, das so lange dauern würde, wie es mir gefiele. Barral würde hier stehenbleiben, ohne sich zu rühren, mit einem Lächeln auf dem Gesicht, das in dieser Reglosigkeit am Ende einfältig wirken würde, in Erwartung meiner Bereitwilligkeit als Erzähler. In Erwartung, daß ich diese Sitzung des Exekutivkomitees der Kommunistischen Partei Spaniens in einem ehemaligen Schloß der böhmischen Könige zu Ende erzählt hätte.

Aber ich werde nichts dergleichen tun. Ich werde diese Episode meines Lebens, die mein Leben verändert hat, nicht erzählen. Die mich in gewisser Weise dem Leben zurückgegeben hat. Erstens habe ich das bereits getan: man kann sie in dem Buch nachlesen, das sich mit ihr befaßt, in *Federico Sánchez. Eine Autobiographie.* Und zweitens interessiert das niemanden mehr. Ich bin der erste, der sich für diese Episode nicht mehr interessiert. Die Tatsache, daß ich 1964 im Recht gewesen bin, wie es die Geschichte zur Genüge bewiesen hat, ist nicht mehr von Interesse: es ist ein historisch unproduktives Recht.

Selbst wenn mein Rechthaben sich in unseren Diskussionen damals durchgesetzt hätte, wenn es das Spiel gewonnen hätte, selbst wenn die Mehrheit des Exekutivkomitees – eine völlig absurde Hypothese – uns Recht gegeben hätte, Fernando Claudín und mir, so hätte das nichts genützt. Nur dazu, im Recht gewesen zu sein, uns mit dieser Tatsache trösten oder begnügen zu können. Aber die Geschichte hätte sich darum nicht einen Deut verändert. Im übrigen hat mir die Tatsache, daß ich 1964 bei der Diskussion geschlagen, ausgeschlossen, in die äußere Finsternis gestoßen worden war, viele Jahre unproduktiver Illusion erspart, Jahre fruchtloser Kämpfe für die Erneuerung und Reform des Kommunismus, der seinem Wesen, seiner historischen Natur nach unfähig ist, sich zu erneuern, der nicht zu reformieren ist.

Carlos Barral steht vor mir. Er reicht mir ein Exemplar meines Buchs in spanischer Sprache, *El largo viaje*. Er sagt mir etwas, was ich nicht sofort verstehe. Was ich nicht wirklich begreife. Ich bin noch in meinen Prager Erinnerungen versunken, in den inneren Bildern meines letzten Spaziergangs in Prag, ein paar Wochen zuvor.

Am Ende der Diskussion des Exekutivkomitees der KPS hatte Dolores Ibárruri, die »Pasionaria«, das Urteil verkündet. In wenigen Sätzen hatte sie uns, Claudín und mich, buchstäblich exekutiert. Ihr letztes Wort – und damit meinte sie zweifellos alle unsere Irrtümer zu erklären – hatte sie darauf verwendet, uns »intellektuelle Wirrköpfe« zu nennen *(intelectuales con cabeza de chorlito)*.

Dann machte Carrillo den Vorschlag, daß wir beide in der Tschechoslowakei oder in einem anderen Land des Ostens bleiben sollten. Auf diese Weise könnten wir, während das Zentralkomitee die erörterten Fragen prüfe und die uns gegenüber getroffenen Sanktionen unterschreibe, unsere Zeit einer selbstkritischen Betrachtung widmen, in einer angemessenen Umgebung.

Natürlich lehnten wir ab. Zum einen sei es wenig wahrscheinlich, daß wir in Anbetracht des Inhalts der Meinungsverschiedenheit zu einer selbstkritischen Betrachtung aufgelegt wären. Zum anderen seien wir nicht der Ansicht, daß die Umgebung des real existierenden Sozialismus die angemessenste sei, in keiner Weise. Was mich betraf, so fügte ich hinzu, daß man mich in einigen Wochen in Salzburg erwarte, um mir den Prix Formentor zu überreichen, und daß meine Abwesenheit für einigen Wirbel sorgen würde.

Unsere Ablehnung wurde mit verdrießlichem Schweigen zur Kenntnis genommen. Aber die Zeiten hatten sich geändert, es war unmöglich, uns zu disziplinarischem Gehorsam zu zwingen, *perinde ac cadaver*. Trotz dem Rückgang der aus dem XX. Parteitag hervorgegangenen Reformbewegung waren bestimmte Dinge nicht mehr möglich.

Da die Männer des Apparats meine Abreise nicht verhindern konnten, nahmen sie schäbige Rache: man gab mir lediglich ein Flugticket nach Rom und keinen Groschen Reisegeld. Sollte ich doch sehen, wie ich zurechtkäme, um nach Paris zu gelangen. Ich kam sehr gut zurecht: ich hatte genügend Freunde in den Führungskreisen der Kommunistischen Partei Italiens, so daß die Weiterreise kein Problem war.

In Prag hatte ich am letzten Tag mit der beklemmenden Befürchtung, sie nie wiederzusehen, die Lieblingsstätten meines Gedächtnisses der Stadt durchstreift.

So war ich zum Grab von Franz Kafka gegangen, auf dem neuen jüdischen Friedhof von Strašnice. Ich hatte mir ein Bild von Renoir angeschaut, das in der Nationalgalerie innerhalb der Burg hing. Ich hatte dieses Bildnis einer lachenden goldbraunen jungen Frau oft betrachtet.

Ich war bezaubert von der Bewegung ihres Halses, der Falte des Stoffs auf ihrer Schulter, der Weiße dieser erahnten Schulter, der festen Rundung der Brust unter diesem Stoff.

Einmal, 1960, während einer meiner Aufenthalte in Prag, war mir vor diesem Bild von Renoir plötzlich die Idee gekommen, daß Milena Jesenská es zweifellos hatte betrachten müssen. Diese Erinnerung an Milena war vier Jahre später erneut aufgetaucht, auf meinem letzten Spaziergang durch Prag. Ich hatte mich an die Erregung erinnert, die über mich gekommen war, als ich mir vorstellte, daß Milena wahrscheinlich mehr als einmal an eben diesem Platz gestanden hatte, reglos, das Bild von Renoir betrachtend. Ich hatte mich an eine Erinnerung an Schnee erinnert, der im Licht der Scheinwerfer glitzerte, eine stechende Erinnerung, die wie ein eisiges Feuer bei der Erinnerung an Milena selbst aufgebrochen war: an Milena Jesenská, umgekommen im Konzentrationslager Ravensbrück. Ich hatte mich an diese Erinnerung an Schnee erinnert, der auf Milena Jesenskás Asche fiel. Ich hatte mich an Milenas Schönheit erinnert, die vom Wind zerstreut worden war, mit dem Rauch des Krematoriums.

Und dann, um die Reise durch meine Prager Erinnerungen zu beenden, da ich nicht wußte, wann ich zurückkommen würde – falls eine Rückkehr zu meinen Lebzeiten überhaupt möglich war –, hatte ich noch einmal den alten jüdischen Friedhof von Pinkas und die angrenzende Synagoge aufgesucht.

Dort, zwischen den verschachtelten Grabsteinen, in der Stille dieses Orts der Ewigkeit, hatte ich an den fernen Morgen des Monats August 1945 in der Rue Schœlcher bei Claude-Edmonde Magny gedacht. Etwa zwanzig Jahre später hatte ich mich an unser Gespräch erinnert, an den langen Brief über das Vermögen zu schreiben, den sie mir vorgelesen hatte. Zwischen den Grabsteinen von Pinkas hatte ich gedacht, daß ich wenige Wochen später in Salzburg den Prix Formentor erhalten würde, für das Buch, über das wir an jenem fernen Tag gesprochen hatten und das zu schreiben ich fast zwanzig Jahre gebraucht hatte.

Aber ich werde Carlos Barral nicht länger warten lassen.

Er steht seit unbestimmter Zeit an meinem Tisch, das spanische Exemplar meines Romans in der Hand. Ein erstarrtes Lächeln auf den Lippen. Ich werde Carlos Leben, Farben und Bewegung zurückgeben. Ich werde sogar den Worten lauschen, die er mir, bisher vergeblich, zu sagen versucht. Das ist sehr großmütig von mir: ein Gott der Erzählung erteilt den Nebenpersonen seines Berichts nicht gern das Wort, aus Furcht, daß sie es mißbrauchen, ihren Kopf durchsetzen, sich für Protagonisten halten und damit den Ablauf der Erzählung stören.

Carlos Barral erklärt mir, was es mit dem Buch auf sich hat, das er in der Hand hält und das er mir überreichen wird.

Es ist nämlich so, daß die franquistische Zensur die Veröffentlichung der *Großen Reise* in Spanien verboten hat. Seit mir vor einem Jahr der Prix Formentor zuerkannt worden ist, haben die Dienststellen von Fraga Iribarne, dem Informationsminister General Francos, eine Hetzkampagne gegen mich geführt; haben die Verleger angegriffen, aus denen sich die internationale Jury zusammensetzt – insbesondere den Italiener Guilio Einaudi –, weil sie einen Gegner des Regimes ausgezeichnet hatten, ein Mitglied der »kommunistischen Diaspora«. Infolgedessen war Barral gezwungen gewesen, das Buch in Mexiko drucken zu lassen, auf dem Umweg einer Gemeinschaftsausgabe mit Joaquin Mortiz. Da diese Ausgabe noch nicht fertig war, würden erst in einigen Wochen Exemplare zur Verfügung stehen.

Um dennoch das Ritual der Übergabe eines Bandes an den prämierten Autor vollziehen zu können, hat Barral ein einziges Exemplar meines Romans herstellen lassen. Das Format, der Einband, die Seitenzahl, der illustrierte Schutzumschlag: alles entspricht dem Muster der künftigen mexikanischen Ausgabe. Von einem Detail abgesehen: die Seiten meines heutigen Exemplars sind weiß, unberührt von jedem Druckzeichen.

Carlos Barral blättert vor meinen Augen in dem Buch, um mir seine makellose Weiße zu zeigen.

Endlich überkommt mich Rührung.

Der einzigartige Augenblick, den versäumt zu haben ich glaubte, dessen Sinn zu erfassen ich mich für außerstande hielt, der mir durch die Finger geronnen war wie Wasser, Sand, Rauch, erhält wieder eine schillernde Dichte.

Er wird erneut zu einem einzigartigen Augenblick. Am 1. Mai 1945 war ein Schneegestöber auf die roten Fahnen des traditionellen Umzugs niedergegangen, genau in dem Moment, wo eine Schar Deportierter in gestreiftem Anzug die Place de la Nation erreichte. In diesem Augenblick, an jenem ersten Tag des wiedergekehrten Lebens, schien mich der wirbelnde Schnee daran zu erinnern, daß er für immer die Gegenwart des Todes bedeuten würde.

Neunzehn Jahre später, eine Generation später, am 1. Mai 1964 in Salzburg, war der Schnee von einst erneut auf mein Leben gefallen. Er hatte die gedruckten Spuren des Buchs gelöscht, das ich in einem Zug, ohne Atem zu holen, in Madrid geschrieben hatte, in einer illegalen Wohnung in der Calle Concepción Bahamonde. Der Schnee von einst bedeckte die Seiten meines Buchs, begrub sie unter einem flockigen Leichentuch. Der Schnee tilgte mein Buch, zumindest in seiner spanischen Fassung.

Das Zeichen war einfach zu interpretieren, die Lehre leicht zu ziehen: noch war nichts mir sicher. Dieses Buch, das schreiben zu können ich fast zwanzig Jahre gebraucht hatte, verflüchtigte sich von neuem, kaum daß es beendet war. Ich würde es neu beginnen müssen: eine endlose Aufgabe, zweifellos, die Übersetzung der Erfahrung des Todes.

Von allen Exemplaren der *Großen Reise*, die ich an jenem Abend bereits erhalten hatte und noch erhalten würde, war das spanische das schönste. In meinen Augen das bedeutsamste wegen der schwindelerregenden Leere, der unschuldigen und perversen Weiße seiner neuzuschreibenden Seiten.

Carlos Barral hat sich soeben von meinem Tisch entfernt. Es ist die Reihe an Barney Rossett von Grove Press, mir ein Exemplar der amerikanischen Ausgabe des Romans zu bringen.

Ich durchblättere mit Wollust die weißen Seiten des spanischen Bandes, während Barney Rossett näherkommt.

Der Schnee von einst hat nicht irgendeinen Text bedeckt, sage ich mir. Er hat nicht irgendeine Sprache begraben, unter all denen, die hier vertreten sind. Weder die englische noch die deutsche, noch die schwedische, noch die finnische, noch die portugiesische, und so weiter, bis das Dutzend voll ist. Er hat die ursprüngliche Sprache getilgt, die Muttersprache unter sich begraben.

Gewiß, indem die franquistische Zensur den Text meines Romans in seiner Muttersprache annullierte, hat sie sich darauf beschränkt, ein Ergebnis des Realen zu verdoppeln. Denn ich hatte *Die große Reise* nicht in meiner Muttersprache geschrieben.

Ich hatte sie nicht auf spanisch geschrieben, sondern auf französisch.

Dabei lebte ich damals die meiste Zeit in Madrid. Mit der Sprache meiner Kindheit hatte ich all die Kompliziertheit, die Leidenschaft, das Mißtrauen und den Hang zur Herausforderung wiedergefunden, die die Intimität einer Schreibweise begründen. Zudem wußte ich bereits (während die kleinen Gedichte, die Claude-Edmonde Magny so entzückten, nur noch eine Erinnerung waren, kaum eine Erinnerung: sie überlebten, andeutungsweise, nur in dem Text ihrer *Lettre sur le pouvoir d'écrire*, des Briefs, der mich auf meinen Reisen begleitete und den ich mitunter wiederlas; während das Theaterstück, das ich Ende der vierziger Jahre geschrieben hatte, *Soledad*, nur eine geheime Übung gewesen war, um mir selbst zu beweisen, daß ich nicht aus Unvermögen oder Faulheit, sondern aus Vorsatz nicht schrieb), ich wußte bereits, daß ich an dem Tag, an dem mir das Vermögen zu schreiben wiedergegeben würde – an dem ich es wieder in Besitz nähme –, meine Muttersprache würde wählen können.

Denn ebenso wie das Spanische war das Französische meine Muttersprache. Zumindest war sie es geworden. Ich hatte mir den Ort meiner Geburt, die Muttererde meiner ursprünglichen Sprache nicht ausgesucht. Diese Sache – Idee, Wirklichkeit –, für die man sich sosehr geschlagen hat, für die soviel Blut vergossen worden ist, der Ursprung, ist genau die Sache, die dir am wenigsten gehört, bei der dein eigener Anteil der zufälligste, gefährlichste ist: auch der dümmste. Dumm vor Dummheit und Bestialität. Ich hatte mir also weder meinen Ursprung noch meine Muttersprache ausgesucht. Oder vielmehr: ich hatte mir eine ausgesucht, das Französische.

Man wird einwenden, daß ich durch die Umstände des

Exils, der Entwurzelung dazu gezwungen worden war. Das stimmt nur zum Teil, zu einem sehr kleinen Teil. Wie viele Spanier haben die Sprache des Exils abgelehnt? Haben sie ihren Akzent, ihre sprachliche Fremdheit in der pathetischen, irrationalen Hoffnung bewahrt, sie selbst zu bleiben? Das heißt anders? Haben sie vorsätzlich den korrekten Gebrauch des Französischen instrumenteller Zwecke halber eingeschränkt? Ich für meinen Teil hatte das Französische, die Sprache des Exils, als andere Muttersprache gewählt. Ich hatte mir neue Ursprünge ausgesucht. Ich hatte das Exil zu einem Vaterland gemacht.

Kurz, ich hatte im Grunde keine Muttersprache mehr. Oder ich hatte ihrer zwei, was im Hinblick auf die Geschlechterfolgen eine heikle Angelegenheit ist, wie man einräumen wird. Zwei Mütter oder zwei Vaterländer zu haben vereinfacht das Leben nicht. Aber zweifellos neige ich nicht zu einfachen Dingen.

Jedenfalls hatte ich nicht der Einfachheit halber beschlossen, *Die große Reise* auf französisch zu schreiben. Es wäre mir ebenso leicht – falls sich eine solche Arbeit mit diesem frivolen Adjektiv bezeichnen läßt – oder ebenso schwer gefallen, es auf spanisch zu schreiben. Ich hatte es auf französisch geschrieben, weil ich diese Sprache zu meiner Muttersprache gemacht hatte.

Eines Tages, so sagte ich mir nach jenem Abend in Salzburg, eines Tages würde ich dieses Buch auf die weißen Seiten des einzigen Exemplars neu schreiben. Ich würde es auf spanisch neu schreiben, ohne die bestehende Übersetzung zu berücksichtigen.

– Keine schlechte Idee, hatte mir Carlos Fuentes kurz danach gesagt.

Es war in Paris, in einem Café in Saint-Germain-des-Prés.

– Übrigens, fügte er hinzu, hättest du die spanische

Fassung selber herstellen sollen. Du hättest nicht einfach übersetzt, du hättest dir erlauben dürfen, dich zu verraten. Deinen ursprünglichen Text zu verraten, um zu versuchen, weiterzugehen. Damit wäre ein ganz anderes Buch entstanden, anhand dessen du eine neue französische Fassung hättest herstellen können, ein neues Buch! Du sagst es ja selbst, diese Erfahrung ist unerschöpflich ...

Seine Folgerung hatte uns zum Lachen gebracht, an einem Tag in Paris mit Wolkenbrüchen, wie in einem Gedicht von César Vallejo.

– Damit hättest du, schloß Carlos Fuentes, den Traum eines jeden Schriftstellers verwirklicht: sein Leben lang ein einziges, immer wieder erneuertes Buch zu schreiben.

Wir hatten gelacht. Der strömende Regen schlug gegen die Scheiben des Cafés, in dem wir Unterschlupf gefunden hatten.

Aber ich habe diesen Plan nicht verwirklicht. Die Seiten des einzigen Exemplars, das Carlos Barral mir am 1. Mai 1964 in Salzburg überreicht hatte, sind weiß geblieben, unberührt von jedem Schriftzeichen. Also noch verfügbar. Ich mag ihr Omen und ihr Symbol: daß dieses Buch immer noch zu schreiben ist, daß diese Aufgabe unendlich, dieses Wort unerschöpflich ist.

Doch seit einiger Zeit weiß ich, was ich mit ihm machen, womit ich diese Seiten füllen werde. Ich werde auf diese weißen Seiten, für Cécilia Landman, die Geschichte von Jerzy Zweig schreiben, einem kleinen Kind aus Buchenwald.

Cécilia war drei Jahre alt, ich hielt sie in Armen, ich sagte ihr Gedichte auf. Das war die beste Art, sie abends zu beruhigen, ihre nächtlichen Ängste zu beschwichtigen, ihre Verweigerung des vernichtenden Schlafs.

Ich sagte ihr Ronsard, Apollinaire, Aragon auf. Ich

sagte ihr auch *Die Reise* von Baudelaire auf, es war ihr Lieblingsgedicht. Die Zeit verging, sie konnte es auswendig, sagte es gleichzeitig mit mir auf. Aber ich hatte immer vor der Strophe innegehalten, die mit »O Tod, alter Kapitän . . .« anfängt. Nicht nur, um den Fragen aus dem Weg zu gehen, die ihre Neugier aufwerfen würde. Vor allem deshalb, weil ich diese Strophe Maurice Halbwachs ins Ohr geflüstert hatte, als er auf der Pritsche von Block 56 in Buchenwald im Sterben lag.

Ich hielt das kleine Mädchen in meinen Armen, und es sah mich mit aufmerksamen, vertrauensvollen Augen an. Die Verse von Baudelaire waren für Halbwachs eine Art Sterbegebet gewesen. Ein Lächeln hatte sich auf seinen Lippen abgezeichnet, als er sie hörte. Aber ich hielt Cécilia in Armen, ich sagte ihr Baudelaire auf, und die Erinnerung verblaßte. Sie verwandelte sich vielmehr. Der Gestank, die Ungerechtigkeit, das Grauen des einstigen Todes schwanden, es blieb das Mitgefühl, ein scharfes, erschütterndes Gefühl von Brüderlichkeit.

Ich sagte dem kleinen Mädchen die Verse auf, die eine Aufforderung zur Reise des Lebens waren, und mir schien, daß das Gesicht von Halbwachs sich entspannte. In meiner Erinnerung schien ein großer Friede seinen Blick zu erleuchten, an jenem einstigen Sonntag. Ich hielt Cécilia Landman in Armen, meine strahlende kleine jüdische Viertelportion, in deren Herzen das Blut von Czernowitz pochte, der Geburtsstadt von Paul Celan, und die entsetzlichen Erinnerungen schienen sich zu beruhigen.

Für sie werde ich auf die weißen Seiten der *Großen Reise* die Geschichte von Jerzy Zweig schreiben, dem jüdischen Kind, das wir gerettet hatten, das ich in Wien wiedergefunden habe, Jahre später, in einem anderen Leben: dem Leben.

10

Rückkehr nach Weimar

– Nein, das hat er nicht hingeschrieben!

Der Mann hat mit fester, sogar kategorischer Stimme gesprochen, der indes jede Schrille fehlte: mit fast leiser Stimme. Als hätte die Wahrheit, die er in dieser negativen Form aussprach, keine laute Stimme, keinen schneidenden Ton nötig, um sich unwiderlegbar durchzusetzen.

Wir drehen uns zu ihm um.

Der Mann ist etwa vierzig Jahre alt, hat einen rötlichen Bart, einen aufmerksamen, aber diskreten, fast schüchternen Blick. Bisher war er eher wortkarg gewesen.

Unter dem Kreuzfeuer unserer erstaunten Blicke präzisiert er seine Information.

– Er hat nicht »Student« hingeschrieben, sondern etwas ganz anderes!

Der Mann hat *Student* gesagt. Denn er spricht deutsch, dieses Gespräch findet auf deutsch statt. Aber das ist normal, wir befinden uns nämlich in Deutschland.

Der Mann macht eine Handbewegung zur Innentasche seiner Jacke. Vielleicht wird er den Beweis für seine Information hervorholen, es sieht ganz danach aus.

Wir sehen ihn an, entgeistert.

Es war auf dem Appellplatz von Buchenwald, an einem Sonntag im März. Im Jahre 1992: siebenundvierzig Jahre nach meinem letzten Tag im Lager.

Ein paar Wochen zuvor hatte mich ein deutscher Journalist, Peter Merseburger, angerufen. Er bereitete eine Fernsehsendung über Weimar vor, eine Stadt der Kultur und des Konzentrationslagers. Er hatte den Wunsch, daß ich als einer der Hauptzeugen in dieser Erkundung der Vergangenheit auftrete. Natürlich was das Konzentrationslager betraf. Er schlug mir vor, ein Interview mit mir in Buchenwald selbst aufzunehmen.

Ich hatte sofort abgelehnt, ohne mir Zeit zum Nachdenken zu nehmen.

Ich war nie nach Weimar zurückgekommen, nie hatte ich Lust dazu verspürt. Ich hatte mich immer geweigert, wenn sich eine Gelegenheit dazu geboten hatte.

Aber in der folgenden Nacht hatte ich erneut von Buchenwald geträumt. In der Nacht weckte mich eine Stimme. Vielmehr ertönte eine Stimme in meinem Schlaf. Ich war noch nicht wach, ich wußte, daß ich schlief, daß ich den üblichen Traum träumte. Eine dunkle, männliche, verärgerte Stimme würde wie üblich sagen: *Krematorium ausmachen!* Aber nein. Die Stimme, die ich, bereits zitternd, bereits erstarrt, im Augenblick des Erwachens aus einem tiefen Schlaf erwartete, um in diesen qualvollen Traum einzutauchen, ließ sich nicht vernehmen. Es war eine Frauenstimme, ganz im Gegenteil. Eine schöne Frauenstimme, ein wenig heiser, goldbraun: die Stimme von Zarah Leander. Sie sang ein Liebeslied. Aber sie hat immer nur Liebeslieder gesungen, die schöne kupferne Stimme von Zarah Leander. Zumindest in Buchenwald, in der Lautsprecheranlage von Buchenwald, sonntags.

> *So stelle ich mir die Liebe vor,*
> *ich bin nicht mehr allein** ...

Ich hörte in meinem Traum die Stimme von Zarah Leander statt der erwarteten, üblichen, sich wiederholenden und durchdringenden Stimme des SS-*Sturmführers*, der befahl, das Krematorium auszumachen. Ich hörte sie ihr Liebeslied singen, wie an so vielen früheren Sonntagen in Buchenwald.

Da bin ich aufgewacht. Ich hatte die Botschaft verstanden, die ich mir selbst schickte, in diesem durchsichtigen Traum. So früh wie möglich würde ich Peter Merseburger in Berlin anrufen und ihm sagen, daß ich einverstanden sei. Daß ich gern nach Weimar käme, um mit ihm das gewünschte Interview zu machen.

Kurz, auf diesen verschlungenen Wegen – ein deutsches Fernsehprojekt, das ich weder angeregt oder initiiert hatte; ein fast zu leicht zu deutender Traum – befahl ich mir, das so lange, so oft hinausgeschobene Buch zu beenden: *L'écriture ou la mort,* Schreiben oder der Tod ...

Es war aus einer Halluzination meines Gedächtnisses entstanden, am 11. April 1987, dem Jahrestag der Befreiung von Buchenwald. Am Tag des Todes von Primo Levi: am Tag, an dem der Tod ihn eingeholt hatte. Ein Jahr später hatte ich es freudig liegenlassen, als Felipe González mich bat, in seiner Regierung mitzuwirken. Nach dieser kurzen Phase als Minister hatte ich es, nach einer gewissen Zeit, ein weiteres Mal liegenlassen, um ein Buch über meine Erfahrung im spanischen Kulturministerium zu schreiben, *Federico Sánchez verabschiedet sich.* Dieses Buch war nicht vorgesehen. Es war nicht einmal vorhersehbar: ich hatte beschlossen, erst ein paar Jahre später über dieses Thema zu schreiben.

Aber die Stimme von Zarah Leander rief mich zur Ordnung, sie lockte mich nach Buchenwald. Es war eine intelligente Stimme, wenn auch von jenseits des Grabes. Denn das einzige, was mich zwingen konnte, den so lange verdrängten Bericht zu beenden, bestand darin, mich tatsächlich nach Buchenwald zu locken.

In Roissy bin ich am Tag meines Abflugs nach Berlin Dany Cohn-Bendit begegnet. Eine verheißungsvolle Begegnung, dachte ich. Dany wurde im April 1945 geboren, genau zu der Zeit, als ich aus dem Tod zurückkehrte. Sein Leben begann, als das meine von neuem begann: die Tage, die mich Woche für Woche, Jahr für Jahr vom Tod entfernten, waren Tage, die sich seinem Leben hinzufügten. Außerdem wurde Dany Cohn-Bendit in Montauban geboren, einer Stadt, wo Ausländer dank einem Bürgermeister der Linken in den schwarzen Jahren Pétains Zuflucht fanden. Einer Stadt, Montauban, in der Manuel Azaña starb, der letzte Präsident der Republik, einer der größten spanischen Schriftsteller des 20. Jahrhunderts. Es liegt auf der Hand, daß all dies uns verband, all dieser Tod, all dieses Leben.

Die Begegnung war also verheißungsvoll.

Ich trat die Reise nach Weimar mit Thomas und Mathieu Landman an, meinen Enkeln durch Bande des Herzens. Eine Verwandtschaft, die so gut ist wie jede andere, sogar besser sein kann als jede andere. Aber das habe ich wohl schon gesagt. Habe ich auch gesagt, warum ich sie ausgewählt habe, mich zu begleiten?

Mit ihnen war es möglich geworden, die frühere Erfahrung, das Erlebnis jenes einstigen Todes heraufzubeschwören, ohne daß es anstößig oder mißglückt wirkte. Ein auf französisch zweifellos schockierender Ausdruck: *le »vécu« de la mort*, das klingt merkwürdig. Auf deutsch wäre es einleuchtend, was immer Ludwig Wittgenstein davon gehalten hätte: *das Erlebnis jenes Todes*[*]. Übrigens auch auf spanisch: *La vivencia de aquella antigua muerte*. Nur die französische Sprache hat kein aktives Substantiv, um die Erfahrung des Lebens zu bezeichnen. Man müßte einmal die Gründe dafür herausfinden.

Lag es daran, daß Thomas und Mathieu gut erzogen waren? Damit meine ich nicht – wie man hoffentlich verstanden haben wird – die gute Erziehung zu guten Manieren: ich meine die Erhebung des Geistes, seine Öff-

331

nung, wie das Beispiel, die Zärtlichkeit und die langjährige Ungeduld der Eltern sie lehren. Gut erzogen also zum Zuhören und zur Besorgnis, dazu, das Leben nicht einfach zu nehmen, wie es kommt, sondern es an sich zu reißen. Lag es daran, daß ein wenig – schicksalhaftes – jüdisches Blut aus Czernowitz in ihren Adern floß? Genügend jüdisches Blut, um im ausklingenden Jahrhundert neugierig zu sein auf die Welt, ihr Elend und ihre Größe? Oder lag es, weit banaler, daran, daß ihr Alter und ihr Verhältnis zu mir – voll von Bedürfnissen und Ansprüchen, aber frei von jedem Zwang – es ihnen erlaubte, Fragen zu stellen, die zu stellen ein Sohn sich nie getrauen würde (natürlich auch nicht den Wunsch hätte, es zu tun)? Tatsache ist, daß Thomas und Mathieu Landman, als sie alt genug waren, mir Fragen zu stellen, jeder zu seiner Zeit, da etwa zehn Jahre sie voneinander trennen, wissen wollten, was es mit mir auf sich hatte. Mit meiner früheren Lagererfahrung.

Sie begleiteten mich also im März 1992. An jenem Samstag im März 1992.

Am Berliner Flughafen erwartete uns ein Wagen, der uns nach Weimar bringen sollte, wo wir uns mit Peter Merseburger, seiner Frau Sabine und ihrem Fernsehteam verabredet hatten.

Bald merkten wir an dem schlechten Zustand der Straße und den vielen Baustellen, daß wir uns auf dem Gebiet der ehemaligen DDR befanden.

Ich sah auf die Landschaft, die Namen der Dörfer und Städte, die an den Autobahnausfahrten auf den Straßenschildern standen. Irgendwann begann ein Gefühl des Unbehagens oder der Beklemmung in mir aufzusteigen. Ich wußte nicht warum, aber seit einiger Zeit wuchs das Unbehagen bei jedem neuen Namen einer Stadt auf einem der Schilder. Plötzlich verstand ich es: in jeder dieser Städte hatte es, früher, ein der Zentralverwaltung von

Buchenwald unterstelltes Außenlager gegeben. Ich arbeitete in der *Arbeitsstatistik* und registrierte die Informationen, die aus all diesen Außenlagern kamen. Siebenundvierzig Jahre später fielen mir die Namen wieder ein. Diese in der Ebene verstreuten oder hinter Laub verborgenen Städte trugen die Namen ehemaliger Außenlager von Buchenwald.

Wir näherten uns also Weimar. Wir betraten das Territorium des einstigen Todes.

– Das hat er nicht hingeschrieben, Student ... Etwas ganz anderes hat er geschrieben[*] *...*

Der Mann ist etwa vierzig Jahre alt, auf den ersten Blick. Er hat einen rötlichen Bart, einen aufmerksamen, aber melancholischen Blick. Er hat das Schweigen gebrochen, an das wir seit Beginn der Besichtigung von Buchenwald bei ihm gewohnt waren, um uns mit leiser, aber kategorischer Stimme dies zu sagen.

Ein Märzsonntag. Ein schöner Märzsonntag, kühl und sonnig. Wieder ein Sonntag in Buchenwald. Der Wind weht über den Hügel des Ettersbergs, wie an den einstigen Sonntagen. Der Wind der Ewigkeit über dem ewigen Hügel des Ettersbergs.

Tags zuvor hatte uns der Wagen, Thomas, Mathieu und mich, am Marktplatz von Weimar abgesetzt. Vor dem Hotel Elephant, wo Peter Merseburger uns erwartete.

Ich hatte den Fuß auf den Gehsteig gesetzt, ich war ein paar Schritte gegangen, um mir die Beine zu vertreten, ich hatte mich umgeschaut. Ein Platz von provinzieller Ruhe, herausgeputzte Fassaden. Es war schön und merkwürdig vertraut: es ähnelte allen möglichen Marktplätzen in den alten Städten Mitteleuropas, die ich bereits gesehen hatte.

Ich betrachtete die Stadtlandschaft, achtete mit einem Gefühl der Vertrautheit, des Déjà-vu auf alle Details, das jedoch von einem dumpfen Unbehagen, einer leichten Bestürzung getrübt wurde, als mein Blut auf einmal wild zu pochen begann.

Ein Déjà-vu, natürlich.

Ich war in einem früheren Leben, an einem Tag im April 1945, zusammen mit Leutnant Rosenfeld hierher gekommen. Ich hatte den Ausflug mit Rosenfeld nach Weimar vergessen. Ich hatte ihn sosehr vergessen, daß ich in der ersten Fassung dieses Berichts kein Wort darüber gesagt hatte. Ich würde Leutnant Rosenfeld in meinen Bericht über jene Tage von einst einführen müssen. Ich mußte Rosenfeld gewissermaßen neu erfinden: ihn aus dem konfusen Nichts meines umnebelten, getilgten Gedächtnisses wiedererstehen lassen.

Ich habe den Marktplatz von Weimar mit neutralem Blick betrachtet. Ich verstand, woher das Gefühl von Vertrautheit und zugleich Verwirrung rührte. Fast ein halbes Jahrhundert später war der Platz frischer, neuer als unter dem Blick meiner zwanzig Jahre. 1945 lag der Platz zum Teil unter Staub und Schutt, die ganze Nordseite war von den Bomben der Alliierten zerstört.

Und da habe ich das Phantom von Leutnant Rosenfeld an meiner Seite heraufbeschworen. Ich wollte versuchen, jene Tage mit ihm zu durchleben. Kurz, mit der Erinnerung meiner zwanzig Jahre. Denn ich wußte nun, wozu diese Rückkehr nach Weimar dunkel bestimmt war. Sie sollte es mir ermöglichen, wenn auch nur flüchtig, die Kraft meiner zwanzig Jahre wiederzufinden, ihre Energie, ihren Lebenswillen. Auf diese Weise würde ich zweifellos, vielleicht, auch die Kraft, die Energie, den Willen finden, all das zu Ende zu schreiben, dem ich mich unaufhörlich entzog, vor dem ich floh, bei der geringsten Gelegenheit.

In Begleitung von Thomas und Mathieu Landman und mit Hilfe des Phantoms eines jungen deutschen Juden, des Leutnants Rosenfeld der amerikanischen Armee, habe ich die Schwelle des Hotels Elephant überschritten.

Als ich mich in meinem Zimmer eingerichtet hatte und bevor ich mich zum Mittagessen mit meinen Enkeln traf, habe ich die drei Bücher auf den Tisch gelegt, die ich auf diese Reise mitgenommen hatte.

Das erste war ein Roman von Thomas Mann, *Charlotte à Weimar*. Es war ein Band aus der weißen Reihe der NRF, aus dem Deutschen übersetzt von Louise Servicen. Dieser Roman von Thomas Mann, *Lotte in Weimar*, war das erste Buch, das ich nach meiner Rückkehr aus Buchenwald gekauft hatte. Ich war in eine Buchhandlung auf dem Boulevard Saint-Michel gegangen, an irgendeinem Tag im Mai. Ich wollte nachprüfen, ob die literarische Landschaft wirklich so aussah, wie Marc, der französische Offizier, sie mir geschildert hatte. Ob er nicht irgendeinen neuen Autor vergessen oder übersehen hatte. Laurence begleitete mich übrigens. Was diesen beliebigen Maitag, an dem ich in eine Buchhandlung auf dem Boulevard Saint-Michel gegangen bin, auf eine Zeit nach dem 8. festlegt, dem Datum, an dem ich Laurence kennengelernt habe.

Ich muß gestehen, daß mich damals eher Laurence in Buchhandlungen und Odile in Schlafzimmer begleitete. Das war keine Entscheidung, es ergab sich so. Ich bin nicht sicher, ob ich das Gegenteil vorgezogen hätte, ich bedauere nur, daß ich nicht die Gelegenheit hatte, mitunter von einer Buchhandlung ins Schlafzimmer zu gehen, oder umgekehrt: aber das Leben ist nicht vollkommen, wie man weiß. Es kann ein Weg zur Vollkommenheit sein, aber vollkommen ist es bei weitem nicht.

An irgendeinem Tag im Mai – nach dem 8. – war ich mit Laurence in eine Buchhandlung gegangen und hatte *Charlotte à Weimar* von Thomas Mann gekauft. Ein wenig wegen Thomas Mann. Vor allem wegen Weimar. Ich wußte, daß die fragliche Charlotte die von Goethe war, aus dem *Werther* von Johann Wolfgang von Goethe, und dieser war eine Figur meines Lebens in Buchenwald gewesen. Wegen seiner Spaziergänge mit Eckermann auf dem Ettersberg und wegen Léon Blum.

Aber als ich den Roman kaufte, wußte ich nicht, daß der Gasthof in Weimar, in dem Charlotte Kestner, geborene Buff, aus Hannover, *Werthers* Lotte, absteigen sollte, das Hotel Elephant war. Ich wußte es nicht, aber dieses Detail hatte sich in mein Gedächtnis gegraben.

So daß ich, als ich von Merseburger den Arbeitsplan für unser in Buchenwald zu filmendes Gespräch erhielt und erfuhr, daß wir im Elephant wohnen würden, sofort in meiner Bibliothek nach dem Band von Thomas Mann gesucht habe. Den ich zwar nicht genau dort wiedergefunden habe, wo er hätte stehen müssen, wenn meine Bibliothek auf rationale Weise geordnet gewesen wäre, aber trotzdem gefunden habe. In Gesellschaft einiger anderer Bücher, die nichts mit Thomas Mann, nicht einmal mit Goethe zu tun hatten, aber mit Buchenwald, als hätte mich eine dunkle Vorahnung veranlaßt, es in diesen Kontext einzufügen, der sich so viele Jahre später als lesbar erwies.

Ich hatte also *Lotte in Weimar* schließlich neben einem Bericht von Serge Miller gefunden, meinem Kameraden aus Block 62 des Kleinen Quarantänelagers, *Le laminoir* (mit einem Vorwort von François Mitterrand, nebenbei gesagt, denn Serge war Mitglied der MNPGD). Auch neben *Der SS-Staat* von Eugen Kogon, zweifellos dem objektivsten und erschöpfendsten Bericht – obwohl unmittelbar nach der Befreiung des Lagers geschrieben –

über die Lebens-, Arbeits- und Todesbedingungen in Buchenwald.

Das Exemplar von Thomas Mann, das ich in so sonderbarer, aber bezeichnender Gesellschaft wiederfand, war nicht dasjenige, das ich im Mai 1945 gekauft hatte. Es war ein Exemplar der im Oktober 1948 erschienenen vierzehnten Auflage. Was beweist, daß mir immer daran gelegen war, dieses Buch in meiner Nähe zu haben, und daß ich, nachdem ich das ursprüngliche Exemplar vermutlich bei einem meiner zahlreichen Wohnsitzwechsel verloren hatte – falls man die Durchgangsorte, an denen ich mich damals niederließ, Wohnsitze nennen kann –, ein neues gekauft hatte. Eben jenes, das ich im März 1992 nach Weimar mitgenommen hatte.

Es versteht sich von selbst, daß sich der Elephant sehr verändert hatte seit dem Herbst 1816, seit dem Besuch von Charlotte Kestner, geborene Buff, in Weimar, wenn man sich auf die Beschreibung verläßt, die Thomas Mann in seinem Buch gibt. Insbesondere 1938 war das Innere des Hotels im Geschmack der Zeit, der beileibe nicht harmlos war, neu eingerichtet worden. Eher hitlerisch, das heißt von germanischer Sauberkeit, irregeleitet von einem sich maßlos zur Schau stellenden Schwulst.

Leutnant Rosenfeld hatte mir das Hotel Elephant bei unserem Ausflug nach Weimar zum Fest des heiligen Georg 1945 nicht gezeigt. Aber ich konnte mir vorstellen, welche Rede er mir gehalten hätte, falls dies der Fall gewesen wäre. Er hätte mir seine Geschichte seit 1696 erzählt, dem Jahr seiner Erbauung. Er hätte mir vom Leben und Werk all derer erzählt, die das eine oder andere Mal dort abgestiegen waren, von Goethe und Schiller, Bach und Wagner, bis Tolstoi und Gropius. Ohne natürlich Adolf Hitler zu vergessen, auch nicht die französischen Schriftsteller der schwarzen Jahre, die zum Kongreß der *Propagandastaffel*[*] gekommen waren, um wenige Kilometer vom Krematorium von Buchenwald entfernt über das neue Europa zu diskutieren.

Auch wenn Leutnant Rosenfeld nicht die Möglichkeit gehabt hatte, mir mit seiner umfassenden und ironischen Bildung die Geschichte des Elephant zu erzählen, so bin ich doch sicher, daß er die Wahl der Bücher gebilligt hätte, die mich auf meiner Reise begleiteten. Bei *Lotte in Weimar* versteht sich das von selbst. Aber er wäre auch mit den beiden anderen zufrieden gewesen.

Das zweite enthielt nämlich den Briefwechsel zwischen Martin Heidegger und Karl Jaspers von 1920 bis 1963, bei Klostermann und Piper erschienen.

Schon 1941 hatte ich begonnen, mit Claude-Edmonde Magny über *Sein und Zeit* zu diskutieren. Zur selben Zeit kam es auch vor, daß Heidegger, zumindest gelegentlich, Gegenstand meiner Gespräche mit Henri-Irénée Marrou war, auch unter dem Schriftstellernamen Davenson bekannt, insbesondere was seine Musikchroniken angeht. Marrou war ein gutmütiger Riese mit universalem Wissen, pädagogisch wenn es sein mußte, aber nie pedantisch, denn er besaß Ironie und Toleranz, die Kardinaltugenden großer Geister. Er bestellte mich in die »Dauphine«, eine Konditorei und Teestube auf dem Boulevard Saint-Germain, die zu jener Zeit der Beschränkungen unter der Besatzung nur Ersatz anbot, jedoch mit Eleganz und Geschick. Von dort brachen wir zu langen Wanderungen in die Randbezirke von Paris auf – meine genaue Kenntnis der Tore, Ausfallpforten und Wallanlagen sowie weniger heiterer Vororte stammt aus jener Zeit –, und unermüdlich bezwang er den Raum mit dem typischen Schritt eines Bergbewohners, während er mit mir über Aristoteles und Augustin sprach. Und gelegentlich über Heidegger.

Aber mit Leutnant Rosenfeld hatte ich begonnen, die Beziehungen des Philosophen aus Todtnauberg zum

Nationalsozialismus zu analysieren. Auch dies eine endlose Analyse.

Ich hatte den Band mit dem Briefwechsel zwischen Heidegger und Jaspers – vor dessen Hintergrund vier tragische und entscheidende Jahrzehnte der deutschen Geschichte ablaufen – nach Weimar mitgenommen, weil es mir angebracht erschienen war, diese Briefe in der hellsichtigen Erregung der Rückkehr nach Buchenwald noch einmal zu lesen. Einer Rückkehr zu dem einzigen Ort der Welt, dem die beiden Totalitarismen des 20. Jahrhunderts, der Nationalsozialismus und der Bolschewismus (im 21. Jahrhundert wird der islamische Fundamentalismus die massivsten Verwüstungen anrichten, wenn wir ihm nicht eine Politik weltweiter Reform und Rechtsprechung entgegensetzen) gemeinsam ihren Stempel aufgedrückt haben werden.

Auch das dritte Buch, das ich für diese Reise ausgewählt hatte, hätte Leutnant Rosenfelds Beifall verdient, darauf könnte ich schwören. Wenn Rosenfeld seinem Wesen treu geblieben wäre und weiterhin dem jungen Mann geähnelt hätte, den ich gekannt hatte, dann hätte er ohne Zweifel eines Tages die Dichtung von Paul Celan entdeckt und geliebt.

Denn als drittes Buch hatte ich einen Band mit Gedichten von Celan mitgenommen. Einen etwas besonderen Band: eine zweisprachige Auswahl – deutsch und englisch – von Gedichten, deren Übersetzung Michael Hamburger besorgt hatte. Nach langen Jahren geduldiger Entschlüsselung der Gedichte von Paul Celan in ihrer Originalsprache – die zumindest er, ein rumänischer Dichter, sich ursprünglich, sogar inaugural wünschte – und vergleichender Lektüre der vorhandenen Übersetzungen in die Sprachen, die mir zugänglich sind, scheint mir das Englische die Sprache zu sein, die sich für eine überzeugende Annäherung am besten eignet.

Bevor ich mein Zimmer verließ, um mich mit Thomas und Mathieu zu treffen, hatte ich den Celan-Band aufs Geratewohl aufgeschlagen, an einer der eingeknickten Seiten, die die Gedichte enthielten, die ich am häufigsten las. Wieder einmal war der Zufall sehr inspiriert: es war die Stelle mit dem Gedicht *Todtnauberg*. Dieses Gedicht ist meines Wissens die einzige Spur, die uns bleibt von dem Gespräch zwischen Celan und Heidegger in dessen Berghütte im Schwarzwald. Eine hermetische Spur – die Dichtung erreicht hier ihre dichteste und strahlendste Dunkelheit –, und dennoch eine Spur von durchdringender Durchsichtigkeit. Wie man sich erinnert, erbat Paul Celan von Martin Heidegger eine klare Aussage über seine Haltung zum Nazismus. Und noch genauer zur Vernichtung des jüdischen Volks in Hitlers Lagern. Er erhielt sie nicht, auch daran wird man sich erinnern. Er erhielt nur jenes Schweigen, das manche in Vergessenheit geraten zu lassen oder mit oberflächlichem Geschwätz zu füllen versuchen: Heideggers endgültiges Schweigen zur deutschen Schuld. Ein Schweigen, das einige Briefe von Karl Jaspers trotz seiner höflichen Rede mit vernichtender philosophischer Strenge zur Sprache bringen.

Es bleibt uns indes diese erschütternde Spur. Ein paar Verse von Paul Celan.

> *die in das Buch*
> *– wessen Namen nahms auf*
> *vor dem meinen? –,*
> *die in dies Buch*
> *geschriebene Zeile von*
> *einer Hoffnung, heute,*
> *auf eines Denkenden*
> *kommendes*
> *Wort*
> *im Herzen ...*

Ins Gästebuch von Heidegger hat Celan also eine Zeile geschrieben, um seiner Hoffnung an jenem Tag Ausdruck zu geben:

einer Hoffnung, heute

Der Hoffnung auf ein Wort des Denkers, das aus dem Herzen kommt. Aus welchem Anlaß hoffte er auf dieses aus dem Herzen kommende Wort? Wahrscheinlich aus Anlaß des Themas ihres Gesprächs, das gerade zu Ende gegangen war. Im Schweigen des Herzens. Gewiß auch des Geistes, aber Paul Celan hatte sich an das Herz des Philosophen gewandt. Kurz, ein Wort des Herzens aus Anlaß des Nichtgesagten dieses Gesprächs. Des Heideggerschen Nichtgesagten schlechthin: des Nichtgesagten der deutschen Schuld. Dasjenige, das Martin Heidegger hinterhältig, aber mit bemerkenswerter Beharrlichkeit in all den Jahren des Briefwechsels den höflichen Versuchen Jaspers' entgegensetzte, ihn zu einer Meinungsäußerung zu dessen Essay *Die Schuldfrage* zu bewegen. Eine Äußerung, die der Denker von Todtnauberg abzugeben sich weigert, sowohl gegenüber Jaspers wie gegenüber Paul Celan. Deren negativen Widerschein, deren Hohlspur wir in den Briefen des ersteren und dem Gedicht des letzteren besitzen, *Todtnauberg*.

In meinem Zimmer im Elephant sage ich mir laut die Verse von Paul Celan auf:

einer Hoffnung, heute,
auf eines Denkenden
kommendes
Wort
im Herzen . . .

die Worte eines jüdischen Dichters aus Czernowitz. Ich sage mir laut Celans Gedicht auf, und ich denke an das Schicksal der deutschen Sprache: Sprache der Befehle und des Gebrülls der SS – »*der Tod ist ein Meister aus Deutschland*«, konnte Celan schreiben – und Sprache Kafkas, Husserls, Freuds, Benjamins, Canettis, Paul Celans und vieler anderer jüdischer Intellektueller, die die Größe und den Reichtum der deutschen Kultur der dreißiger Jahre dieses Jahrhunderts begründeten: Sprache der Subversion also, universaler Bejahung der kritischen Vernunft.

Einer Hoffnung, heute …

Die Hoffnung, die an jenem Tag in Martin Heideggers Gästebuch geschrieben worden war, hat sich nicht erfüllt. Kein Wort aus dem Herzen des Denkers hat dieses Schweigen ausgefüllt. Paul Celan hat sich in die Seine gestürzt, kurze Zeit später: kein Wort des Herzens hatte ihn zurückgehalten.

Es war am nächsten Tag, einem Sonntag, auf dem Appellplatz von Buchenwald.

Wir hatten uns, entgeistert, dem nachdenklichen und wortkargen Bartträger zugewandt, der uns während der Besichtigung des Lagers begleitet hatte.

Der Wind von einst, von immer, blies über die Ewigkeit des Ettersbergs.

Wir waren im Wagen angekommen, zusammen mit Sabine und Peter Merseburger. Das Fernsehteam erwartete uns an Ort und Stelle. Wir sind auf der Straße der Adler angekommen, die zum Eingangstor von Buchenwald führt. Aber es gab keine Hitler-Adler mehr, keine hohen Säulen mehr, um sie in den Himmel ragen zu lassen, zu dem früher der Rauch des Krematoriums aufstieg. Es gab die Straße, ein paar Baracken der SS-Siedlung waren übriggeblieben. Das monumentale Eingangstor mit dem Kontrollturm war noch immer da. Wir sind mit dem bärtigen Führer, der uns am Eingang erwartete, durch das Gitter gegangen. Ich habe mit der Hand über die Buchstaben der aus dem Schmiedeeisen des Eingangsgitters geschnittenen Inschrift gestrichen: JEDEM DAS SEINE.

Ich kann nicht sagen, daß ich bewegt war, das Wort ist zu schwach. Ich wußte, daß ich nach Hause zurückkehrte. Nicht die Hoffnung mußte ich am Eingang dieser Hölle fahren lassen, ganz im Gegenteil. Ich ließ mein Alter fahren, meine Enttäuschungen, die Fehlschläge und Leerstellen des Lebens. Ich kehrte zu mir zurück, will sagen in das Universum meiner zwanzig Jahre: die Welt seiner Zornesausbrüche, seiner Leidenschaften, seiner Neugier, seines Lachens. Vor allem seiner Hoffnung. Ich ließ alle tödlichen Verzweiflungen fahren, die sich im Lauf eines Lebens in der Seele anhäufen, um die Hoffnung meiner zwanzig Jahre wiederzufinden, die der Tod umzingelt hatte.

Wir waren durch das Gitter gegangen, der Wind des Ettersbergs hat mich ins Gesicht getroffen. Ich konnte nichts sagen, ich hatte Lust, wie ein Verrückter zu rennen, im Laufschritt den Appellplatz zu überqueren, zum Kleinen Lager hinunterzurennen, zu der Stelle des Blocks 56, in dem Maurice Halbwachs gestorben war, zu der Baracke des Krankenbaus, wo ich Diego Morales die Augen geschlossen hatte.

Ich konnte nichts sagen, ich bin stehengeblieben, ergriffen von der dramatischen Schönheit des Raums, die sich meinem Blick bot. Ich habe eine Hand auf die Schulter von Thomas Landman gelegt, der neben mir stand. Ihm hatte ich *Was für ein schöner Sonntag!* gewidmet, damit er sich später, nach meinem Tod, an meine Erinnerung an Buchenwald erinnern könne. Von nun an wäre es für ihn leichter. Zweifellos auch schwerer, weil weniger abstrakt.

Ich habe eine Hand auf die Schulter von Thomas gelegt, wie auf einen künftigen Zeugen. Der Tag würde kommen, relativ bald, an dem es keine Überlebenden von Buchenwald mehr gäbe. Es würde kein unmittelbares Gedächtnis von Buchenwald mehr geben: niemand mehr könnte mit Wörtern der körperlichen Erinnerung sprechen, nicht nur mit den Worten einer theoretischen Rekonstruktion sagen, wie der Hunger, der Schlaf, die Angst gewesen war, die gleißende Gegenwart des absoluten Bösen – in dem Maße absolut, wie es in jedem von uns nistet, als mögliche Freiheit. Niemand mehr hätte in seiner Seele und in seinem Gehirn unauslöschlich den Geruch von verbranntem Fleisch der Verbrennungsöfen.

Einmal hatte ich Juan Larrea, eine Romanfigur, die statt meiner gestorben war, in *Der weiße Berg* folgende Worte sagen lassen: »Ich habe gedacht, daß meine persönlichste, am wenigsten geteilte Erinnerung ... diejenige, die bewirkt, daß ich bin, was ich bin ... die mich von den anderen unterscheidet zumindest, von allen anderen ... die mich sogar, indem sie mich identifiziert, aus der menschlichen Gattung ausstößt ... von ein paar hundert Ausnahmen abgesehen ... die in meinem Gedächtnis brennt mit einer Flamme des Entsetzens und der Niedertracht ... auch des Hochmuts ... daß es die beharrliche, hartnäckige Erinnerung an den Geruch des Krematoriums ist: fade, zum Erbrechen ... der Geruch von verbranntem Fleisch auf dem Hügel des Ettersbergs ...«

Doch eines nahen Tages wird niemand mehr die reale Erinnerung an diesen Rauch haben: es wird nur noch eine Phrase sein, ein literarischer Beleg, eine Idee von Geruch. Geruchlos also.

An all das hatte ich gedacht, als ich zur Mitte des Appellplatzes ging, an einem Sonntag im März 1992. Ich hatte mich an Juan Larrea erinnert, der den Platz eingenommen hatte, den mir der Tod an seiner Seite freigehalten hatte, seit jeher. Und ich hatte meine Hand auf die Schulter von Thomas Landman gelegt.

Eine Hand so leicht wie die Zärtlichkeit, die ich für ihn empfand, schwer wie das Gedächtnis, das ich ihm übertrug.

An einem Augustmorgen, fast ein halbes Jahrhundert zuvor, am Vortag der Zerstörung von Hiroshima, hatte ich die Rue Schœlcher, das Atelier von Claude-Edmonde Magny verlassen. Ich war zur Rue Froideveaux gegangen, zu einem der Seiteneingänge des Friedhofs Montparnasse. Ich mußte mich einen Augenblick am Grab von César Vallejo sammeln.

> *... no mueras, te amo tanto!*
> *Pero el cadáver ¡ay! siguió muriendo ...*

Drei Monate zuvor hatte ich kaum Zeit gehabt, an die Worte Vallejos zu denken:

> ... Stirb nicht, denn du bist mir lieb!
> Ach, der Leichnam starb weiter ...,

als in einem Saal des Krankenbaus von Buchenwald Diego Morales in meinen Armen starb.

Der peruanische Dichter ruhte, wie man sagt, in seinem Grab auf dem Montparnasse. Auf das man bei Gelegenheit Blumen legen konnte. C.-E. Magny hatte es während meiner Abwesenheit getan. Das man aufsuchen konnte, um sich dort zu sammeln. In allen Bedeutungen des Wortes, einschließlich der stärksten. Einschließlich im Sinne einer Meditation, die alle verstreuten und zerstreuten Teile der eigenen Person transzendiert und zusammenfügt.

Aber Diego Morales, der Rotspanier, Bruder all derer, die durch Vallejos letzte Gedichte geistern, ruhte nirgendwo. Er war über dem Wald des Ettersbergs nicht in Rauch aufgegangen, wie so viele Tausend anderer Kämpfer: der Himmel war nicht sein Leichentuch gewesen, denn der Verbrennungsofen arbeitete nicht mehr. Morales war in einem der Massengräber beerdigt worden, die die Amerikaner ausgehoben hatten, um die Hunderte Leichen zu begraben, die die Luft des Kleinen Lagers verpesteten. Er würde nirgendwo ruhen, im *no man's land*, denn es gibt kein französisches Wort dafür. *Niemandsland* auf deutsch. *Tierra de nadie* auf spanisch.

Ich hatte das Bedürfnis, mich einen Augenblick am Grab von César Vallejo zu sammeln.

Kurz bevor sie mich zur Tür begleitete, hatte Claude-Edmonde Magny ein letztes Mal die mit Schreibmaschine geschriebenen Seiten ihrer *Lettre sur le pouvoir d'écrire* durchgeblättert. Sie hatte den Satz gefunden, den sie suchte.

»Ich würde bereitwillig sagen: Keiner kann schreiben, wenn er kein reines Herz hat, das heißt, wenn er sich nicht genügend von sich losgelöst hat ...«

Sie hatte mich stumm angesehen.

Sicher, es hätte viel zu sagen gegeben. Kann ein Schriftsteller nicht nur durch das Schreiben zu jener Reinheit des Herzens gelangen, die sie erwähnte? Besteht die einzig mögliche Askese des Schriftstellers nicht darin, gerade im Schreiben, trotz aller Anstößigkeit, das diabolische Glück und das strahlende Unglück zu suchen, die sein Wesen ausmachen?

Es hätte viel zu sagen gegeben, aber ich hatte an jenem

Tag nicht mehr die Kraft dazu. Jedenfalls durfte man diesen Satz nicht aus dem Gesamtzusammenhang der *Lettre* reißen. In diesem Zusammenhang war sein Sinn klar: wenn das Schreiben mehr als ein Spiel oder ein Spieleinsatz sein will, dann ist es nichts anderes als eine lange, endlose Arbeit der Askese, eine Art und Weise, sich von sich selbst zu lösen, indem man sich selbst überwindet: indem man sich selbst wird, weil man den anderen, der man stets ist, erkannt und zur Welt gebracht haben wird.

Ich habe mich an jene Worte von Claude-Edmonde Magny auf dem Appellplatz von Buchenwald erinnert, an einem Sonntag im März, so viele Jahre später.

Ich war stehengeblieben, ergriffen von der dramatischen Schönheit des Raums, der sich vor mir erstreckte.

Ich wußte, daß die Behörden der Deutschen Demokratischen Republik ein monumentales Mahnmal auf dem Weimar zugewandten Hang des Ettersbergs errichtet hatten, zu seinen Füßen. Ich hatte Photographien gesehen, es war schauderhaft. Ein Turm, Gruppen von Skulpturen, eine von Mauern mit Reliefs gesäumte Allee, monumentale Treppen. »Ekelhaft« wäre das passende Adjektiv: im Stil eines vom sozialistischen Realismus erneuerten und verbesserten Arno Breker. Oder umgekehrt. Falls sich nicht beide Stile deckten, weil sie dem Wesen nach identisch sind, das war nicht undenkbar.

Aber ich wußte nicht, was man aus dem Lager selbst, aus der monotonen Aneinanderreihung von Baracken und Steinblocks gemacht hatte. Die Überraschung war also vollkommen.

Man hatte den Stacheldrahtzaun beibehalten, ebenso die Wachtürme, die ihn in regelmäßigen Abständen abstecken. Der Kontrollturm über dem Eingangstor war noch da und entsprach genau der Erinnerung, die ich von ihm bewahrte. Ebenso die Gebäude des Krematoriums, des Bads und der Effektenkammer. Alles übrige war abgerissen worden, aber wie bei einer archäologischen Grabungsstätte waren der Standort und die Grundmauern jeder Baracke, jedes Steinblocks durch Rechtecke aus grauem Split gekennzeichnet, eingerahmt von einer Steinumrandung, und an der Ecke eines jeden erinnerte ein Markstein an die Nummer, die das verschwundene Gebäude früher getragen hatte.

Das Ergebnis war von unglaublicher dramatischer Kraft. Der auf diese Weise geschaffene, vom Stacheldrahtzaun umgebene, vom Schornstein des Krematoriums beherrschte, vom Wind des Ettersbergs durchfegte leere Raum war eine erschütternde Gedenkstätte.

Ich stand da, regungslos. Mathieu machte Fotos, Thomas hatte sich etwas entfernt, denn er verstand mein Bedürfnis nach Einsamkeit.

Hatte ich von nun an ein reines Herz? Hatte ich mich genügend von mir losgelöst? In diesem Augenblick kam es mir so vor. Mein ganzes Leben war durchsichtig für mich geworden, in einer Art glücklichem Schwindelgefühl. Hier war ich zwanzig Jahre alt gewesen, und hier vollendete sich mein Leben, durch diese Rückkehr in die Zeit, wo es nur Zukunft gewesen war.

Und da habe ich das vielfältige Gezwitscher der Vögel gehört. Sie waren auf den Ettersberg zurückgekehrt. Das Brausen ihres Gesangs umfing mich wie Meeresrauschen. Das Leben war auf den Hügel des Ettersbergs zurückgekehrt. Ich habe diese Nachricht Leutnant Rosenfeld gewidmet, wo immer er sich aufhalten mochte in der weiten Welt.

Wir hatten uns, entgeistert, dem wortkargen bärtigen Vierzigjährigen zugewandt, der uns während der Besichtigung von Buchenwald begleitet hatte.

Manchmal hatte ich seinen Blick erhascht, ich hatte

darin ein etwas bewunderndes Staunen entdeckt. Zweifellos staunte er über die Genauigkeit meiner Erinnerungen. Er nickte, um meine Erklärungen schweigend zu bestätigen.

Der Mann arbeitete bereits unter dem vorherigen Regime in Buchenwald, das das Lager in eine Stätte des Polittourismus verwandelt hatte. Im Erdgeschoß der ehemaligen *Effektenkammer* war ein Museum eingerichtet worden.

Der Vierzigjährige, bärtig, melancholisch und vermutlich ehemals Kommunist, hatte mich also reden lassen, während wir durch das Lager gingen. Ich hatte versucht, so objektiv wie möglich zu sein, Adjektive und Adverbien zu vermeiden, ohne meine Emotionen zu zeigen.

Am Ende, nach dem Rundgang, als wir wieder auf dem Appellplatz standen, hatte ich Merseburger, Thomas und Mathieu die Nacht meiner Ankunft im Lager im Januar 1944 geschildert.

Der bärtige Vierzigjährige mit dem mißtrauischen Blick hörte mir aufmerksam zu.

Vor etwa einem halben Jahrhundert hatte ich diese Episode bereits Leutnant Rosenfeld erzählt. Die Erschöpfung, der Durst, die Dusche, die Desinfektion, der Lauf durch das Souterrain zwischen dem Bad und der *Effektenkammer*, alle splitternackt, der lange Tisch, von dem man uns nicht zusammenpassende Kleidungsstücke zuwarf. Und schließlich der deutsche Häftling, der mich nicht als Student registrieren wollte, der mir um jeden Preis einen anderen Beruf geben wollte.

Leutnant Rosenfeld hatte gemeint, das sei ein guter Anfang. Ein Anfang wovon? hatte ich gefragt. Der Anfang der Erfahrung und des Berichts, den ich darüber schreiben könnte, hatte er geantwortet.

Fast ein halbes Jahrhundert später erzählte ich dieselbe

Geschichte, unter dem aufmerksamen Blick des bärtigen Vierzigjährigen.

– Dann, sicher aufgebracht über meine Sturheit, hat er mich weggewinkt, damit ich dem nächsten Platz mache … Und er hat »Student« auf meine Karte geschrieben, mit einer Geste, die mir wütend vorkam …

Und da hat der Vierzigjährige gesprochen, mit gleichbleibender, ruhiger, aber kategorischer Stimme.

– Nein, sagte er, das hat er nicht hingeschrieben!

Wir hatten uns zu ihm umgedreht, entgeistert.

– Das hat er nicht hingeschrieben, »Student« … Etwas ganz anderes hat er geschrieben.

Er hatte in die Innentasche seiner Jacke gegriffen und ein Stück Papier herausgezogen.

– Ich habe Ihre Bücher gelesen, sagte er zu mir. Sie haben diese Episode schon in *Was für ein schöner Sonntag!* erwähnt. Und da ich wußte, daß Sie heute kommen, habe ich Ihre Karteikarte aus den Akten von Buchenwald geholt.

Er hat kurz gelächelt.

– Sie wissen ja, die Deutschen lieben die Ordnung. Ich habe also Ihre Karteikarte gefunden, so wie sie in der Nacht Ihrer Ankunft ausgestellt worden ist.

Er hat mir das Blatt Papier gereicht.

– Das ist eine Fotokopie davon. Wie Sie feststellen können, hat der deutsche Kamerad nicht »Student« geschrieben.

Ich habe das Blatt Papier an mich genommen, meine Hände zitterten.

Nein, der unbekannte deutsche Kamerad hatte nicht *Student* hingeschrieben. Wahrscheinlich von einer phonetischen Assoziation angeregt, hatte er *Stukateur*[*] geschrieben.

Ich sah auf die Karteikarte, meine Hände zitterten.

44904

Semprun, George   Polit.

10. 12. 23 Madrid   Span.

Stukateur

29. Jan. 1944

So sah meine Karteikarte aus, die in der Nacht meiner
Ankunft in Buchenwald ausgestellt worden war.

44904 war die vorgedruckte Häftlingsnummer, die für
mich bestimmt war. Will sagen: die für den Deportierten
bestimmt war, wer immer es sein mochte, der genau in
diesem Augenblick vor den Mann getreten wäre, der mit
dem Ausfüllen dieser Karteikarte beauftragt war.

Zufällig war ich es. Vielmehr glücklicherweise.

Die einfache Tatsache, daß ich als »Stukateur« eingetragen worden war, hat mich wahrscheinlich vor den Massentransporten nach Dora bewahrt. Dora war nämlich die
Baustelle einer unterirdischen Fabrik, in der die V1- und
V2-Raketen hergestellt werden sollten. Eine höllische
Baustelle, wo die mörderische Arbeit im Staub der Tun-
nels von den knüppelnden SS-*Sturmführern* selbst über-
wacht wurde. Zwischen ihnen und den Deportierten befanden sich lediglich normale Strafgefangene, die sich in
Dummheit und Brutalität überboten, um ihre Macht zu
festigen. Kurz, Dora vermeiden hieß den Tod vermeiden.
Zumindest die erhöhte Chance zu sterben.

Das habe ich erst später erfahren. Ich habe erst später
erfahren, auf welche Weise im Januar und Februar 1944
das System der Massentransporte nach Dora funktionierte. Sobald in diesen Monaten ein neues Kontingent
von Deportierten in Buchenwald eintraf, wurde unter

den in den Baracken des Kleinen Quarantänelagers ein-
gepferchten Männern eine erste Auslese getroffen. Von
dieser ersten Selektion, die blindlings erfolgte, waren nur
diejenigen Deportierten ausgenommen, die eine Qualifi-
kation besaßen, eine Berufserfahrung, die sich im Produktionssystem von Buchenwald verwenden ließ.

Er hatte recht, der anonyme Kommunist, der sich be-
mühte, mir diese Realität begreiflich zu machen: um in
Buchenwald zu überleben, war man besser *Facharbeiter*.

Und die Arbeit eines Stukkateurs war Facharbeit. Vor
Jahrhunderten, zur Zeit der Renaissance, waren die Stuk-
kateure aus Italien gekommen. Sie brachten ihre Fertig-
keiten mit sowie den Namen, sie zu bezeichnen. Sie haben in Fontainebleau und an den Ufern der Loire die
Schlösser der Könige von Frankreich ausgeschmückt.

Daher war es wahrscheinlich, daß an einem jener Tage
im Februar 1944 – es herrschte eisige Kälte; der Schnee
bedeckte das Lager, so wie er später mein Gedächtnis
bedecken sollte; die Zwangsarbeiten waren furchtbar –
irgend jemand, der die Liste für einen Transport nach
Dora zusammenstellte, auf meinen Namen gestoßen war
und mich ausgeschieden hatte, weil ich Stukkateur war.
Ich könnte, wenn nicht die Schlösser der Könige von
Frankreich, so doch die Luxusvillen der Führer der SS-
Totenkopfdivision ausschmücken.

Ich hielt meine Karte in der Hand, ein halbes Jahrhundert später, ich zitterte. Sie hatten sich alle um mich geschart, die Merseburgers, Thomas und Mathieu Landman. Sie betrachteten, verblüfft über den unvorhergese-
henen Schluß meiner Geschichte, dieses absurde und
magische Wort Stukkateur, das mir vielleicht das Leben
gerettet hatte. Ich erinnerte mich an den Blick von jenseits des Todes, den Blick jenes deutschen Kommunisten, der mir zu erklären versuchte, warum es besser sei,
in Buchenwald ein Facharbeiter zu sein.

Meine Karte war von Hand zu Hand gegangen, allen verschlug es die Sprache.

Ich habe den Blick des bärtigen und melancholischen Vierzigjährigen gesucht. Ein neuer Glanz blitzte darin auf. Eine Art männlicher Stolz erleuchtete seinen Blick.

»Was das Überleben angeht«, sagte Primo Levi in einem Gespräch mit Philip Roth, »diese Frage habe ich mir selbst ebenso oft gestellt, wie das andere taten. Ich bestehe darauf, daß es keine allgemeine Regel gab, außer in guter Gesundheit ins Lager zu kommen und deutsch zu sprechen. Abgesehen davon herrschte das Glück. Ich habe gerissene Leute überleben sehen und dumme Leute, Tapfere und Feiglinge, ›Denker‹ und Wahnsinnige.«

Ich war bei guter Gesundheit, als ich in Buchenwald ankam. Und ich sprach deutsch. Ich war sogar der einzige spanische Deportierte, der die Sprache der Herren konnte, der einzige also, der sich zu Verwaltungsarbeiten abstellen ließ.

Und wie Primo Levi in seinem bemerkenswerten Gespräch mit Roth würde auch ich zu diesen objektiven Elementen einen subjektiven Faktor hinzufügen: die Neugier. Sie half einem durchzuhalten, auf zwar nicht abschätzbare, aber zweifellos entscheidende Weise.

»Ich erinnere mich«, fährt Primo Levi fort, »daß ich mein Jahr in Auschwitz in einem Zustand außerordentlicher Lebendigkeit gelebt habe. Ich weiß nicht, ob das mit meinem beruflichen Hintergrund zu tun hatte oder einer unvermuteten Zähigkeit oder mit gesunden Instinkten. Ich habe niemals aufgehört, die Welt und die Menschen um mich wahrzunehmen, so sehr, daß ich noch immer ein unglaublich detailliertes Bild von ihnen habe. Ich hatte einen intensiven Wunsch zu verstehen, ich wurde ständig von einer Neugier übermannt, die hinterher jemandem tatsächlich als zynisch erschien.«

Bei guter Gesundheit sein, auf die Welt neugierig sein und deutsch sprechen: das übrige ist Glückssache, in der Tat.

Mein ganzes Leben – mein Überleben – lang war ich dieser Meinung gewesen. Auch dann, wenn ich nicht von dieser Erfahrung sprach. Daher meine Unfähigkeit, ein Schuldgefühl zu empfinden. Schuld, am Leben zu sein? Ich habe dieses Gefühl – oder Ressentiment? – nie gehabt, auch wenn ich durchaus in der Lage war, es zu verstehen, seine Existenz einzuräumen. Also darüber zu debattieren.

Aber an jenem Sonntag im März 1992, auf dem Appellplatz von Buchenwald, zwangen mich das Auftauchen der am Tag meiner Ankunft ausgestellten Karteikarte und jenes unpassende Wort Stukkateur, erneut darüber nachzudenken.

Gewiß, es war der Zufall, der mich vor den deutschen Kommunisten mit dem eisigen Blick gestellt hatte, einen Überlebenden der Schreckensjahre von Buchenwald. Ein anderer deutscher Kommunist – ich habe viele, zu viele gekannt, die so gehandelt hätten – hätte mich, aufgebracht über meine intellektuelle Arroganz, als Student registrieren können. Sogar ohne den Versuch zu machen, mir auch nur die geringste Erklärung über die Welt des Lagers zu geben. Aufgebracht und letzten Endes überhaupt nicht besorgt, einen jungen Bourgeois nach Dora zu schicken. »Soll er sich durchschlagen, der Scheißkerl! Soll er leben lernen, dieser Grünschnabel! Jedenfalls werden sie nie wissen, wie es wirklich war: die Lager sind jetzt bloß noch Sanatorien!«

Wie oft habe ich später, wenn nicht in identischen, so doch vergleichbaren Situationen derartige Ausdrücke von alten deutschen Häftlingen gehört.

Trotzdem: mein unbekannter deutscher Kommunist hatte als Kommunist reagiert. Ich meine: der Idee des Kommunismus entsprechend, unabhängig von dessen eher blutigen, erstickenden, moralisch verheerenden historischen Peripetien. Er hatte gemäß einer Idee der Solidarität, des Internationalismus gehandelt. Gemäß einer großherzigen Idee des Menschen. Er wußte nichts von mir, er hat mich für einige Sekunden in sein Leben treten sehen, wie viele Tausende anderer Unbekannter im Laufe jener schrecklichen Jahre. Vielleicht hat er danach diese Geste sogar vergessen, jenes Wort, das ihm durch phonetische Assoziation eingefallen war. Vielleicht hatte er mich danach völlig vergessen.

Trotzdem: weil dieser anonyme Deutsche Kommunist war, hat er mir das Leben gerettet.

Ich weiß – ich ahne oder vermute vielmehr, aufgrund meiner Erfahrung: die Dokumente und wahrhaftigen Zeugnisse sind noch nicht alle zugänglich –, ich kann mir ohne weiteres denken, wie komplex die Geschichte der Organisation der KPD in Buchenwald gewesen ist. Wie schäbig und heldenhaft, blutig und großmütig, tödlich und moralisch sie gewesen ist.

Stellen wir es uns vor, und sei es nur für einen Augenblick.

Diese Männer sind nach der Machtergreifung der Nazis verhaftet worden, 1933. Nach einer schmählichen politischen Niederlage, an der ihr Teil an Verantwortung ungeheuer war. Oder vielmehr die Verantwortung Stalins und der Komintern ungeheuer war, deren abenteuerliche, sektiererische Politik voll abstrakter Kehrtwendungen die Kämpfer ins Unglück gestürzt und demoralisiert hatte. Später finden sich die meisten von ihnen – eine der Besonderheiten von Buchenwald wird die Konzentration kommunistischer und sozialdemokratischer Kader in diesem Lager gewesen sein, die später dann das Übergewicht der Politischen über die normalen Strafgefangenen in der inneren Verwaltung ermöglicht hat –, 1937 also finden sie sich beim Abholzen eines Abhangs des Ettersbergs wieder, um dort das Lager zu errichten. Kaum ist diese Arbeit beendet, kaum hat sich ihre Widerstands- und Überlebensstruktur herausgebildet, bricht über die Kommunisten die Nachricht vom deutsch-sowjetischen Pakt herein. Kann man sich vorstellen, was es bedeutet, ein treuer Kommunist zu sein, in Buchenwald, 1939, zum Zeitpunkt des Hitler-Stalin-Pakts? Zu welchen Diskussionen, welcher Zerrissenheit, welchen Zusammenstößen dieses Ereignis in den illegalen Organisationen von Buchenwald führen mußte!

Es ist nicht unmöglich, sich vorzustellen, welch furchtbare Geschichte sich in den Blicken, dem Schweigen, den Andeutungen der deutschen Kommunisten verbarg und auch zeigte, die ich in Buchenwald kennengelernt habe. Die ich manchmal hassenswert, manchmal bewundernswert fand. Deren dunkle Seite, die Seite existentiellen Grauens, ich jedoch immer respektiert habe, auch wenn der Respekt – ich hoffe, man wird es verstanden haben – keiner Entschuldigung gleichkommt. Und noch weniger dem Vergessen.

In jener fernen Januarnacht hat mich der Zufall vor diesen anonymen deutschen Kommunisten gestellt, mit dem Blick von jenseits jeglichen Leidens, jeglichen Todes, jeglichen Mitgefühls. Vielleicht hat auch der Zufall ihn zum Kommunisten gemacht. Meine Chance jedoch wird darin bestanden haben, daß er einer war. Daß er in diesem Augenblick fähig war, auf den Anderen zu achten: auf mich. Auf irgend etwas in meinem Gesicht, in meinen Worten zu achten. Auf die Idee des Menschen zu achten, die ihn zu einem Kämpfer gemacht hatte, früher, draußen im Leben: eine Idee, die noch immer in seinem Geist leuchtete wie eine kleine flackernde Flamme, die nichts hatte ersticken können. Weder das Grauen noch die Lüge, noch der Tod.

Eine Idee der Brüderlichkeit, die sich dem unheilvollen Erblühen des absoluten Bösen noch entgegenstellte.

Stukkateur also: das war das Losungswort, das mir die Türen des Lebens wieder geöffnet hatte.

In meinem Zimmer im Elephant war in jener Sonntagnacht von neuem Schnee in meinen Träumen gefallen.

Da das eigentliche Interview erst am nächsten Tag, am Montag, an den Orten von Buchenwald gedreht werden sollte, die wir am Morgen besichtigt hatten, habe ich den Nachmittag damit verbracht, mit Thomas und Mathieu Landman durch Weimar zu schlendern.

Das Phantom von Leutnant Rosenfeld begleitete uns. Irgendwann im Laufe des Spaziergangs habe ich mich gefragt, ob Rosenfeld das Werk von Giraudoux gekannt hatte. Hatten wir beide an jenen fernen Tagen im April 1945 über Giraudoux gesprochen? Ich erinnerte mich nicht daran. Aber es war nicht ausgeschlossen. Rosenfeld kannte sich in der französischen Literatur recht gut aus, und wir hatten über die Haltung der französischen Schriftsteller während der Besatzung gesprochen. Jean Giraudoux jedenfalls war nicht zu dem Kolloquium der *Propagandastaffel* nach Weimar gekommen. Ich habe mich an Giraudoux erinnert, weil er für das Gespenst des Leutnants Rosenfeld, das uns an jenem Nachmittag begleitete, einen sehr schönen Monolog hätte schreiben können.

Wie dem auch sei, Thomas, Mathieu und ich hatten Goethes Gartenhaus auf der anderen Seite der Ilm besucht, ebenso sein Haus in der Stadt, am Frauenplan. Wir waren durch die kleine Stadt gegangen, waren stehengeblieben, um die wichtigsten Bauwerke, die historischen Häuser zu betrachten oder um Bier und Kaffee zu trinken, oder um in den wenigen Läden zu feilschen, wo man annehmbare Souvenirs erwerben konnte.

Am Abend hatten uns Peter und Sabine Merseburger in ein typisches Restaurant eingeladen. Es war freundschaftlich, entspannt, herzlich. Der *Stukkateur* indes versäumte es nicht, kurz in Erscheinung zu treten: die Geschichte hatte meine deutschen Freunde sichtlich beeindruckt.

Und von neuem war Schnee in meinem Schlaf gefallen.

Es war nicht mehr der Schnee von einst. Oder vielmehr es war zwar der Schnee von früher, aber er war heute gefallen, in meinem letzten Bild von Buchenwald. Der Schnee war in meinem Schlaf auf das Lager von Buchenwald gefallen, so wie es mir an jenem Morgen vor Augen getreten war.

Etwas war mir aufgefallen, gleich nachdem ich das vielfarbige Gezwitscher der auf den Ettersberg zurückgekehrten Vögel vernommen hatte. Daß man nämlich am Fuß des Abhangs den Standort des Kleinen Quarantänelagers nicht mehr sah. Daß man die Baracken hier wie auf dem übrigen Gelände abgerissen hatte, überraschte mich nicht. Aber man hatte den leeren Raum nicht beibehalten: an der Stelle des Kleinen Lagers war ein junger Wald gewachsen.

Von nun an bedeckte der Wald den Block 56, wo ich Halbwachs und Maspero hatte sterben sehen. Er bedeckte die Stelle des Blocks 62, wo ich am 29. Januar 1944 angekommen war, wo ich begonnen hatte, die Geheimnisse von Buchenwald zu entziffern. Die Geheimnisse der Brüderlichkeit zu entdecken. Von Angesicht zu Angesicht das gleißende Grauen des absoluten Bösen zu betrachten. Der Wald bedeckte die Stelle, wo das Gebäude der Gemeinschaftslatrinen gestanden hatte, ein Ort vielfacher Freiheiten im fernsten Kreis der Hölle.

Ich hatte erst später die Erklärung für dieses Phänomen erhalten.

1945, nur wenige Monate nach der Auflösung des Nazilagers – die letzten Deportierten, Jugoslawen, sollen die Stätte im Juni verlassen haben –, war Buchenwald von den sowjetischen Besatzungsbehörden wieder geöffnet worden. Unter der Kontrolle des KGB war Buchenwald von neuem als Konzentrationslager in Betrieb genommen worden.

Ich wußte es bereits, das Faktum war mir bekannt.

1980, in Hannover, im Laufe einer Diskussion mit den Lesern der deutschen Übersetzung von *Was für ein schöner Sonntag!*, hatte mir eine aus dem Osten geflohene junge Frau bereits davon erzählt. Später, 1983, habe ich einen kleinen Roman von Peter Pöttgen erhalten, *Am Ettersberg*, in dem die Geschichte der beiden Lager von Buchenwald, des Lagers der Nazis und das Lager Stalins, anhand der Geschichte einer deutschen Familie, der Steins, erzählt wird.

Unbekannt dagegen war mir, daß während der fünf Jahre, in denen das Lager Stalins funktioniert hat – es wurde 1950 aufgelöst, anläßlich der Gründung der Deutschen Demokratischen Republik, die das bereits erwähnte schändliche Mahnmal errichten ließ –, Tausende von Toten in den Massengräbern am Fuß des Ettersbergs verscharrt worden sind. Der wiedergekehrte Wald bedeckte nicht nur das ehemalige Quarantänelager: er bedeckte und verbarg auch die Leichen dieser Tausende von Toten, dieser Tausende von Opfern des Stalinismus.

Auf der einen Seite also sollte, auf einem Abhang des Hügels, ein bombastisches, monströses Mahnmal aus Marmor dem braven Volk die trügerische, da rein symbolische Verbundenheit des kommunistischen Regimes mit der Vergangenheit der antifaschistischen Kämpfe

Europas in Erinnerung rufen. Auf der anderen Seite war ein junger Wald auf den Leichenäckern des Kommunismus herangerückt, um deren Spur aus dem bescheidenen und hartnäckigen Gedächtnis der Landschaft zu tilgen, wenn nicht aus dem Gedächtnis der Menschen.

Wir hatten an jenem Morgen den eigentlichen Bereich des Lagers auf dem Postenweg verlassen, der an den ehemaligen Gebäuden der DAW (*Deutsche Ausrüstungswerke*) entlangführte, die heute verschwunden sind. Wir waren in diesen Wald junger Bäume gegangen, die den einstigen stalinschen Tod verbargen. Etwas weiter entfernt, in einer Art Lichtung, hatten einige Familien von Verschwundenen Kreuze mit den Namen ihrer Angehörigen aufgestellt. Ein paar Dutzend Kreuze für Tausende von Toten, die in den Massengräbern verschwunden waren.

Mathieu Landman hatte von dieser Lichtung, dieser erschütternden Ansammlung disparater Kreuze Fotos gemacht. Ich sehe sie mir manchmal an. Ich sage mir, daß das wiedervereinigte demokratische Deutschland – eines der Themen, über die sich Heidegger und Jaspers in ihrem Briefwechsel nicht einigen konnten, da Heidegger sich hartnäckig weigerte, die Schuldfrage ins Auge zu fassen –, ich sage mir, daß das neue Deutschland, aus der doppelten Tragödie des 20. Jahrhunderts hervorgegangen, in Europa verankert und dessen mögliche Verankerung in der Zukunft, es sich schuldig wäre, die Stätte Weimar-Buchenwald zu einem Ort des Gedenkens und der internationalen Kultur der demokratischen Vernunft zu machen.

Die Besonderheit Deutschlands in der Geschichte dieses Jahrhunderts liegt auf der Hand. Es ist das einzige europäische Land, das die verheerenden Auswirkungen der beiden totalitären Unternehmungen des 20. Jahrhunderts hat erleben, durchleiden, auch kritisch auf sich nehmen müssen. Ich überlasse es den gelehrten Doktoren der Staatswissenschaften, die unstreitigen spezifischen Unterschiede zwischen diesen beiden Unternehmungen zu signalisieren oder zu betonen. Das ist in diesem Augenblick nicht meine Absicht, in diesem Moment, da ich mich, auf meinem Zimmer im Elephant, an den Schnee erinnere, der in meinem Schlaf gefallen ist. Ich will nur sagen, daß dieselben politischen Erfahrungen, die die Geschichte Deutschlands zu einer tragischen Geschichte machen, es ihm auch erlauben können, sich an die Spitze einer demokratischen und universalistischen Entfaltung der Europa-Idee zu stellen.

Und die Stätte von Weimar-Buchenwald könnte ihr symbolischer Ort des Gedenkens und der Zukunft werden.

Aber der Schnee war in meinem Schlaf gefallen.

Er bedeckte den jungen Wald, der auf der Stelle des Kleinen Lagers gewesen war. Auf Tausende anonymer Leichen, die nicht in Rauch aufgegangen waren wie ihre Brüder von einst, sondern in der Erde Thüringens verwesten.

Ich stapfte durch den tiefen Schnee, zwischen den Bäumen, mit Thomas und Mathieu Landman. Ich sagte ihnen, wo der Block 56 gestanden hatte. Ich erzählte ihnen von Maurice Halbwachs. Ich sagte ihnen, wo das Gebäude der Latrinen gestanden hatte, ich erzählte ihnen von den Gedichten, die wir aufsagten, Serge Miller, Yves Darriet und ich.

Plötzlich konnten sie mir nicht mehr folgen. Sie blieben zurück, wateten im tiefen Schnee. Plötzlich war ich zwanzig Jahre alt, und ich ging sehr schnell im Schneegestöber, genau hier, aber Jahre früher. An jenem fernen Sonntag, an dem Kaminski mich zu der Versammlung einberufen hatte, auf der wir dem Überlebenden des *Son-derkommandos* von Auschwitz gelauscht hatten.

Ich bin aufgewacht, im Zimmer des Elephant.

Ich träumte nicht mehr, ich war in den Traum zurück-gekehrt, der mein Leben gewesen war, der mein Leben sein wird.

Ich befand mich im Glasverschlag von Ludwig G., dem *Kapo* der Seuchenbaracke, im Krankenbau von Buchenwald. Ich war allein dort, alle anderen Kumpel waren weggegangen.

Das Licht einer Lampe beleuchtete schwach Ludwigs Hände, die flach auf dem Tisch lagen. Wir sagten nichts, und in dieser Stille hallte noch das Echo des Berichts des Überlebenden von Auschwitz.

Seine eintönige Stimme, die unregelmäßig sprach, bald langsam, akribisch, sich wiederholend, bald überstürzt wie unter dem Eindruck einer plötzlich zu starken Erregung (seltsamerweise gerade dann, wenn er sich bei einem Detail aufhielt: dem verzweifelten Blick einer Frau zu irgendeinem Nahestehenden, Vertrauten zum Beispiel, den die auf dem Ankunftsbahnsteig durchge-führte Selektion gerade von ihr getrennt hatte; dem em-pörten Auffahren von jemandem, Mann oder Frau, in der Nähe des Desinfektionsgebäudes, zu dem die lange Reihe der Selektierten geführt wurde, als ob eine dunkle Vor-ahnung ihn über die unmittelbar drohenden Gefahren in Kenntnis setzte, eine Empörung, die mit grausam recht-haberischer Sanftmut von den Gefährten des Empörten selbst beschwichtigt wurde, der sich schließlich mitzie-hen ließ, sozusagen getragen, gestützt von hilfreichen Armen, die ihn in den unfaßbaren Tod der Gaskammern führten; immer dann, wenn er sich bei solchen Ein-zelheiten aufhielt, überschlug sich seine Stimme, wäh-rend sie gleichbleibend, präzise und neutral blieb, wenn er das Grauen insgesamt schilderte: das kollektive, abstrakte Grauen, in dem die Individuen sich verloren, aufgingen in dem eisigen Lavastrom, der sie zu einem vorprogrammierten Verschwinden riß), die Stimme des Überlebenden des *Sonderkommandos* hallte noch dumpf in der sich dehnenden Stille.

Kurz zuvor hatte uns Kaminski in strengem Ton aufgefordert, den Bericht des Überlebenden von Auschwitz niemals zu vergessen, niemals die deutsche Schuld zu vergessen.

Ich hatte ein paar Verse von Bertolt Brecht geflüstert:

O Deutschland, bleiche Mutter ...

Es war Julia, die junge österreichische Jüdin aus dem militärischen Apparat der MOI, die mir dieses Gedicht von Brecht beigebracht hatte.

– Wie, was? hat Ludwig gesagt.

Er kannte es offensichtlich nicht.

Dabei hatte er mir oft von Brecht erzählt, Ludwig G. Er hatte mir einige seiner Verse aufgesagt. Auf diese Weise konnte ich schließlich seine *Loblieder* auswendig. Lob der Partei, Lob der illegalen Arbeit, Lob der Klassiker des Marxismus. Aber ich wußte nicht, daß diese Gedichte aus *Die Maßnahme* stammten, einem von Brechts didaktischen Stücken: dem gewaltsamsten, hellsichtigsten – oder zynischsten? – Werk, das je über das totalitäre Wesen des Parteigeists geschrieben worden ist.

O Deutschland, bleiche Mutter!
Wie sitzest du besudelt
Unter den Völkern ...

Aber Ludwig G. kannte es nicht. Er erinnerte sich an ein anderes Gedicht von Brecht aus den zwanziger Jahren.

Deutschland, du Blondes, Bleiches
Wildwolkiges mit sanfter Stirn!
Was ging vor in deinen lautlosen Himmeln?
Nun bist du das Aasloch Europas.

Schrille Pfeifsignale hatten unser Gespräch plötzlich unterbrochen, das wir im Halbdunkel der Seuchenbaracke
fortsetzten. Die Zeit war vergangen, diese Pfiffe kündig-
ten die Sperrstunde an.

Draußen war die Nacht klar, das Schneegestöber hatte
aufgehört. Sterne funkelten am Himmel von Thüringen.
Ich bin raschen Schritts über den knirschenden Schnee
gegangen, zwischen den Bäumen des Wäldchens, das die
Gebäude des Krankenbaus umgab. Trotz dem schrillen
Ton der Pfeifsignale in der Ferne war die Nacht schön,
ruhig, voll Heiterkeit. Die Welt bot sich mir dar im
strahlenden Geheimnis eines dunklen Mondlichts. Ich
habe stehenbleiben müssen, um Atem zu schöpfen. Mein
Herz schlug sehr stark. Mein Leben lang werde ich mich
an dieses unsinnige Glück erinnern, hatte ich mir gesagt.
An diese nächtliche Schönheit.

Ich habe die Augen gehoben.

Auf dem Kamm des Ettersbergs schlugen orangerote
Flammen aus dem gedrungenen Schornstein des Krematoriums.

Bibliographie

Für die deutsche Fassung wurden folgende
Titel in deutscher Übersetzung herangezogen:

Charles Baudelaire, *Die Blumen des Bösen*, übers. v. Friedhelm Kemp, dtv, München 1986.

René Char, *Zorn und Geheimnis*, übers. v. Johannes Hübner und Lothar Klünner, Fischer Taschenbuch Verlag, Frankfurt a. M. 1991.

Primo Levi, *Die Atempause*, übers. v. Barbara und Robert Picht, dtv, München 1994.

Philip Roth spricht mit Primo Levi, übers. v. Maino Büning, *Lettre International*, 1, Sommer 1988.

Jorge Semprun, *Die große Reise*, übers. v. Abelle Christaller, Suhrkamp Verlag, Frankfurt a. M. 1981.

Jorge Semprun, *Der weiße Berg*, übers. v. Eva Moldenhauer, Suhrkamp Verlag, Frankfurt a. M. 1987.

Jorge Semprun, *Netschajew kehrt zurück*, übers. v. Eva Moldenhauer, Rotbuch Verlag, Berlin 1989.

César Vallejo, *Gedichte*, übers. v. Hans Magnus Enzensberger, Suhrkamp Verlag, Frankfurt a. M. 1981.

César Vallejo, *Poesiealbum 140*, »Mit einem Wort«, übers. v. Fritz Rudolf Fries, Verlag Neues Leben, Berlin 1979.

Abkürzungen

MLN	Mouvement de la libération nationale
MOI	Main d'œuvre immigré
BCRA	Bureau central de renseignements et d'action
MNPGD	Mouvement national des prisonniers de guerre et déportés

* Hier und im folgenden deutsch im Original

Inhalt